"十四五"职业教育河南省规划教材

法院、检察院书记员职业能力训练系列教材

总主编 殷 宏 徐 飚

书记员案卷材料整理与归档训练

主 编 姜海霞
副主编 刘海燕 马建刚

科学出版社

北 京

U0665467

内 容 简 介

本书结合高等职业院校法律文秘等相关专业的教学实践和书记员岗位技能需求编写而成。

针对法院书记员和检察院书记员不同的工作场景，本书分为上、下两编，上编为人民法院案卷材料的收集、整理与归档，下编为人民检察院案卷材料的收集、整理与归档。本书以书记员案卷材料收集、整理与归档工作中的行动逻辑作为导向，从案卷材料的收集、案卷材料的整理、案卷材料的归档到检察技术档案的制作和电子卷宗的制作与查询统计设置了 7 个项目、14 个工作任务。本书以项目教学、任务驱动式的教学理念为指导，结合沉浸式的工作场景，让学生在具体的工作训练中，提升书记员岗位所必备的案卷整理技能。

本书既可作为高等职业院校法律事务、法律文秘、检察事务等相关专业的教材，也可作为法院、检察院初任书记员岗前培训用书。

图书在版编目（CIP）数据

书记员案卷材料整理与归档训练/姜海霞主编. —北京：科学出版社，2023.2

（"十四五"职业教育河南省规划教材·法院、检察院书记员职业能力训练系列教材）

ISBN 978-7-03-071282-0

Ⅰ. ①书⋯　Ⅱ. ①姜⋯　Ⅲ. ①司法档案-档案整理-中国-职业培训-教材　Ⅳ. ①D926.3

中国版本图书馆 CIP 数据核字（2021）第 274320 号

责任编辑：都 岚 付 娇 / 责任校对：马英菊
责任印制：吕春珉 / 封面设计：东方人华平面设计部

科学出版社 出版
北京东黄城根北街 16 号
邮政编码：100717
http://www.sciencep.com
三河市骏杰印刷有限公司印刷
科学出版社发行　各地新华书店经销
*
2023 年 2 月第 一 版　开本：787×1092　1/16
2025 年 1 月第五次印刷　印张：14 3/4
字数：347 000
定价：58.00 元
（如有印装质量问题，我社负责调换）
销售部电话 010-62136230　编辑部电话 010-62135927-2036

法院、检察院书记员职业能力训练系列教材
编委会

本书编委会

主　编　姜海霞

副主编　刘海燕　马建刚

参　编　兰　倩　李云飞　魏厚玲　季　娜　王欣欣　周晶菁

前　　言

　　坚持全面依法治国，推进法治中国建设，需严格公正司法。公正司法是维护社会公平正义的最后一道防线。诉讼档案客观记录人民法院、人民检察院案件的办理过程，记载着司法诉讼历史，传承着司法文明，衡量着司法档案工作规范化、标准化水平，是实现司法体系和司法能力现代化建设的基础性工作，也是检验司法队伍正规化、专业化、职业化，以及能否让人民群众在每一个司法案件中感受到公平正义的一把重要标尺。

　　辅助员额法官、员额检察官开展案卷材料的录入、保管、整理、装订和归档，是书记员等法律辅助人员的一项重要职责，熟练应用信息化手段对案卷材料进行整理和归档，是一项应用性很强的法律职业能力。因此，案卷材料的整理与归档作为书记员的一项重要职业技能，对于满足司法体制改革亟需的高素质书记员队伍建设的需要，具有十分重要的理论意义和现实意义。

　　现行书记员培养教材，更多集中于对书记员综合知识、能力、素质的介绍，缺少对书记员案卷材料收集、整理与归档技能的训练指导。因此，编写一本指导书记员开展案卷材料整理与归档训练的教材，切实培养和提高书记员案卷材料收集、整理与归档的技能水平，确保司法档案工作规范化、标准化，是立足中国司法实践，致力于书记员人才培养的高校教师、法律实务专家共同肩负起的时代使命，也是我们组织编写本书的目的。

　　本书共分为 7 个项目、14 个任务，系统完整地介绍了书记员对各类案件案卷材料的收集、整理与归档工作中应具备的基本技能，突出了书记员工作技能的实践性和应用性。在编写过程中，本书力求突出以下特点。一是目标明确，抓住重点。本书主要供高等职业院校法律事务、法律文秘、检察事务等相关专业使用，在内容上，侧重于对书记员案卷材料收集、整理与归档工作基本流程的描述。二是内容新颖，强调技能。本书规避了相关教材大量灌输法律知识的做法，更多着眼于对实务操作技能的训练。三是体例创新，激发兴趣。本书的编写体例采用了简洁、清晰、实用的方式，以讲"短故事"的形式展开，在"故事"末尾抛出问题，潜移默化地激发学生的学习兴趣。此外，本书在每个任务下设置学习目标、工作任务、工作任务分析、工作步骤、拓展训练、任务评价主要板块，以及知识平台、相关链接、相关法条等模块，既方便学生回顾相关法律知识，又训练学生实务操作技能，从而实现知识与能力互相兼顾、应知与应会互相促进、实务操作技能水平不断提高的目的。

　　本书主要由河南检察职业学院张进超统筹，姜海霞担任主编，并负责全书大纲、体例的制定及最终统稿，刘海燕及河南省人民检察院马建刚博士担任副主编，兰倩、李云飞、魏厚玲、季娜、王欣欣、周晶菁参与编写。具体编写分工如下：魏厚玲编写项目 1

任务1；刘海燕编写项目1任务2中的民事案件、行政案件、刑事案件案卷材料的核对，项目2任务1和任务2中的民事案件、行政案件、刑事案件案卷材料的排列；李云飞编写项目1任务2中的执行案件案卷材料的核对和项目2任务2中的执行案件案卷材料的排列；兰倩编写项目1任务2中的国家赔偿案件（以司法赔偿案件为例）、司法救助案件、非诉保全审查案件、强制清算与破产案件案卷材料的核对和项目2任务2中的其他案件案卷材料的排列；王欣欣编写项目3；周晶菁编写项目4任务1和任务2中的公益诉讼案件案卷材料的核对，项目5任务1和任务2中的公益诉讼案件案卷材料的排列及项目6；季娜编写项目4任务2中的刑事侦查案件、刑事逮捕案件、审查起诉案件案卷材料的核对，项目5任务2中的刑事侦查案件、刑事逮捕案件、审查起诉案件案卷材料的排列；姜海霞编写项目7任务1；马建刚编写项目7任务2。本书的教学课件可以从科学出版社职教技术出版中心网站 www.abook.cn 下载。

在教学中，建议将坚持全面依法治国，弘扬社会主义法治精神，传承中华优秀传统法律文化，贯彻总体国家安全观，践行"人民至上"理念，弘扬法律职业精神、劳动精神、工匠精神、劳模精神，以潜移默化的方式沁润教学过程，强化学生的爱国精神、人民情怀和法律职业素养，使教学过程成为引导学生培育德行、夯实知识、锤炼技能、磨砺心志、捍卫法治的过程。本书教学学时建议见下表。

教学学时建议

编	项目	任务	学时
上编 人民法院案卷材料的收集、整理与归档	项目1 人民法院案卷材料的收集	任务1 案卷材料的甄别	4
		任务2 案卷材料的核对	6
	项目2 人民法院案卷材料的整理	任务1 正卷与副卷的区分	4
		任务2 案卷材料的排列	10
	项目3 人民法院案卷材料的归档	任务1 立卷编目及组卷	4
		任务2 归档移交	4
下编 人民检察院案卷材料的收集、整理与归档	项目4 人民检察院案卷材料的收集	任务1 案卷材料的甄别	4
		任务2 案卷材料的核对	6
	项目5 人民检察院案卷材料的整理	任务1 正卷与副卷的区分	4
		任务2 案卷材料的排列	10
	项目6 人民检察院案卷材料的归档	任务1 立卷编目及组卷	4
		任务2 归档移交	4
	项目7 人民检察院检察技术与信息化	任务1 检察技术档案的制作	4
		任务2 电子卷宗的制作与查询统计	4
考核、机动			8
合计			80

在本书编写过程中，殷宏、徐飚全程参与指导，河南省人民检察院、河南省高级人民法院以及有关法律实务专家、学者给予大力支持，为本书提供了调研素材，提出了宝

贵的意见，在此一并表示衷心的感谢。

在本书编写过程中，我们也清醒地认识到，面对不断变化发展的司法实践，任何的探索和总结不可避免地存在局限性和滞后性。本书是编者对本领域的首次探索，对于这样一项工作，虽然有时力有不逮，但我们愿意为此竭尽全力，然而由于水平有限，缺憾之处在所难免，敬请广大读者批评指正。我们也将密切关注司法实践的最新发展和司法体制改革的最新要求，继续推进本书的修订和完善。

编　者

目　录

上编　人民法院案卷材料的
收集、整理与归档

　　公正司法是维护社会公平正义的最后一道防线。制定科学的案卷材料整理规则、正确排列案件材料顺序、形成规范严谨的诉讼档案，是保障法院工作顺利进行、客观记录法院诉讼活动、传承司法文明的必然要求，也是司法档案工作规范化、标准化的重要内容。因此，对案卷材料进行收集、整理与归档是法院书记员非常重要的一项工作。

　　本编从人民法院书记员工作内容出发，分为三个项目：项目 1 是案卷材料的收集，项目 2 是案卷材料的整理，项目 3 是案卷材料的归档。在各项目中又以法院书记员在具体工作中的行动逻辑为导向，在项目 1 中设计了案卷材料的甄别和案卷材料的核对两个具体任务，在项目 2 中设计了正卷与副卷的区分和案卷材料的排列两个具体任务，在项目 3 中设计了立卷编目及组卷和归档移交两个具体任务。

　　本编结合法院审理的不同案件，设计了具体的工作场景，在梳理操作流程后，强调在不同案件中案卷材料收集、整理与归档工作中书记员需要注意的重点问题，并通过拓展训练，培养和提高法院书记员案卷材料收集、整理与归档的技能。

项目1　人民法院案卷材料的收集

　　本项目主要选取人民法院案卷材料的收集进行工作流程的介绍和训练。书记员整理案卷和归档工作的前提是必须要有案卷材料，因此案卷材料的收集工作要求书记员需要根据不同案件，将诉讼过程中产生的案卷材料，进行甄别和核对保管。另外，由于案卷材料的收集工作具有服务性、事务性、综合性等特点，要求书记员在工作中必须弘扬劳动精神、奋斗精神、奉献精神、创造精神、勤俭节约精神，培育时代新风新貌。

　　本项目分为案卷材料的甄别和案卷材料的核对两个任务。在具体工作中，首先需要书记员对接收的材料进行甄别，将诉讼档案与非诉讼档案进行区分，并进一步对需要入卷的材料和不需要入卷的材料进行区分。每一类案件在具体诉讼程序中需要由书记员整理、归档的案卷材料各有不同，因此还需要书记员根据不同案件入卷材料的要求与收集到的材料进行核对，查漏补缺。

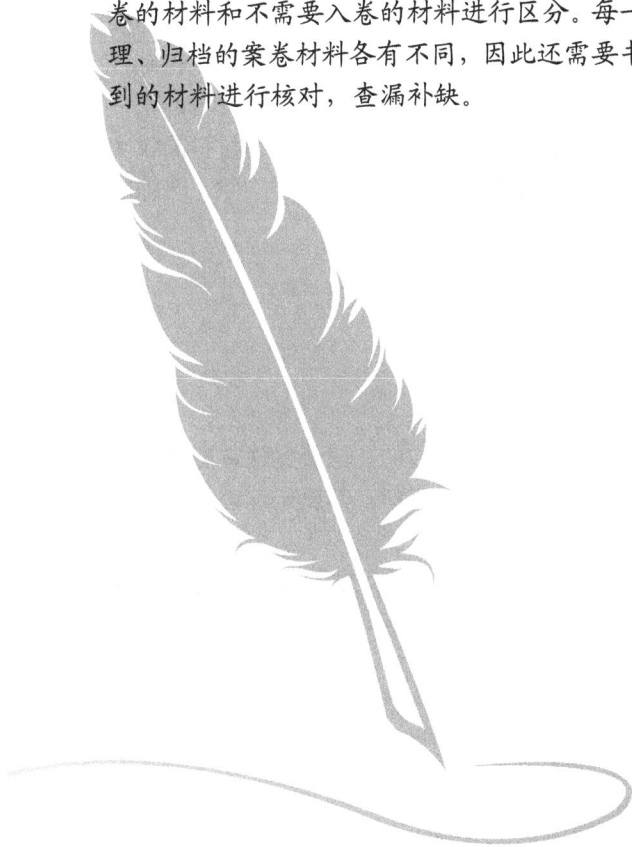

任务 1 案卷材料的甄别

学习目标

1. 明确案卷材料的范围。
2. 掌握案卷材料的收集标准。
3. 能够熟练甄别案卷材料并进行分类。

工作任务

王飞是一名书记员，法官给了他一沓文书材料，这沓文书材料里有：民事起诉状、原告书写的一份请求法院公正审判的起诉书、诉讼代理人授权委托书、相关证据材料、立案审批表、原告单位出具的一份原告系本单位职工的证明、原告所在辖区出具的原告无犯罪记录的证明、已交纳诉讼费用的证明材料。在此工作情境中，哪些文书材料应当收集为案卷材料，书记员应以什么为标准筛选文书材料进而立卷归档？

工作任务分析

书记员在法院工作过程中，会经手各种各样的文书材料，有诉讼文书材料，也有行政文书材料。诉讼文书材料是案件审判活动的真实记录，甄别收集案卷材料是对诉讼资源有效利用的第一步，书记员必须将具有查考利用价值的文书材料纳入案卷材料的收集范围，而与本案无关的、没有定稿的或者没有保存价值的文书材料要及时剔除，熟练掌握案卷材料甄别收集的操作要领，以保证诉讼文书的立卷质量。

工作步骤

步骤一 明确案卷材料的收集范围

从总体上说，凡是反映法院工作活动、在诉讼活动中形成的、记载案件审理过程的文书，证明案件真实情况的证据，具有查考利用价值的文书材料，都属于诉讼卷宗的立卷范围。书记员需收集的诉讼文书材料如下。

1）人民法院在审理案件过程中，以一定程序和定式制作的、需填写内容的规范性司法文书。

① 裁判文书。裁判文书是指在审理过程中形成的判决书、裁定书、调解书、通知书等。

② 人民法院内部的报告文书。例如，结案报告、审查报告、请示报告等，这类文书是内部文件，均应收集在副卷中。

③ 人民法院的笔录文书。例如，庭审笔录、调查询问笔录、搜查笔录、勘验笔录、合议庭评议笔录、审判委员会讨论案件笔录、宣判笔录、查封扣押笔录等。这类笔录文书的立卷要区别对待，涉及审判秘密的笔录，如合议庭评议笔录、审判委员会讨论案件笔录应收集在副卷中，其他可以由当事人或代理人依法查阅的笔录材料应收集在正卷中。

④ 人民法院的公函通知文书。例如，调卷退卷函、委托调查函、委托宣判函、委托鉴定函、司法建议函，还有受理与不受理的通知书、应诉通知书、协助执行通知书等，这类文书也要区别对待，属于法院内部的函件应收集在副卷中。

⑤ 人民法院的票证文书。例如，传票、送达回证等。

⑥ 人民法院的命令、决定文书。例如，搜查令、解除查封令、拘留决定书、提前解除拘留决定书、罚款决定书等。

⑦ 人民法院的公告。例如，开庭公告、去向不明的当事人送达起诉状副本、开庭传票、裁判文书的公告等。

⑧ 人民法院的其他文书。例如，查封扣押财产清单，交纳诉讼费通知书，收取和退还诉讼费用的通知、收据、批准手续等。

2）有关单位制作的执行文书。例如，检察机关的抗诉书、撤回抗诉书，公安机关或其他行政机关制作的行政处罚决定书等涉及诉讼活动的文书。

3）诉讼当事人提供的材料。例如，起诉状、答辩状、上诉状、申请书、法定代表人身份证明书、授权委托书、诉讼保全或先予执行申请书、保证书、信件，以及当事人举证的证据材料。

4）律师、法律服务工作者提供的材料。例如，出庭函、民事诉讼的代理词、刑事诉讼中提交的辩护词等。

5）在审判活动中，审判人员的工作记录和依据证据法规定收集的书证、物证、证人证言、鉴定意见、勘验笔录等证据，包括与案件有直接关系的图纸、照片、音像资料等。

步骤二　剔除案卷材料的范围

与具体案件无关的材料，如单位下发、传达的通知、文件不应当入卷；当事人提交的不能反映诉讼情况、没有价值的文书材料也不应当入卷。虽与案件有关，但属于重份材料，则应当剔除。但是，本院的判决书、裁定书、调解书可保留三份，装入卷底袋内备用。

剔除案卷材料的范围如下。

1）答复来信来访人到有关单位直接起诉的材料。

2）转交有关单位办理的案件材料。

3）没有参考价值的信封、转办单位材料、工作材料等。

4）内容相同重份的申诉材料。

5）法律、法规、条例复印件。

6）一般的法律文书草稿，与本案无关的材料。

步骤三　检查并补充案卷材料

随着案件诉讼进程不断向前推移，书记员收集到的案卷材料也越来越多，所以需要在诉讼过程中不断检查案卷材料是否收集全面，可以采用便签条标记等方式进行备注。如果发现仍有案卷材料欠缺的情况，需要及时通知员额法官及诉讼参与人补齐相关案卷材料。

1. 庭审前涉及的主要案卷材料

庭审前涉及的主要案卷材料，如表 1-1-1 所示。

表 1-1-1　庭审前涉及的主要案卷材料

序号	庭审前涉及的主要案卷材料
1	案件移送函等表明案件来源的材料
2	起诉书及相关材料、上诉状及相关材料
3	交纳诉讼费用相关材料
4	受理案件通知书、应诉通知书及相关材料
5	诉讼参与人主体资格材料
	诉讼参与人提交的申请书及相关材料
	诉讼参与人举证材料
6	法院调查取证材料
7	纠纷多元化解相关材料
8	开庭通知书等相关材料
9	庭前会议笔录、庭前调解笔录等笔录类材料
10	送达地址确认书、送达回证或其他送达凭证等材料
11	保全或先予执行相关材料

2. 庭审中涉及的主要案卷材料

庭审中涉及的主要案卷材料有庭审笔录、合议庭评议笔录等笔录类材料，诉讼参与人举证材料、法院调查取证材料、纠纷多元化解相关材料，送达地址确认书、送达回证或其他送达凭证等材料，保全或先予执行相关材料。

3. 庭审后涉及的主要案卷材料

庭审后涉及的主要案卷材料主要有法院判决、裁定、决定等文书材料，宣判及委托送达类材料，送达地址确认书、送达回证或其他送达凭证等材料。

步骤四　确定案件审级及属性

1. 判断案件管辖法院

我国有四级人民法院，分别是基层人民法院、中级人民法院、高级人民法院和最高人民法院。以民事案件为例，案件的管辖规则如下。

1）基层人民法院管辖的第一审民事案件是：一般的第一审民事案件，都由基层人民法院受理，法律另有规定的除外。

2）中级人民法院管辖的第一审民事案件是：重大涉外案件、在本辖区内有重大影响的案件和最高人民法院确定由中级人民法院管辖的案件。

3）高级人民法院管辖的第一审民事案件是：在本辖区内有重大影响的案件。

4）最高人民法院管辖的第一审民事案件是：在全国有重大影响的案件和认为应当由最高人民法院审判的案件。

2. 判断案件性质

1）民事案件与行政案件在审判程序上具有较多相似性，因此这两类案件涉及的案卷材料大致相同，但是书记员需要注意行政案件会涉及行政机关制作的文书材料。例如，行政相对人针对行政机关作出的罚款决定不服复议后起诉的，书记员就需要收集行政机关作出的罚款决定书及复议机关作出的相关处理文书。

2）刑事案件涉及的案卷材料与民事案件、行政案件不同的是，会有其他专门机关制作的案卷材料，如公安机关的讯问笔录、检察机关的批准逮捕决定书等，还有涉及强制措施与刑罚的案卷材料。

3）执行案件涉及与执行有关的诉讼文书材料，且在书记员整卷的过程中，一般会单独成卷。

4）其他案件，如公益诉讼案件、国家赔偿案件也会涉及除了普通案件涉及案卷材料范围的特有的案卷材料。

步骤五　案卷材料的甄别及分类

1. 一审民事案件、行政案件案卷材料分类

（1）法院制作的案卷材料

1）表明案件来源的材料，包括案件移送函、案件移送裁定书、上级法院指定管辖裁定书、发回重审裁定书等材料。

2）交纳诉讼费用相关材料，包括交纳诉讼费用通知书，缓交、减交、免交诉讼费用手续（缓交、减交、免交诉讼费用申请书，准予缓交、减交、免交诉讼费用通知书，不准予缓交、减交、免交诉讼费用通知书），退还诉讼费用通知书及收据等材料。

3）受理案件通知书、应诉通知书及相关材料，包括受理案件通知书、应诉通知书、参加诉讼通知书、民事公益诉讼受理公告、受理公益诉讼告知书（告知相关行政主管部门）、合议庭组成人员通知书（变更通知书）等材料。

4）开庭通知书等相关材料，包括开庭通知书、开庭公告、出庭通知书（含告知公益诉讼起诉人派员出庭通知）、证人出庭通知书、和解告知书、举证通知书等材料。

5）笔录类文书材料，包括庭前会议笔录、庭前调解笔录、证据交换笔录、质证笔录、法院调查笔录、询问笔录、勘验笔录、法庭笔录、听证笔录、谈话笔录、撤诉笔录、电话联系笔录等材料。如果认为有不宜公开的内容，可以放入副卷。各类笔录应按时间顺序排列。

6）送达类相关材料，包括宣判公告、委托宣判函、宣判笔录、移送执行函（民事公益诉讼裁判生效后移送执行部门用）、委托送达函、送达地址确认书、送达回证或其他送达凭证。

7）人民法院法律文书正本，包括案件经审理最终形成的判决书、裁定书、调解书、附带民事（公益）诉讼等文书（判决书、裁定书、调解书）、协议书、决定书（赔偿决定书、司法救助决定书等）、移送执行函和其他法律文书正本。少数民族语言的相关法律文书正本应附译文稿。

8）法院请示材料，包括上级法院答复意见、下级法院请示报告及附件、下级法院请示案件送卷函、请示案件法律文书原（正）本、请示案件退卷函等；法院审批材料，包括审判组织成员调整审批表，变更适用程序审批表，延长审理期限、扣除审理期限的审批材料，不公开开庭的审批意见，庭审直播、录播事宜的审批意见，裁判文书公布事宜审批表等。

9）与案件有关的批转材料，包括领导干部批转的案件材料、人大代表和政协委员反映情况材料、执行信访材料、人民群众来信等材料。

10）法院法律文书签发稿，包括判决书、裁定书、调解书、决定书、移送执行函 （公益诉讼裁判生效后移送执行部门用）、司法建议书和其他法律文书签发稿。

11）其他不宜对外公开的材料，包括副卷排列顺序中未列举的，属于需要入卷且不宜对外公开的材料。例如，由法官主动提出回避申请的材料、敏感案件有关宣传材料、不宜公开的司法建议等材料。

12）正卷对外利用情况确认单。它是在归档时由审判业务部门确定诉讼案卷的正卷材料（同时适用于纸质档案和电子档案）对外提供利用范围和方式的材料。它可以区分为：可在互联网上查阅利用、可去法院查阅利用（限制互联网利用）、不提供对外利用（如有涉密材料）。各高级人民法院可以根据具体情况决定辖区法院是否采用此项内容。

13）卷内备考表，它由本卷情况说明、立卷人、检查人、验收人、立卷日期等项目组成。"本卷情况说明"栏内填写卷内文书缺损、修改、补充、移出、销毁等情况。

（2）当事人、诉讼参与人等其他主体提交的案卷材料

1）起诉状及相关材料，包括起诉状、自诉状、附带民事（公益）诉讼起诉状、民

事（行政）公益诉讼起诉状、被诉行政行为的相关法律文书材料、行政（公益）诉讼诉前检察建议及送达起诉书笔录等材料。

2）证明诉讼参与人主体资格等材料，包括诉讼参与人身份证明、授权委托书、律师事务所函、检察院派员出庭通知书、公益诉讼派员出庭函（公益诉讼起诉人派员出庭函、公益诉讼起诉人的上一级人民检察院派员出庭函）、行政机关负责人出庭情况说明等材料。

3）诉讼参与人提交的申请书及相关材料，包括变更诉讼请求申请书、回避申请书、管辖异议申请书及相关材料；追加、变更当事人申请书，参加诉讼申请书，（财产、证据、行为）保全申请书及相关材料；司法鉴定申请书、调查证据申请书、延期举证申请书及相关材料；不公开开庭申请书、中止审理申请书、证人出庭申请书、裁判文书不公开上网申请书等材料。

4）公益诉讼起诉人意见材料，包括公益诉讼起诉人提交的出庭意见、书面意见等相关材料。

5）行政非诉审查案件正卷中"采取、解除、撤销强制措施材料"，包括查询、查封、冻结、扣划、扣押、评估、拍卖、变卖、搜查、拘传、罚款、拘留等材料。

（3）证据类的案卷材料

证据类的案卷材料包括：①诉讼参与人举证材料，如原告提交的证据材料、被告提交的证据材料、第三人提交的证据材料；②法院调查取证材料，如委托调查函、委托鉴定函、委托评估函；③调取的相关材料及调查、鉴定、评估意见书等材料。

（4）保全、执行、拍卖、评估类的案卷材料

1）保全相关材料，主要包括财产保全申请书、解除担保财产查封申请书、申请保全人主体资格材料、申请保全人提供的证据材料。

2）执行相关材料，主要包括：①执行案件参与人主体资格材料，如申请执行人及被执行人身份证明、工商登记材料，法定代表人身份证明及授权委托书，律师事务所函等；②财产查询材料，如银行、房产、工商、车辆、户籍地或工作单位等的证明材料，委托调查函及回函等材料；③财产处置材料，如查封、扣押、冻结、解封（冻）、续封（冻）、扣划、评估、拍卖、变卖、以物抵债、赃证物处置清单、委托送达函、限期履行通知书、履行到期债务通知书等材料；④行为执行材料，包括交付财产（产权证书）通知书、履行行为通知书、判决主文（致歉声明）公告、强制退出土地或迁出房屋公告等材料；⑤强制措施材料，包括限制高消费及纳入失信被执行人的名单、限制出境、司法罚款、司法拘留、刑事处罚等材料。

3）拍卖相关材料，主要包括财产拍卖申请书，当事人、代理人、利害关系人授权证明及联系方式，确定拍卖机构通知书，选择机构笔录，委托拍卖函，告知当事人、优先购买权人等召开拍卖会的通知，告知拍卖机构拍卖保留价的通知，告知拍卖机构第二次、第三次召开拍卖会的通知，拍卖公告，拍卖工作报告（如流拍报告、降价申请报告等），拍卖结果报告（指拍卖完毕流拍或竞拍成功的报告），网络竞价记录单，拍卖成交

确认书，拍卖笔录，赃证物处置单，收条（指拍卖机构或竞买人提取或收到拍卖物品的接收证明），收取、退还拍卖保证金收据，案款收据，告知拍卖机构暂缓、中止、撤回拍卖的通知或函件，司法专邮详情单等材料。

4）评估材料，主要包括财产评估申请书，当事人、代理人、利害关系人授权证明及联系方式，证明材料（所要评估财产的权属等材料，当事人提供及法院自行调查或调取的评估所需要的材料），确定评估机构通知书，选择机构笔录，委托评估函及给评估机构的各种通知正本，评估报告及送达回证，对评估报告的异议（指当事人、利害关系人等对评估报告所提的异议），评估机构对异议的答复，赃证物处置单，评估收费函，评估费收据，告知评估机构暂缓、中止、撤回评估工作的通知或函件正本，送达地址确认书，送达回证或其他送达凭证等材料。

（5）其他与诉讼活动相关的案卷材料

其他与诉讼活动相关的案卷材料主要包括：①专家学者的论证意见；②党政机关、行业协会商会、社会公益组织和依法承担行政职能的事业单位，受人民法院委托或者许可，依照工作程序就相关案件提出的参考意见等材料。

2. 一审刑事案件案卷材料分类

一审刑事案件与一审民事案件、行政案件涉及相同的诉讼文书材料不再赘述，除了涉及上述诉讼文书材料外，一审刑事案件还会涉及一些刑事案件所独有的诉讼文书材料，具体如下。

1）其他专门机关移送的卷宗，如公安机关侦查的有关案卷材料；监察委调查的有关案卷材料；检察院侦查的有关案卷材料；检察院审查起诉的有关文书材料等。

2）刑事附带民事诉讼相关材料，如附带民事诉讼起诉状、答辩状，附带民事诉讼公告、判决、裁定、决定等材料。

3）刑事强制措施相关案卷材料，如拘传决定、提请批转逮捕书、取保候审决定书等材料。

4）刑罚与执行相关案卷材料，如刑罚执行机关减刑、假释建议书，减刑、假释提请检察意见书，减刑、假释裁定等材料。

3. 二审、再审等程序案卷材料分类

二审、再审及刑事案件死刑复核等程序，除了一审程序涉及的诉讼文书材料外，还涉及一些程序所特有的诉讼文书材料，具体如下（相同部分不再赘述，也不再区分案件类型）。

1）上诉状及相关材料，包括民事上诉状、刑事上诉状、行政上诉状、公益诉讼上诉状及其送达材料。

2）上诉案件相关材料，包括上级法院调卷函，上诉案件移送函存根，上级法院退卷函，上级法院判决书、裁定书、调解书等法律文书正本材料等。

3）再审案件相关材料，包括抗诉书、申诉书、再审决定书材料等。

拓展训练

1. 请判断表 1-1-2 中的文书材料是否需要入卷归档，并在相应栏目中打"√"。

表 1-1-2 入卷归档材料甄别

序号	文书材料	收集材料	剔除材料
1	当事人身份证复印件材料		
2	关于"××案件"的证据材料		
3	关于传达政法教育整顿相关精神的通知		
4	关于"××案件"的结案报告		
5	中国共产党党史学习教育资料		
6	关于"××案件"诉讼代理人代理词		

2. 请从表 1-1-3 中的诉讼文书材料中挑出当事人需要提交的诉讼文书材料，并填入相应栏目中。

表 1-1-3 诉讼文书材料

诉讼文书材料	当事人需要提交的诉讼文书材料
法院调查笔录、起诉书、询问笔录、勘验笔录、法庭笔录、诉讼参与人身份证明、授权委托书、答辩状、判决书、裁定书、调解书、变更诉讼请求申请书、回避申请书、管辖异议申请书及相关材料、宣判笔录、受理案件通知书、应诉通知书	

任务评价

请学生自己和教师根据案卷材料的甄别任务完成情况，参照评价项目和评价要点进行自评和师评，如表 1-1-4 所示。

表 1-1-4 案卷材料的甄别任务评价表

评价项目	评价要点	权重	自评	师评
收集案卷材料	能否正确识别法院各类案件的裁判文书	20 分		
	能否正确区分票证文书、杂项类文书	20 分		
	能否准确辨识公安机关、检察机关、其他执法机关的执法文书	20 分		
根据案件类型及程序特点，掌握收集不同的案卷材料	能否根据案件类型及程序特点正确完整地收集案卷材料	40 分		
总分		100 分		

任务 2　案卷材料的核对

学习目标

1. 明确书记员在不同案件中需要收集审查的案卷材料范围。
2. 明确书记员在不同诉讼阶段收集审查的案卷材料范围。
3. 能够按照程序要求和法律规定，在不同诉讼阶段正确收集审查案卷材料。
4. 能够对收集到的案卷材料进行初步整理、装订。
5. 培养学生与不同主体对接沟通的能力。

2.1　民事案件、行政案件案卷材料的核对

工作任务

时间过得飞快，不知不觉王飞已经在民事法庭跟着法官助理李星和其他资深书记员学习了一个多星期，基本熟悉了民事案件的诉讼流程，对书记员的工作职责也有了大致的了解。这天，主审法官张兰交给他一沓卷宗，这是王飞接手的第一个案件——吴某与王某离婚案。主审法官张兰让他先检查一下有没有缺少相关材料，并尝试进行初步整理，王飞检查后发现，原告提供的起诉状中没有被告的联系方式，另外原告聘请的诉讼代理人并没有提供授权委托书。在此工作情境中，王飞应该怎么办？

工作任务分析

根据《人民法院书记员管理办法》，书记员需完成庭前准备过程中的事务性工作，人民法院在受理案件后，书记员即开始收集有关本案的各种案卷材料，着手案卷材料的整理工作，在案件办结后，要认真检查全案的案卷材料是否收集齐全。

在民事案件与行政案件中，书记员需要对新接收的案卷材料进行检查核对，发现当事人及其他诉讼参与人提交的案卷材料不符合要求或者欠缺的，需要通知相关人重新提交或者补充提交。在庭审开始之前，对收集到的案卷材料进行初步整理和固定。

⏱ 工作步骤

步骤一　接收案卷材料，做好登记工作

接收案卷材料，主要由立案庭书记员完成。立案庭书记员在接收案卷材料时，要做好记录工作，收案并非简单地签字，要仔细记录，做到心中有数，以备后续开展诸如调卷等工作。接收完成后交由法官审查，符合立案条件后，再由书记员将案件信息及时录入法院管理信息系统，如图 1-2-1 所示。

图 1-2-1　法院管理信息系统

特别提醒

（1）一审案件立案庭书记员需要完成的工作

1）签收案件。

2）填写立案审批表。

3）向原告预收诉讼费用。

4）录入审判流程管理系统，系统自动生成案号。

5）在案件登记簿上登记案件。

6）能够当场进行送达的，当场送达相关诉讼文书。

（2）二审、发回重审、再审案件立案庭书记员需要完成的工作

1）接收案卷材料后，检查材料是否齐全。

2）填写立案审批表。

3）录入审判流程管理系统，系统自动生成案号。

4）在案件登记簿上登记案件。

5）能够当场进行送达的，当场送达相关诉讼文书。

步骤二 收集审查相关案卷材料

书记员需要对新接收的案卷材料进行检查核对，主要根据《中华人民共和国民事诉讼法》和《中华人民共和国行政诉讼法》的规定，检查起诉状及起诉状副本数量、证据材料是否齐全，立案庭是否移送立案审查、审判管理流程信息表。书记员在收集案卷材料时，如果有摘录、复制的材料，应注明来源、名称、日期，并写明经手人或经办人姓名，加盖提供单位印章。凡能随卷保存的物证均应收集、保管，无法装订的可拍照装入证物袋，并标明证物名称、数量、特征、来源。

书记员在审查上述案卷材料的过程中，若发现需要提交的案卷材料不齐全或者不符合标准的，需要通知当事人或有关机关重新提交。例如，根据我国民事诉讼法的规定，起诉状副本的数量应该与被告的人数相符合，原告提交的份数不够的，需要通知原告补充提交。当事人提供的证据是物证或者其他不便保管的证据的，需要及时让当事人提供照片、复印件；若系证人证言的，必须注明证人姓名和住所；没有证人姓名或住所的，需要通知当事人补充，以备人民法院查对证言后通知其出庭作证。

步骤三 对提交完成的案卷材料进行初步装订

1. 对庭前收集到的案卷材料进行简单排序

庭审前，书记员将收集到的案卷材料按照立案审批表、立案审查信息表、起诉状、答辩状等文书材料，交纳诉讼费用的材料，受理案件通知书和应诉通知书，证明诉讼参与人主体资格的相关材料，证据的相关材料，以及纠纷多元化解的相关材料进行排序。

2. 庭审过程中补充入卷的案卷材料

庭审过程中还会产生多种案卷材料，如调解笔录及调解材料，开庭通知，传票及开庭公告底稿，庭审笔录，合议庭评议笔录，审判委员会讨论案件笔录，判决书、调解书、裁定书正本，宣判笔录，判决书、调解书、裁定书送达回证，上诉案件移送函存根，上级法院退卷函，上级法院判决书、调解书、裁定书正本，证物处理手续，执行手续材料，备考表，证物袋等材料。

书记员要对诉讼过程中新增加的案卷材料或补充的案卷材料进行检查整合，用夹子、棉线或者档案袋进行初步整理、固定。案卷材料的初步装订与案件审结后的正式立卷装订有所不同，初步装订不需要编写页码，不需要永久固定所装订的材料，也不需要装订正式卷皮。对案卷材料的初步装订是为了防止在审理案件的过程中案卷材料散落丢失，或者混入其他案卷。①

---

① 徐文海，2015. 法院书记员工作实务[M]. 北京：中国政法大学出版社：202.

知识平台

书记员在收集重要案卷材料时，不同程序、不同阶段需要注意的问题。

（一）案件庭前重要案卷材料

对于一审案件而言，根据诉讼进程的发展，书记员需要收集审查的案卷材料包括：立案审查、审判流程管理信息表，起诉状及其副本，答辩状及其副本，应诉通知书回执，预收诉讼费用凭证，诉讼当事人和其他诉讼参与人的身份证明，证据材料及其清单。

1. 一审民事案件庭前需要收集审查的案卷材料

（1）立案审查、审判流程管理信息表

我国民事诉讼法规定，对符合起诉条件的案件，人民法院必须受理。符合起诉条件的，应当在七日内立案，并通知当事人。经审查决定受理或立案登记的日期为立案日期，由立案庭书记员收案后，将当事人的相关信息录入审判流程管理系统，立案庭书记员在向承办庭移交案件时，必须有立案审查、审判流程管理信息表，它可以证明案件属于法院受理案件的范围，并符合法院的立案条件。因此，承办庭书记员需要检查移交的案卷材料中是否有此表，并查看相关信息有无填写全面。

一审民事案件立案审查、审判流程管理信息表中的主要内容有：案由、收到起诉状日期、当事人情况、起诉状内容摘要、立案庭审查意见、立案时间、案件编号、案件来源、管辖依据、涉诉标的、当事人联系方式、审查人、审查日期、审批人、审批日期、应收受理费、预交受理费等信息。

人民法院一审民事案件立案审查、审判流程管理信息表

二审民事案件立案审查、审判流程管理信息表中的主要内容有：案由、承办庭、案号、立案时间、立案人、收案人、当事人情况、原审案卷号、诉讼费、上诉案件类型、提出上诉日期、收到一审法院移送案卷日期、原审法院、诉讼标的、当事人联系方式、审查人、审查日期、应收受理费、预交受理费等信息。

（2）起诉状

起诉状是指公民、法人或者其他组织，在认为自己的合法权益受到侵害或者与他人发生争议时或者需要确权时，向人民法院提交的请求人民法院依法裁判的法律文书。

书记员在接收起诉状时，应当审查起诉状中是否记明了下列事项：①原告的姓名、性别、年龄、民族、籍贯、职业、工作单位、住所、联系方式，法人或者其他组织的名称、住所和法定代表人或者主要负责人的姓名、职务、联系方式；②被告的姓名、性别、年龄、民族、籍贯、职业、工作单位、住所、联系方式，法人或者其他组织的名称、住所等信息；③诉讼请求和所根据的事实与理由；④证据和证据来源，证人姓名和住所。如果当

民事起诉状

事人提交的起诉状中欠缺以上事项，需要让当事人修改后重新提交。

（3）答辩状

答辩状是被告、被反诉人、被上诉人、被申请（诉）人针对起诉状、反诉状、上诉状、再审申请（诉）书的内容，在法定期限内根据事实和法律进行回答和辩驳的文书，在民事案件受理后，书记员需要将起诉状副本送达给被告，并告知被告在规定的时间内进行答辩，被告在规定的时间内将答辩状提交到法院后，书记员需要将答辩状正本留存附卷，副本送达原告。

二审民事答辩状

（4）预收诉讼费凭证

当事人向人民法院提起民事诉讼的，应当按照规定交纳诉讼费。因此，新收案件要检查案卷材料中是否有当事人交纳诉讼费的交费凭证。如果没有当事人交纳诉讼费的凭证，应按下列方式处理：①当事人没有交纳诉讼费的凭证，也没有提交缓交、减交、免交诉讼费的申请，书记员可以将案件退回立案庭，也可以在接收案件后通知当事人交纳诉讼费，并提交相关交费凭证；②当事人没有提交交纳诉讼费凭证的，但提交了缓交、减交、免交诉讼费的申请，书记员应及时将申请提交主审法官或者合议庭，由其审查决定是否批准当事人提出的申请。

（5）当事人及其他诉讼参与人的身份证明

证明当事人及其他诉讼参与人身份信息的材料主要为身份证、户口本、职业资质证明等证明主体身份适格的案卷材料。书记员在收集当事人及其他诉讼参与人身份证明时，需要根据当事人的具体情况进行收集。

1）如果当事人是法人或者其他组织的，书记员需要收集审查法人营业执照、组织机构代码证、法定代表人身份证明、授权委托书等材料。法人由其法定代表人进行诉讼。其他组织由其主要负责人进行诉讼。

2）离婚诉讼中的当事人，需要提交身份证、户口本、结婚证等证明婚姻关系存续的材料。

3）如果案件当事人是未成年人、精神病人等无民事诉讼行为能力的人时，书记员除了要收集当事人的身份证明材料外，还需要收集其法定代理人的身份证明材料，以及能够证明法定代理人资格的证明材料（一般指的是法定代理人与当事人存在监护关系的材料）。

4）其他诉讼参与人，须向法院提交证明自己身份及相关资质、职业能力证明的案卷材料。例如，当事人委托律师作为诉讼代理人时，书记员需要收集律师执业证书、律师事务所证明和委托书或者法律援助公函。又如，案件中若有专业问题需要鉴定时，书记员需要收集鉴定人具备鉴定资格和鉴定能力的相关证明材料。

授权委托书

（6）证据材料

根据我国民事诉讼法的相关规定，当事人向法院起诉的，在起诉状中需要列明证据及证据来源，在诉讼发展过程中，当事人需要遵从举证责任的规定，向法院提交证据。在行政诉讼中，需要行政相对人和行政机关按照举证责任的要求向法院提交证据。

书记员收集、整理证据材料的原则是，文书证据材料按照入卷要求，将不符合卷宗大小的文书材料通过粘贴、折叠等方式进行处理，具体处理方式如下：①材料不完整的要补齐，破损或褪色的要修补、复制；②订口过窄或有字迹的要粘贴衬纸；③纸张过大的材料要修剪折叠，加边、加衬、折叠均以 A4 办公纸为标准；④对于字迹难以辨认的材料，应附上抄件；⑤外文及少数民族文字材料，应附上汉语译文；⑥需要附卷保存的信封，要打开展平加贴衬纸，

举证责任的一般原则

邮票不得取掉。文书材料上的金属物必须剔除干净。

凡能附卷保存的证物均应装订入卷。无法装订的可装入证物袋，并标明证物名称、数量、特征、来源。不便附卷的证物应拍照片附卷。随卷归档的录音带、录像带、照片等声像档案材料，应按《人民法院声像档案管理办法》的规定办理。

2. 二审民事案件庭前需要收集审查的案卷材料

对于二审民事案件而言，书记员需要审查的诉讼文书包括：报送上诉案件函，民事上诉状，预收上诉费证明，答辩状，一审判决书（裁定书），财产保全裁定，立案审查、审判流程管理信息表，诉讼当事人和其他诉讼参与人的身份证明，证据材料及其清单等诉讼文书。下面就二审民事案件中书记员庭前需要收集审查的重要文书材料进行罗列（一审已经涉及的不再罗列）。

（1）报送上诉案件函

报送上诉案件函是指当事人对人民法院一审的判决、裁定不服上诉的，原审法院依法将上诉状连同案件材料移送二审法院时所出具的公函。这是二审时书记员首先需要审查的文书材料，它可以用来证明二审程序启动的合法性。

（2）民事上诉状

针对一审的判决、裁定，当事人不服的，可以向原审法院的上一级法院上诉，上诉需要提交上诉状，上诉状应当通过原审法院提出，并按照对方当事人或者代表人的人数提出副本。因此，对于上诉案件，书记员需要收集当事人提交的上诉状，并审查上诉状的内容中有无包含以下内容：①当事人姓名、法人名称及其法定代表人姓名，或者其他组织名称及其主要负责人姓名；②原审人民法院名称、案件的案号和案由；③上诉请求和理由。

（3）财产保全裁定

财产保全裁定是指人民法院在利害关系人起诉前或者当事人起诉后，为保障将来的生效判决能够得到执行或者避免财产遭受损失，对当事人的财产或者争议的标的物，采取限制当事人处分的法律文书。财产保全裁定既有诉前财产保全裁定，也有诉中财产保全裁定。诉前财产保全裁定是依据当事人提出的申请作出的，而诉中财产保全裁定有可能是依据当事人申请作出的，也有可能是法院依职权作出的。因此，书记员在收集、整理案卷材料时需要注意保全类文书材料的配套性，如保全裁定是在当事人申请的情况下作出的，则需要入卷的不仅包括人民法院的保全裁定，还包括当事人的保全申请书。

报送上诉案件函　　　　　民事上诉状（公民提出上诉用）　　　　财产保全裁定

3. 再审案件庭前需要收集审查的案卷材料

对于再审案件而言，书记员需要审查的诉讼文书包括：立案审查、审判流程管理信息表，再审裁定书或再审决定书，诉讼当事人和其他诉讼参与人的身份证明，证据材料及其清单等诉讼文书。检察院抗诉案件，还要审查是否有再审抗诉书。

下面就再审民事案件中书记员需要收集审查的典型文书材料进行罗列（一审、二审已经涉及的不再罗列）。

（1）再审决定书

再审决定书是针对已经发生法律效力的判决，人民法院认为事实认定或法律依据或判决结果存在错误，人民法院依法决定再审时所制作的法律文书。再审决定书是启动再审程序的开端，因此书记员需要妥善收集并入卷。

（2）民事再审抗诉书

民事再审抗诉书是上级人民检察院依照我国民事诉讼法的规定，对下级人民法院确有错误的生效民事判决、裁定，按照审判监督程序提出抗诉，要求再审予以纠正时所制作的法律文书。民事再审抗诉书既是要求人民法院对确有错误的生效民事判决、裁定进行再审的有效依据，也是人民检察院对民事审判活动进行法律监督的法定手段。在民事再审抗诉书中，检察院列明抗诉的事项及理由，针对检察院的抗诉，人民法院必须启动审判监督程序重新审理案件。因此，书记员需要妥善收集保管民事再审抗诉书并入卷。

再审决定书　　　　　　　　　　　　民事再审抗诉书

（二）庭审中及庭审后重要案卷材料

庭审中及庭审后涉及的案卷材料不再区分具体的程序和案件，下面就在各类程序和案件中都有且比较重要的诉讼文书材料进行罗列。

1. 调解笔录及调解材料

法院审理民事案件，可以根据当事人自愿的原则，在事实清楚的基础上分清是非，进行调解。而且，我国民事诉讼法还规定，对于婚姻家庭纠纷和继承纠纷、劳务合同纠纷、交通事故和工伤事故引起的权利义务关系较为明确的损害赔偿纠纷、宅基地和相邻关系纠纷、合伙协议纠纷、诉讼标的额较小的纠纷，在开庭审理前应先行调解。因此，对于需要进行调解的案件，书记员需要将调解的相关材料及时入卷。

调解笔录

民事调解书

2. 传票及开庭公告

（1）传票

传票是人民法院依法签发的，要求被传唤人按指定的时间、到指定的地点，出庭参加诉讼活动或进行其他诉讼行为的书面文件。

（2）开庭公告

人民法院审理民事案件，应当在开庭三日前通知当事人和其他诉讼参与人。公开审理的，应当公告当事人姓名、案由、开庭时间、地点。开庭公告除了可以张贴在公告栏外，还可以在法院门户网站、法院微信公众号等信息化平台上发布，书记员需要将开庭公告底本妥善保存并附卷。

开庭公告底本

3. 庭审笔录

一审庭审笔录

庭审笔录又称为法庭笔录或审判笔录，它是法院裁判案件不可缺少的书面材料，是在法庭审理过程中由书记员制作，同步反映全部审判活动真实情况的文字记载。庭审笔录反映的是案件审理的整个过程，是法院依法作出裁决的重要依据，也是日后进行审判监督的重要材料。所以在庭审结束后，需要由当事人核对签字，并由书记员整理入卷。

4. 合议庭评议笔录

合议庭评议笔录是合议庭合议案件的原始记录，是完整、准确、详细反映合议庭合议案件的整个过程和内容，是我国合议制审判制度的重要反映，是法官对案件的证据评判、事实认定和法律适用意见的重要表达，是合议庭成员行使合议权利的重要渠道。它在一定程度上反映了审判过程的公正性，是司法公正的前提和基础。因此，书记员需要妥善保管并整理入卷。但是，由于合议庭评议是不公开进行的，书记员在收集后需要做好保密工作，并在整理时放入案卷材料的副卷。

合议庭评议笔录

5. 第一审民事判决书、民事裁定书

第一审民事判决书是第一审人民法院依照民事诉讼法规定的第一审程序，对审理终结的第一审民事案件就当事双方权利与义务的实体问题作出处理的司法文书。它是人民法院最重要的诉讼文书，对当事双方争议的法律事实作出了处理决定，是执行的基础，也是对一审法院审判质量进行监督的依据。因此，书记员需要妥善保管并附卷。

民事裁定书是人民法院在审理民事案件或者执行民事判决过程中，就程序问题或者部分实体问题所作出的处理决定。民事裁定书的使用范围较广，一个案件可能有多个裁定，如不予受理、驳回起诉、管辖权异议、准予撤诉、财产保全等，这些都是需要入卷的案卷材料。

第一审民事判决书

民事裁定书

6. 宣判笔录

宣判笔录是人民法院开庭审理案件，经合议庭评议后，向当事人当庭或定期宣告判决内容时所制作的笔录。它不仅是宣判活动真实而全面的客观反映，也是复查案件，特别是第二审法院审查案件的重要依据。因此，在宣判完成后，书记员需要将宣判笔录妥善入卷。

7. 送达回证

送达回证是指人民法院或其他司法机关按照法定格式制作的，用以证明送达法律文书的凭证。它既是送达行为证明，又是受送达人接受送达的证明，是人民法院与受送达人之间发生诉讼法律关系的凭证。送达是保障当事人知情权的前提条件，也是证明诉讼行为合法的根据。因此，需要书记员按照不同法律文书的送达要求妥善进行送达，同时保存好送达回证并入卷。

8. 退卷函

退卷函是指上级人民法院审理的民事案件结束后，将全部案卷材料退还原审法院保存的内部工作联系函。它一经发出，原审法院就要办理送达文书及整卷归档等善后事宜。

民事案件宣判笔录　　　　　　　　送达回证　　　　　　　　　退卷函

相关法条

1. 《中华人民共和国民事诉讼法》第六十八条第二款规定："人民法院根据当事人的主张和案件审理情况，确定当事人应当提供的证据及其期限。当事人在该期限内提供证据确有困难的，可以向人民法院申请延长期限，人民法院根据当事人的申请适当延长。当事人逾期提供证据的，人民法院应当责令其说明理由；拒不说明理由或者理由不成立的，人民法院根据不同情形可以不予采纳该证据，或者采纳该证据但予以训诫、罚款。"

2. 《中华人民共和国民事诉讼法》第一百二十三条第一款规定："起诉应当向人民法院递交起诉状，并按照被告人数提出副本。"

3. 《人民法院声像档案管理办法》

声像材料的归档要求如下。

1）主办部门或经办人员要把声像材料与有关行政文书材料或诉讼文书材料一起整理，单独组卷，统一编号。

2）归档的声像材料必须是原版、原件。

3）声像材料必须图像清晰、声音清楚，并加以必要的说明。

4）照片材料必须由底片、照片、文字说明三部分构成。文字说明部分包括：事由（案由、案号）、时间、地点、人物、背景和摄影者。

5）录音带、录像带、影视片须注明当事人姓名、案由、案号、录制时间、录制内容、录制人、盘数及带长、型号、保管期限等内容。

6）声像材料的说明必须用毛笔或碳素、蓝黑墨水的钢笔书写。

7）声像材料的归档时间须按声像材料形成的特点，由主办部门或经办人员分别按行政文书档案或诉讼文书档案规定的归档时间向档案管理部门移交。

📖 拓展训练

请思考并回答以下问题。

1. 书记员在庭前收集审查诉讼文书材料时，当事人是法人时需要注意哪些问题？与当事人是自然人的情况有哪些不同？
2. 书记员在接收当事人提交的起诉状时，需要注意哪些问题？
3. 书记员在收集合议庭评议笔录后，应当如何处理？

👤 任务评价

请学生自己和教师根据民事案件、行政案件庭前案卷材料的核对任务完成情况，参照评价项目和评价要点进行自评与师评，如表 1-2-1 所示。

表 1-2-1　民事案件、行政案件庭前案卷材料的核对任务评价表

评价项目	评价要点	权重	自评	师评
收集案卷材料的总结归纳及工作态度	对不同诉讼阶段、不同程序收集案卷材料的总结归纳是否准确	20 分		
	能否保持认真、严谨的工作态度	20 分		
收集审查中遇到不同情况的应对	在收集审查中遇到不同情况时能否合理应对	20 分		
收集审查后的初步装订	能否按要求进行初步装订	20 分		
与不同诉讼主体的沟通对接	能否专业、全面地与不同诉讼主体进行沟通	20 分		
	总分	100 分		

2.2　刑事案件案卷材料的核对

🗂 工作任务

2019 年 4 月 13 日 18 时许，被告人袁某通过滴滴平台接到被害人王某的约车订单后，驾车载乘王某欲前往武汉东湖新技术开发区生物城附近。当被告人袁某驾驶车辆行至武汉东湖新技术开发区高新大道光谷同济医院光谷院区附近时，被害人王某酒后向被告人袁某索要香烟，被告人袁某未予理睬，被害人王某遂在车内踢踹被告人袁某驾驶位座椅，后被告人袁某停车下车，与被害人王某发生争执，进而相互打斗。其间，被告人袁某持玻璃水杯击打被害人王某的头部致其受伤。被害人报案后，经过侦查和审查起诉，由武

汉东湖新技术开发区检察院向武汉东湖新技术开发区法院提起了公诉。如果你是本案的书记员刘振，需要收集哪些文书材料入卷呢？

工作任务分析

刑事案件庭审前案卷材料的检查核对与民事案件、行政案件基本相同，都需要书记员在收集时尽量做到全面，在审查时尽可能细致。二者的主要区别在于民事案件、行政案件是法院直接受理当事人的起诉，材料的收集对象主要是当事人及其他诉讼参与人，而刑事案件分为公诉案件和自诉案件。公诉案件是由检察院向法院起诉，因此提交材料的对象是检察院。自诉案件是当事人向法院直接起诉，收集材料的对象是当事人。一般而言，公权力机关移交的案卷材料在形式上更加严谨，而当事人提交的案卷材料在形式上较为多样化，需要书记员在审查时更为细致，在庭审中和庭审后及时补充需要入卷的卷宗材料。本任务主要针对公诉案件。

特别提醒

随着智慧法院建设的不断推进，不少地区已经开始试点使用公安、检察院、法院等机关共同使用的政法跨部门大数据办案平台。在收集、整理案卷材料的过程中，如果公安和检察院已经将案件侦查、审查起诉中产生的法律文书上传到平台，书记员可以直接登录平台，从平台进行相关案卷文书材料的下载。

工作步骤

步骤一 收集审查有关本案的各种案卷材料

刑事案件庭审前，书记员需要检查、复核案件法律手续和法律文书是否齐全。这项工作和民事案件、行政案件的书记员庭前收集、审查案卷材料基本相同，主要区别在于公诉刑事案件庭前的案卷材料一般已经形成一套卷宗，由检察院向法院移交相关的案卷材料，里面包含公安侦查阶段形成的案卷材料和证据卷，以及检察院起诉书、量刑建议书、认罪认罚具结书、适用简易（速裁）程序建议书等法律文书。

相关链接

不同程序下书记员需要重点收集审查的案卷材料

对于一审案件而言，书记员主要审查的案卷材料有：立案审批表、起诉书及其副本、证人名单、证据材料及其清单等诉讼文书。书记员应审查起诉书份数是否齐全，起诉书一般情况下为8份，每增加1名被告人，起诉书增加5份；查看是否有证据目录及本案的全部案卷材料，对照证据目录审核证据材料，证据材料的名称和份数要和证据目录一致，证据材料与证据目录有出入的，应退回补送；审查案卷中是否附有提供了证人证言的证人名单，证人名单应分别列明出庭作证和不出庭作证的证人的姓名、性别、年龄、职业、住址和通信处；审查被告人是否羁押，未羁押的被告人是否到案，羁押在什么地点；审查被害人是否在检察院提起了附带民事诉讼等。

对于二审案件而言，书记员需要进一步审核一审法院移送的一审案卷和上诉材料是否与上诉案件移送函所列一致。一审法院的上诉案件移送函中具体填写了其移送的卷宗数和相关材料，这是二审法院接收材料的范围和保管的责任范围。因此，书记员在签收上诉案件时，应按照上诉案件移送函中的内容，核对一审法院移送的卷宗和相关材料，若发现有出入的，应将卷宗和相关材料退回立案庭，待一审法院将卷宗和相关材料补充齐全后再予接收。书记员需要审查的诉讼文书包括：上诉（抗诉）案件移送函、上诉状、抗诉书、答辩状、一审判决书（裁定书）、立案审批表、全部案卷材料、证据材料及其清单、案件审结报告等诉讼文书以及被告是否被羁押及羁押的地点。

对于申诉案件而言，书记员需要审查的案卷材料包括：立案审批表、再审决定书、证据材料及其清单等诉讼文书。

对于人民检察院抗诉的再审案件，最高人民法院或者上级人民法院、本院决定再审的案件而言，书记员需要审查的案卷材料包括：再审决定书（除人民检察院抗诉的以外）、再审抗诉书、立案审批表、证据材料及其清单等诉讼文书以及被告人羁押的地点及执行情况。

特别提醒

对于再审案件，审监庭书记员应当根据案件需要办理案卷的调卷工作。

1）填制调卷函。

×××××人民法院

调卷函

〔××××〕……号

×××××人民法院（写明其他人民法院名称）：

你院〔××××〕……民×……号……（写明当事人及案由）一案，现因……（写明调阅案卷原因），请将该案的全部案卷材料检送我院。

联系人：……（写明姓名、部门、职务）

联系电话：……

联系地址：……

附：需调取卷宗的案件案号：×××××人民法院〔××××〕……民×……号

×××年××月××日

（院印）

2）明确案件所属法院。

3）加盖所属法院印章，要求印章清晰、位置正确。

4）调齐相关案卷材料。

步骤二　在案件登记表中登记案件相关信息

书记员在案件登记表中登记案件相关信息的要求如下：①明确案件是一审案件、二审案件或者再审案件；②选择适用一审案件登记表、二审案件登记表或者再审案件登记表；③填制"案件统计卡片""办案质量跟踪卡"。

步骤三　制作案件登记簿

1）在案件登记簿中要准确登记案件的案号、案由、公诉机关名称、自诉人名称、被告人信息（如姓名、年龄、籍贯、性别等）、立案时间、结案方式、适用程序、合议庭成员、签收时间、签收人，并留出登记开庭时间、结案时间、报结时间及归档时间等的位置。

2）如果是二审的还要注明原判刑罚，是否改判、维持、发回等审判结果，如果案件有上诉的，上诉后的结果等也应当予以标明。在登记案件信息时，应当认真填写，确保所填写的信息准确无误；对相关内容应用全称的，不能采取简略方式填写。

步骤四　随着诉讼进程的发展，进行初步整理装订

刑事案件庭审中及庭审后还会产生大量的诉讼文书，如庭审笔录、判决书、裁定书、执行通知书、宣判笔录、结案登记表等法律文书，刑事审判庭书记员应当将收集的案件材料按照时间顺序排列好，用夹子、回形针或者棉线进行初步整理装订。

📝 知识平台

公安卷及检察院移送的案卷材料

1. 公安卷

公安卷是公安机关在侦查案件的过程中制作的案卷材料，里面包含与侦查行为相关的一套案卷材料，如立案报告、提请批准逮捕书、侦查终结报告、起诉意见书、现场勘查笔录等文书材料。检察院向法院提起公诉时，需要将公安卷及公安机关侦查时形成的证据卷一并移送人民法院，书记员负责接收入卷。

特别提醒

公安卷在入卷时不再进行拆分，直接入卷。

2．起诉书

人民检察院对于公安机关侦查终结、移送审查起诉的刑事案件，或由检察院自行侦查终结，或由监察委调查完毕移送审查起诉的案件，经过审查，认为犯罪嫌疑人的犯罪事实已经查清，证据确实、充分，依法应当追究刑事责任的，应当作出起诉决定。起诉书是人民检察院依照法定的诉讼程序，代表国家向人民法院对被告人提起公诉的法律文书。因为它是以公诉人的身份提出的，所以也称为公诉书。起诉书是法院审理刑事公诉案件的前提，可以用来证明检察院审查起诉活动及法院审判活动的合法性，所以需要书记员妥善收集并入卷。

3．量刑建议书

量刑建议书是指人民检察院对提起公诉的案件，可以向人民法院提出量刑意见。提出量刑意见的，可以制作量刑建议书，与起诉书一并移送人民法院。人民法院在审判时可以作为量刑的参考，书记员应当妥善收集并入卷。

起诉书

人民检察院量刑建议书

4．认罪认罚具结书

认罪认罚具结书是指被告人对检察院指控的犯罪事实、罪名、量刑建议，认罪认罚后是适用简易程序、速裁程序或普通程序都没有异议而签署的法律文书。签署此法律文书的后果是在之后的诉讼中，可以对其依法从宽处理，因此需要书记员妥善收集并入卷。

5．适用认罪认罚简易程序建议书

对于案件事实清楚、证据充分，被告人承认自己所犯罪行，对指控的犯罪事实没有异议且被告人对适用简易程序没有异议的，检察院在移送审查起诉时可以一并建议法院适用简易程序，法院可以参照检察院建议适用简易程序或速裁程序审理刑事案件。因此，该法律文书可以证明检察院审查起诉程序的合法性，也可以作为适用程序的依据，需要书记员妥善收集并入卷。

认罪认罚具结书

适用认罪认罚简易程序建议书

6. 宣判笔录

宣判笔录是人民法院开庭审理案件，经合议庭评议后，向当事人当庭或定期宣告判决内容时所制作的笔录。它不仅是宣判活动真实而全面的客观反映，也是复查案件（特别是第二审法院审查案件）的重要依据。因此，书记员需要根据案件情况及时制作并入卷。

7. 结案登记表

案件在立案阶段需要制作立案审查、审判流程管理信息表及案件登记表。相应地，在结案时需要制作结案登记表。结案登记表中需要书记员对案件审理情况、案件事实、被告人罪名、刑罚等信息进行填写。结案登记表是证明诉讼流程合法、合规的重要文书之一，因此需要书记员妥善入卷。

8. 执行通知书

刑事判决正式生效后，判处有期徒刑、无期徒刑及死缓的，需要把羁押在看守所的犯人移送到相应监狱服刑，移送执行通知书就是转移囚犯的一个必备文件。判处拘役的，也需要将执行通知书送达相应执行机构。执行通知书是刑事案件庭审后产生的重要法律文书。

| 宣判笔录 | 结案登记表（送交执行机关执行用） | 人民法院执行通知书（有期徒刑、拘役用） |

拓展训练

请思考并回答以下问题。

1. 书记员在庭前收集到公安卷后，需要拆分进行重新装订吗？

2. 认罪认罚具结书是否是书记员必须收集入卷的案卷材料？

任务评价

请学生自己和教师根据刑事案件庭前案卷材料的核对任务完成情况，参照评价项目和评价要点进行自评与师评，如表 1-2-2 所示。

表 1-2-2　刑事案件庭前案卷材料的核对任务评价表

评价项目	评价要点	权重	自评	师评
刑事案件收集诉讼文书材料的范围	是否明确刑事案件收集诉讼文书材料的范围	20 分		
	是否熟悉了解重要的诉讼材料	20 分		
重点诉讼文书材料的收集审查及工作态度	是否明确重点诉讼文书材料的收集审查要点	20 分		
	工作态度是否认真、严谨	20 分		
与诉讼主体的沟通对接	诉讼主体提交的诉讼文书材料不符合要求时能否妥善进行沟通	20 分		
总分		100 分		

2.3　执行案件案卷材料的核对

工作任务

　　书记员李强经过在刑事审判庭的工作学习，已经熟练掌握了相关诉讼程序的工作流程，明确了工作职责，通过不断的实践、积累、总结，工作能力有了相当程度的提升。现因工作需要，李强被调到执行局配合法官刘明工作。对李强个人而言，也是一个全面提升工作能力的良好机会。到执行局报到的第一天，法官刘明首先对李强的到来表示了热烈欢迎，然后向李强介绍了执行工作的相关情况，让李强自己先熟悉一下工作环境。李强虽然在其他业务部门有工作经验，但时移事异，现在面临的毕竟是一个新的工作领域，以往的工作经验未必契合当下的工作实际，很多事情都需要加强学习、认真对待。当前，中国法院采取"审执分离"的工作模式，执行工作有着自身的特点和工作方法，并且"执行难"也是当前法院所面对的一大难题。因此，切实做好执行工作，对促进司法为民、公正司法具有重要意义。那么，书记员李强应该如何尽快适应相关工作并做好案卷材料的收集检查核对呢？

工作任务分析

　　书记员的工作平凡而重要，是执行工作中不可缺少的一部分。我国法院实行"审执分离"以后，使得执行工作清晰地区别于审判工作，其中书记员工作也有了重大区别。每起执行案件，都有许多工作需要书记员去做，其工作完成得好坏，对能否保证案件的执行质量和效率有直接影响。根据有关规范性文件的规定及法院执行业务部门的工作性质，作为一名合格的书记员，应具备以下四个方面的知识和技能：①应具备良好的政治素养；②应具备精良的业务水平；③应具备较强的文字能力；④应具备过硬的记录技巧。因此，李强应紧紧围绕上述内容，明确自身的工作职责和工作要求，遵守工作纪律，重新摆正自己的位置，尽快适应自己的角色变化。

工作步骤

步骤一　明确、严守工作纪律

明确、严守工作纪律就是要做到以下几点：①认真贯彻执行党的路线、方针、政策，为经济建设服务，为社会治安综合治理服务；②忠于职守，全心全意为人民服务；③严格依法办事，不得徇私枉法；④严格遵守法院颁布的有关规章制度；⑤不得插手、干预、过问执行法官办理的案件，或为案件当事人通风报信、说情打招呼等；⑥接待案件当事人及相关人员时不得语气生硬、态度蛮横、行为粗暴，或以不知道、不了解、不在职责范围、办理该事项人员不在为由推脱或敷衍；⑦严守执行秘密，不得披露或使用在工作中获得的国家秘密、商业秘密或者个人隐私。

步骤二　明确工作任务、程序、职责范围

执行部门书记员是执行工作的事务性辅助人员，在执行法官指导下开展工作。一般来说，执行部门书记员职责范围主要包含以下三项内容。

1）担任案件执行过程中的记录工作。
2）整理、装订、归档执行案件卷宗。
3）完成法官交办的其他事务性工作。

下面主要介绍执行部门书记员整理、装订、归档执行案件卷宗的工作。

执行是指人民法院的执行组织依照法定的程序，对发生法律效力的法律文书确定的给付内容，以国家强制力为后盾，依法采取强制措施，迫使义务人履行义务的行为。执行应当具备以下条件：①执行以生效法律文书为根据；②执行根据必须具有给付内容；③执行必须以负有义务的一方当事人无故拒不履行义务为前提。执行程序是指保证具有执行效力的法律文书得以实施的程序。

执行程序不同于审判程序，两者的区别表现为：审判程序是确认民事权利义务关系的程序，执行程序是实现民事权利义务关系的程序。执行程序是保证审判程序的任务得以实现的有力手段，但执行程序又具有其独特性：①经审判程序处理的案件并不必然也要适用执行程序；②执行程序所适用的案件不只限于审判程序处理的案件范围。这是人民法院采用"审执分离"模式的原因之一。

执行案件包括执行实施类案件和执行审查类案件。执行实施类案件是指人民法院因申请执行人申请、审判机构移送、受托、提级、指定和依职权对已发生法律效力且具有可强制执行内容的法律文书所确定的事项予以执行的案件。执行审查类案件是指在执行过程中，人民法院审查和处理执行异议、复议、申诉、请示、协调，以及决定执行管辖

权的移转等事项的案件。

执行文书和案卷是人民法院开展执行活动的真实记录，是依法进行执行活动的重要依据和必要条件。人民法院应当严格按照本规定的要求，做好执行文书的立卷归档工作。

根据相关规范性文件的规定，人民法院办理的下列执行案件，必须纳入立卷归档范围：①直接受理的执行案件；②提级执行、受指定执行的案件；③受托执行的案件；④执行监督、请示、协调的案件；⑤申请复议的案件；⑥其他执行案件。

人民法院受理的执行案件涵盖的案件类别多、诉讼程序跨度大，相应地对书记员的知识、能力、素质要求也较高。执行部门书记员不仅需要掌握涉及的相关法律知识，而且需要了解涉及执行问题的最新规定。

步骤三　依法合规做好材料收集工作

执行案件收案后，承办书记员即开始收集有关本案的各种文书材料。执行文书材料应全面、真实地反映执行的整个过程和具体情况。

在执行实务中，执行实施类案件按执行标的，可分为金钱给付请求权的执行案件和非金钱给付请求权的执行案件。

（一）金钱给付请求权的执行案件的材料收集

1．执行立案

（1）申请执行过程中材料的收集

当事人申请执行，应当提交申请执行书、生效法律文书副本、申请执行人身份证明等法律规定应当提交的证件和文件，并填写送达地址确认书。当事人同意电子送达的，应当在送达地址确认书中予以确认。

接受上述申请执行材料时，应注意逐一点收。内容相同的重复材料，法律法规、司法解释复印件，与案件无关的其他材料可不予接收，直接退回递交人。接收材料后，应当向当事人出具书面凭证并证明收到日期，同时在接收材料上加盖收文日期章，并注明收到时间。

执行案件决定立案后，要求申请人填写并提交财产调查表，财产线索应当具体明确。向申请执行人送达案件受理通知书、权利义务告知书、廉政监督卡等书面材料。相关资料收集完成后，将案件材料按照规范要求整理成卷，并在立案之日起两个工作日内移交执行实施机构。

经审查后发现不符合立案条件的，应当作出不予受理的裁定。裁定应载明不予受理的理由，并在裁定中告知不服裁定的救济程序。

📝 知识平台

1. 人民法院受理案件通知书

××××人民法院
受理案件通知书
（执行实施用）

〔××××〕······执······号

×××：

×××与×××······（写明案由）一案，本院（或其他生效法律文书的作出机关）作出的〔××××〕······号民事判决（或其他生效法律文书）已发生法律效力。你/你单位向本院申请执行。经审查，该申请符合法定受理条件，本院决定立案执行。（如为移送执行案件，写明：）××××移送执行，本院决定立案执行。现将有关事宜通知如下：

一、请补充提交被执行人名下财产情况。

二、本案由法官/执行员×××负责执行。

特此通知。

××××年××月××日
（院印）

联 系 人：×××　　联系电话：······
本院地址：······　　邮　　编：······

2. 人民法院报告财产令

××××人民法院
报告财产令

〔××××〕······执······号

×××：

本院于××××年××月××日立案执行×××与×××······（写明案由）一案，已向你/你单位送达执行通知书。你/你单位未履行义务，应当限期如实报告财产。依照《中华人民共和国民事诉讼法》第二百四十八条，《最高人民法院关于适用〈中华人民共和国民事诉讼法〉执行程序若干问题的解释》第三十一条、第三十二条、第三十三条规定，责令你/你单位在收到此令后××日内，如实向本院报告当前以及收到执行通知之日前一年的财产情况。执行中，如果财产状况发生变动，应当自财产变动之日起十日内向本院补充报告。

拒绝报告或者虚假报告，本院将根据情节轻重采取罚款、拘留等措施。

此令

附：被执行人财产申报表

××××年××月××日
（院印）

联 系 人：×××　　联系电话：······
本院地址：······　　邮　　编：······

（2）审判部门移送执行材料的收集

民事制裁决定、生效法律文书确定的诉讼费用部分的执行、刑事裁判涉财产部分的执行，以及财产保全、证据保全、先予执行裁定的执行，由作出该文书的立案、审判部门移送立案执行。审判部门移送执行时应填写移送执行书，明确需要执行的事项和应注意的问题，连同生效的法律文书及其附件和其他相关材料一并移送立案部门。

执行部门签收材料时应逐一点收，认真核对移送材料，发现不符合要求的，应退回移送部门补正或者当场补正后再予立案。应审查移送执行书是否载明下列内容：①当事人的基本信息；②已查明的财产状况或者财产线索；③已保全的财产状况；④刑事裁判涉财产部分移送执行时部分财产已经处置的，该部分财产的处置情况；⑤移送执行的时间；⑥其他需要说明的情况。

知识平台

人民法院委托执行函模板如下。

××××人民法院
委托执行函

〔××××〕……执……号

××××人民法院：

本院在执行×××与×××……（写明案由）一案中，……（写明当事人未能履行义务的情况及委托执行的理由）。依照《中华人民共和国民事诉讼法》第二百三十六条第一款规定，特委托你院代为执行……（写明案件或有关事项），并将执行结果及时函复我院。

附：1. 申请执行书和委托执行案件审批表

2. 据以执行的生效法律文书（副本）

3. 有关案件情况的材料或者说明

4. 申请执行人地址、联系电话

5. 被执行人身份证件或者营业执照复印件、地址、联系电话

6. 其他必要的案件材料

××××年××月××日

（院印）

联　系　人：×××　　　联系电话：……

本院地址：……　　　邮　　编：……

2．执行前材料的收集

执行前，发现本院无管辖权的，应当撤销案件，并告知申请执行人向有管辖权的法院申请执行。所执行案件以"销案"的方式结案，保留案号及案卷材料。

当事人申请执行的案件，发现不符合法律规定受理条件的，裁定驳回执行申请。裁定应以书面形式作出，并送达申请执行人，应收集驳回执行申请的裁定书。

符合执行条件的，应当在收到申请执行书或移送执行书后十日内，向被执行人发出执行通知书。注意：需要被执行人报告财产的，发出执行通知时应一并向其发出报告财产令；需要限制消费的，发出执行通知时可一并向其发出限制消费令。

3．财产调查过程中材料的收集

（1）报告财产令相关材料的收集

执行法院依申请执行人或依职权责令被执行人报告财产的，应当向其发出报告财产令。执行法院根据案件需要再次责令被执行人报告财产情况的，应当重新向其发出报告财产令。对被执行人报告的财产情况，执行法院应及时调查核实，必要时可以组织当事人进行听证。

被执行人拒绝报告、虚假报告或无正当理由逾期报告财产情况，应承担相应法律责任。同时，执行法院应当将被执行人纳入失信被执行人名单，依法对其进行信用惩戒。

书记员在收集材料时，应将上述财产报告、调查核实及处罚情况记录入卷。

（2）现场调查

执行法院可以根据办案需要在被执行人的住所或者可能隐匿、转移财产所在地进行必要调查，也可以向掌握相关信息的单位或者个人进行调查。执法人员进行现场调查时，需要制作调查笔录的，应按规定制作笔录。

（3）现场搜查

采取现场搜查措施的，应当由院长签发搜查令。

现场搜查应制作搜查笔录，由搜查人员、被搜查人及其他在场人员签名、捺指印或者盖章。拒绝签名、捺指印或者盖章的，应当记入笔录。

（4）审计调查

申请执行人可以书面申请人民法院委托审计机构对该执行人进行审计。执行法院应在收到书面申请之日起十日内作出是否准许的决定。

依法确定审计机构及审计费用承担的相关资料，对被执行人或者其主要负责人、直接责任人员违法处理的相关资料应逐一点收。

（5）公告悬赏

被执行人不履行生效法律文书确定的义务，申请执行人向执行法院书面申请发布悬赏公告查找执行财产的，执行法院应在收到书面申请之日起十日内决定是否准许。决定悬赏的，应当制作悬赏公告。

书记员应逐一点收书面申请书、准许决定、悬赏公告等材料。

特别提醒

在财产调查过程中，要对复制、打印、抄录、拍照或者以其他方式进行提取、留存的所需资料进行一一点收。

4. 财产查封、扣押、冻结、提取、划拨过程中材料的收集

发现被执行人财产后，执行法院应当根据财产种类、性质，及时采取查封、扣押、扣留、冻结、提取、划拨等措施。采取上述措施时，执行法院应当作出裁定，并送达被执行人和申请执行人。

决定冻结、划拨银行存款的，执行法院应作出冻结、划拨裁定，并制作冻结、划拨存款通知书。执行法院应当在办理后及时将采取冻结措施的情况通知优先受偿权人或共有人，优先受偿权人或共有人可向执行法院主张权利，执行法院应当依法审查处理。存款冻结后，金融机构未经执行法院准许擅自解冻，致使冻结款项被转移的，执行法院应向其发出通知书，责令其限期追回。

📝 **知识平台** --

1. 人民法院协助划拨存款通知书

××××人民法院
协助划拨存款通知书

〔××××〕……执……号

××××（写明金融机构名称）：

本院在执行×××与×××……（写明案由）一案中，因被执行人×××在期限内未予执行，请将该被执行人×××（证件种类、证件号码：……）在你处××账户的存款……元，划拨至××××银行账户/国库。

开户银行：××××
账户名称：××××
账　　号：……

附：〔××××〕……号裁定书

××××年××月××日
（院印）

联　系　人：×××　　联系电话：……
本院地址：……　　　邮　　编：……

---

2. 人民法院协助划拨存款通知书回执

××××人民法院
协助划拨存款通知书
（回执）

××××法院：

　　你院〔××××〕……号协助划拨存款通知书收悉。×××（证件种类、证件号码：……）在我处的××账户存款……元已划拨至××××银行账户/国库，未划拨……元，原因为……。

××××年××月××日
（公章）

联系人：×××　　　　联系电话：……
本院地址：……　　　　邮　　编：……

　　决定扣留、提取收入的，执行法院应作出裁定，并制作协助执行通知书。协助义务人收到执行法院发出的协助执行通知书后，擅自向被执行人或其他人支付的，执行法院应向其发出通知，责令其限期追回。

　　执行对被执行人从有关企业中应得的已到期、冻结被执行人预期从有关企业中应得的股息或红利等收益，执行法院应作出裁定并制作协助执行通知书。有关企业收到执行法院发出的协助执行通知书后，擅自向被执行人支付股息或红利等收益，执行法院应向其发出通知，责令其限期追回。

　　查封、扣押动产的，执行法院应作出查封、扣押裁定。需要有关单位协助执行的，应制作协助执行通知书。查封、扣押动产应当制作笔录。对被查封、扣押的财产应造具财产清单。执行人员、原占有人、保管人、到场人员应当在笔录和财产清单上签名。

　　查封不动产的，执行法院应作出查封裁定。对已登记的不动产的查封，同时应制作协助执行通知书。现场查封不动产的，同时应制作查封公告或者封条。查封不动产应当制作查封笔录，执行人员、保管人及到场人员应当在笔录上签名。查封的房屋部分或全部为案外人占有的，执行人员应当现场询问案外人的姓名（或名称）、住所（或住所地）、占有原因、占有期限等内容并记入查封笔录。案外人主张系承租房屋的，应责令其当场提供租赁合同、租金支付凭据等。对于未进行权属登记的不动产，符合法定条件的，执行法院可以通知不动产登记机关办理预查封登记。

　　冻结、划拨证券、证券交易结算资金的，执行法院应作出冻结、划拨裁定，制作协助通知书。

　　冻结股权、其他投资权益的，执行法院应作出冻结裁定书，并制作协助执行通知书、协助公示通知书、协助公示执行信息需求书。

　　被执行人对次债务人享有到期债权的，执行法院应作出冻结裁定，制作履行到期债务通知书。冻结裁定书和履行到期债务通知书应直接送达次债务人。次债务人当场提出书面异议的，执行人员应直接接收。次债务人口头提出异议的，执行人员应记入笔录，并由次债务人签名或者盖章。次债务人未依照履行通知书履行、符合法定条件的，执行法院应当作出裁定，对次债务人强制执行。

冻结专利权或者专利申请权的，执行法院应当制作冻结裁定书、协助冻结专利权或专利申请权通知书。冻结注册商标专用权的，执行法院应当制作冻结裁定书、协助冻结注册商标专用权通知书。冻结著作权中财产权的，执行法院应当制作冻结裁定书，并送达被执行人和申请执行人。

特别提醒

在财产查封、扣押、冻结、划拨过程中，要对涉及的资料进行一一点收。

符合法定条件的，执行法院应解除查封。解除查封措施，应当制作解除查封裁定书，并送达申请执行人、被执行人或者案外人。解除以登记方式实施查封的，应当向登记机关送达解除查封裁定书和协助执行通知书。

知识平台

人民法院协助执行通知书模板如下。

××××人民法院
协助执行通知书

〔××××〕……执……号

×××：

×××与×××……（写明案由）一案，本院（或其他生效法律文书的作出机关）作出的〔××××〕……号民事判决（或其他生效法律文书）已经发生法律效力。因……（写明协助执行的原因）。依照《中华人民共和国民事诉讼法》第二百四十九条、第二百五十条、第二百五十一条、第二百五十八条，以及《最高人民法院关于人民法院执行工作若干问题的规定（试行）》第36条、第38条、第50条规定，请协助执行以下事项：

……。

附：〔××××〕……号裁定书

××××年××月××日
（院印）

联系人：××× 　　联系电话：……
本院地址：……　　邮　　编：……

---

5. 财产处置过程中材料的收集

执行法院对查封、扣押、冻结的动产、不动产、股权、知识产权等财产，可以采取拍卖、变卖、强制管理等方式进行处置。决定处置查封、扣押、冻结财产的，执行法院应当作出裁定，并送达当事人。

执行过程中，原则上应当由首先查封、扣押、冻结法院负责处分查封、扣押、冻结的财产。优先债权执行法院要求首先查封法院将查封财产移送执行的，应当出具商请移送执行函，并附确认优先债权的生效法律文书及案件情况说明。首先查封法院应当在收到优先债权执行法院商请移送执行函之日起十五日内出具移送执行函，将查封财产移送优先债权执行法院执行，并告知当事人。

📝 知识平台

1. 人民法院商请移送执行函

××××人民法院
商请移送执行函

〔××××〕……号

××××人民法院：

……（写明当事人姓名或名称和案由）一案的……（写明生效法律文书名称）已经发生法律效力。由于……［写明本案债权人依法享有顺位在先的担保物权（优先权）和首先查封法院没有及时对查封财产进行处理的情况，以及商请移送执行的理由］。根据《最高人民法院关于首先查封法院与优先债权执行法院处分查封财产有关问题的批复》之规定，请你院在收到本函之日起十五日内向我院出具移送执行函，将……（写明具体查封财产）移送我院执行。

　　　附件：1. 据以执行的生效法律文书

　　　　　　2. 有关案件情况说明［内容包括本案债权人依法享有顺位在先的担保物权（优先权）的具体情况、案件执行情况、执行员姓名及联系电话、申请执行人地址及联系电话等］

　　　　　　3. 其他必要的案件材料

××××年××月××日
（院印）

本院地址：×××　　　　邮　　编：……
联 系 人：……　　　　联系电话：……

2. 人民法院移送执行函

××××人民法院
移送执行函

〔××××〕……号

××××人民法院：

你院〔××××〕……号商请移送执行函收悉。我院于××××年××月××日对……（写明具体查封财产，以下简称"查封财产"）予以查封（或者扣押、冻结），鉴于你院〔××××〕……号执行案件债权人对该查封财产享有顺位在先的担保物权（优先权），现根据《最高人民法院关于首先查封法院与优先债权执行法院处分查封财产有关问题的批复》之规定及你院的来函要求，将上述查封财产移送你院执行，对该财产的续封、解封和变价、分配等后续工作，交由你院办理，我院不再负责。请你院在后续执行程序中，对我院执行案件债权人×××作为首先查封债权人所享有的各项权利依法予以保护，并将执行结果及时告知我院。

附件：

1. 据以执行的生效法律文书

2. 有关案件情况的材料和说明（内容包括查封财产的查封、调查、异议、评估、处置和剩余债权数额等案件执行情况，执行员姓名及联系电话、申请执行人地址及联系电话等）

3. 其他必要的案件材料

××××年××月××日
（院印）

本院地址：×××　　　　邮　　编：……

联　系　人：……　　　　联系电话：……

需要进行评估的，执行法院在委托评估前应当对评估标的的权属状况、占有使用情况进行必要的调查，制作财产现状调查笔录或者收集其他有关资料。前述事项可以在财产调查、控制的阶段完成。

执行法院应根据评估对象的不同，分别收集有关资料。评估对象为不动产的，一般需收集不动产权属登记、抵押、查封等资料；尚未办理产权登记的，一般需收集土地使用权的审批文件或者权利的取得证明等资料；系在建工程的，一般需收集建设用地规划许可证、建设工程规划许可证、建筑施工许可证、规划图、土地使用权登记材料、宗地图等。评估对象为登记的特殊动产的，一般需收集权属登记、抵押、查封等资料；其他如机器设备等动产的，根据需要收集原始发票、品质证书等资料。已经办理产权登记的资料一般可以直接向相关登记管理部门调取。资料应当由当事人或相关第三人提供的，执行法院可以通知当事人或相关第三人提交，不予提交的，可以强制提取。对被执行人的股权进行评估时，可以责令有关企业提供会计报表等资料，拒不提供的，可以强制提取。

对拟拍卖的财产，执行法院应当及时委托具有相应资质的评估机构进行价格评估。启动委托评估程序的，执行人员应当填写委托评估移送表，并附评估标的物的财产清单、权属材料等评估所需的材料，移送给相关部门委托评估。执行法院收到评估机构作出的评估报告后，应当在五日内将评估报告发送给当事人及其他利害关系人。当事人或者其他利害关系人在收到评估报告后十日内对评估价格或评估方法等内容提出书面异议的，执行法院应及时转交评估机构对异议内容进行复核。评估机构复核发现评估报告存在错误的，应当及时作出修正；评估机构认为评估报告无错误的，应当作出书面说明。执行法院应将修正后的评估报告或者书面说明，发送给当事人或者其他利害关系人。

知识平台

人民法院价格评估委托书模板如下。

××××人民法院
价格评估委托书

〔××××〕……执……号

××××：

我院在执行×××与×××……（写明案由）一案中，需对附件清单所列财产进行价格评估。依照《最高人民法院关于人民法院执行工作若干问题的规定（试行）》第 47 条、《最高人民法院关于人民法院民事执行中拍卖、变卖财产的规定》第四条规定，请你单位对附件清单所列财产进行价格评估，并将书面评估报告一式×份及时报送我院。

附：委托评估财产清单

××××年××月××日
（院印）

联　系　人：×××　　联系电话：……
本院地址：……　　　　邮　　编：……

执行法院决定采用委托拍卖方式的，应当经院领导审批同意后，移送给相关部门办理。起拍价、竞价增加幅度、保证金数额等事项由合议庭评议后确定。拍卖应当制作、发布拍卖公告。网络司法拍卖应当先期公告，拍卖公告除通过法定途径发布外，还应同时在网络司法拍卖平台发布。

1. 人民法院拍卖（变卖）委托书

×××××人民法院
拍卖（变卖）委托书

〔××××〕……执……号

××××：

本院在执行×××与×××……（写明案由）一案中，于××××年××月××日裁定拍卖/变卖被执行人×××的……（写明财产名称、数量或数额、所在地等）。依照《中华人民共和国民事诉讼法》第二百五十四条之规定，委托你单位对拍卖/变卖清单所列财产进行拍卖/变卖。

附：
1. 委托拍卖/变卖财产清单
2. 拍卖/变卖财产评估报告

××××年××月××日
（院印）

联 系 人：×××　　联系电话：……
本院地址：……　　邮　　编：……

2. 人民法院拍卖通知书

×××××人民法院
拍卖通知书

〔××××〕……执……号

××××（写明当事人和已知的担保物物权人、优先购买权人或其他优先权人姓名或名称）：

本院在执行×××与×××……（写明案由）一案中，依照《中华人民共和国民事诉讼法》第二百五十四条、《最高人民法院关于适用〈中华人民共和国民事诉讼法〉的解释》第四百八十八条、《最高人民法院关于人民法院民事执行中拍卖、变卖财产的规定》第十四条之规定，委托有关中介机构对被执行人×××的……（写明财产名称、数量或数额、所在地等）进行评估、拍卖。（摇珠抽签的，写明：）经……，已选定拍卖机构。现将有关事宜通知如下：

拍卖标的：……

拍卖标的权属所有人：×××

拍卖机构（或人民法院）：××××

联系人：×××

联系电话：……

需要了解上述拍卖物的拍卖底价、拍卖时间、拍卖地点、拍卖公告刊登的报刊，以及拍卖过程中拍卖物降价情况等有关事宜的，请直接与××××联系。

优先购买权人经通知未到场的，视为放弃优先购买权。

特此通知。

××××年××月××日

（院印）

3. 人民法院拍卖公告

××××人民法院

拍卖公告

本院在执行×××与×××……（写明案由）一案中，对被执行人×××的……（写明财产的名称、数量或数额、所在地等）进行评估、拍卖。（委托拍卖的，写明：）经……（写明选定拍卖机构的方式），委托××××拍卖。现将有关事宜公告如下：

拍卖标的：……

拍卖标的权属所有人：×××

拍卖机构（或人民法院）：××××

联系人：×××

联系电话：……

与本案拍卖财产有关的担保物权人、优先权人或者其他优先权人于拍卖日到场；优先购买权人届时未到场的，视为放弃优先购买权。

其他参加竞买的单位和个人需要了解上述拍卖物的拍卖底价、拍卖时间、拍卖地点、拍卖公告刊登的报刊，以及拍卖过程中拍卖物的降价情况等有关事宜的，请直接与××××联系。

特此公告。

××××年××月××日

（院印）

拍卖、变卖成交或者以流拍的财产抵债的，执行法院应当作出裁定。需要办理有关财产权证照转移手续的，执行法院可以向有关单位发出协助执行通知书。

6. 参与分配财产过程中材料的收集

被执行人为公民或者其他组织的，在执行程序开始后，被执行人的其他已经取得执行依据的债权人发现被执行人的财产不能清偿所有债权的，可以向人民法院申请参与分配。参与分配应当提交申请书。申请书应当写明参与分配和被执行人不能清偿所有债权的事实、理由，并附执行依据。符合参与分配条件的，执行法院应制作财产分配方案，并送达各债权人和被执行人。

7. 执行程序与破产程序衔接过程中材料的收集

执行案件符合法定条件的，执行法院可以移送被执行人住所地的法院进行破产审查。执行法院采取财产调查措施后，发现作为被执行人的企业法人符合《中华人民共和国企业破产法》（以下简称《企业破产法》）规定的，应当及时询问申请执行人、被执行人是否同意将案件移送破产审查。询问情况应记入笔录，由被询问人签字确认。

申请执行人、被执行人均不同意移送且无人申请破产的，执行法院就执行变价所得的财产，按照法律规定处理。

被执行人或者其任何一个执行案件的申请执行人书面同意将案件移送破产审查的，承办人认为符合移送破产审查条件的，应提出书面意见，经合议庭评议同意后，交由院长签署移送决定。

移送决定作出后，执行法院应将下列材料一并移送受移送法院。

1）移送破产审查决定书。

2）申请执行人或被执行人同意移送的书面材料。

3）采取财产调查措施查明的被执行人的财产状况，已查封、扣押、冻结财产清单及相关材料。

4）已分配财产清单及相关材料。

5）被执行人债务清单。

6）其他应当移送的材料。

8. 执行款管理和发放过程中材料的收集

被执行人自动履行的，可以直接支付给申请执行人，也可交至人民法院指定执行款专户或案款专户。

执行法院直接对被执行人账户资金进行划拨的，可以直接划至申请执行人账户，符合一定条件的，应当划至执行款专户或案款专户。

执行人员原则上不直接收取现金和票据。确有必要直接收取的，应当不少于两名执行人员在场，即时向交款人出具收取凭证，并制作收款笔录，由交款人和在场人员签名。

对于扣划到法院执行款专户或案款专户的执行款，其收发管理应当采取一案一账号的方式，做到案号、款项、被执行人或交款人一一对应。

发放执行款时，执行人员应当填写执行款发放审批表。执行款发放审批表中应当注明执行案件案号、当事人姓名或名称、交款人姓名或名称、交款金额、交款时间、交款方式、收款人姓名或名称、收款人账号、发款金额和方式等情况。委托他人代为领取执行款手续的，应当附特别授权委托书、委托代理人的身份证复印件。委托代理人是律师的，应当附所在律师事务所出具的公函及律师执照复印件。

9. 执行事项委托过程中材料的收集

执行法院在执行办案过程中遇有相关事项需赴异地办理的，可以委托相关异地法院代为办理。委托执行应附相关法律文书，包括执行裁定书、协助执行通知书、送达回证（或回执）、执行公务证件扫描件。

受托法院应当及时签收并办理委托事项，完成后及时将办理情况及送达回证（或回执）及其他材料通过系统反馈委托法院，委托法院应当及时确认办结。

知识平台

1. 人民法院委托执行函

××××人民法院
委托执行函

〔××××〕……执……号

××××人民法院：

本院在执行×××与×××……（写明案由）一案中，……（写明当事人未能履行义务的情况及委托执行的理由）。依照《中华人民共和国民事诉讼法》第二百三十六条第一款规定，特委托你院代为执行……（写明案件或有关事项），并将执行结果及时函复我院。

附：

1. 申请执行书和委托执行案件审批表
2. 据以执行的生效法律文书（副本）
3. 有关案件情况的材料或者说明
4. 申请执行人地址、联系电话
5. 被执行人身份证件或者营业执照复印件、地址、联系电话
6. 其他必要的案件材料

××××年××月××日
（院印）

联 系 人：×××　联系电话：……

本院地址：……　　邮　　编：……

2. 人民法院接受委托执行案件复函

×××× 人民法院
接受委托执行案件复函

〔××××〕……执……号

×××× 人民法院：

你院 ×××× 年 ×× 月 ×× 日〔××××〕……号来函及附件收悉。现将你院委托执行的 ××× 与 ×××……（写明案由）一案立案通知书（副本）、受托事项办理情况函复你院。请你院代为送达我院立案通知书（副本），并通知申请执行人可以直接与我院联系。

附：执行立案通知书（副本）

×××× 年 ×× 月 ×× 日
（院印）

联系人：×××　　联系电话：……
本院地址：……　　邮　编：……

---

10. 强制措施、间接执行措施和刑事处罚过程中材料的收集

被执行人未履行生效法律文书确定的给付义务，执行法院可以采取限制消费措施，限制其高消费及非生活或者经营必需的有关消费。

纳入失信被执行人名单的被执行人，执行法院应当对其采取限制消费措施。执行法院决定采取限制消费措施的，应当向被执行人发出限制消费令，并可根据案件需要和被执行人的情况向有义务协助调查、执行的单位送达协助执行通知书。

在限制消费期间，被执行人提供确实有效的担保或者经申请执行人同意的，执行法院可以解除限制消费令。被执行人履行完毕生效法律文书确定的义务，执行法院应当解除限制消费令。

对必须接受调查询问的被执行人、被执行人的法定代表人、负责人或者实际控制人，经依法传唤无正当理由拒不到场的，执行法院可以拘传其到场。拘传必须用拘传票，并直接送达被拘传人。

若采取罚款、拘留措施的，应当作出罚款或拘留决定书。若采取拘留措施的，应由司法警察将被拘留人送交当地公安机关看管。送交公安机关看管时，应向公安机关送达拘留决定书和执行拘留通知书。公安机关收拘被拘留人后，应当向执行法院出具回执。

执行法院决定采取限制出境措施的，应当制作执行决定书，并送达当事人。在限制出境期间，被执行人履行法律文书确定的全部债务的，执行法院应当及时解除限制出境措施。被执行人提供充分、有效的担保或者申请执行人同意的，可以解除限制出境措施。解除限制出境措施的，应当制作执行决定书。

申请执行人申请将被执行人纳入失信被执行人名单的，执行法院应当自收到申请之日起十五日内审查并作出决定。执行法院也可以依职权决定将其纳入失信被执行人名

单。执行法院决定将被执行人纳入失信被执行人名单的，应当制作决定书。执行人员应当通过执行案件流程信息管理系统将失信被执行人信息推送至最高人民法院失信被执行人名单库，并通过该名单库统一向社会公布。

11. 变更或追加执行当事人过程中材料的收集

执行过程中，申请执行人或其继承人、权利承受人可以向执行法院申请变更、追加当事人。申请人申请变更、追加执行当事人，应当向执行法院提交书面申请及相关证据材料。除事实清楚、权利义务关系明确、争议不大的案件外，执行法院应当组成合议庭审查并公开听证。经审查，理由成立的，裁定变更、追加；理由不成立的，裁定驳回。

知识平台

人民法院执行裁定书模板如下。

××××人民法院
执行裁定书

〔××××〕……执……号

申请人：×××，……。

法定代理人/指定代理人/法定代表人/主要负责人：×××，……。

委托诉讼代理人：×××，……。

申请执行人：×××，……。

被执行人：×××，……。

……（以上写明申请人、申请执行人、被执行人和其他诉讼参加人的姓名或者名称等基本信息）

本院在执行×××与×××……（写明案由）一案中，申请人×××于××××年××月××日向本院申请变更为本案的申请执行人，并提供了……（写明证据）。

本院查明，……（写明查明的事实）。

本院认为，……（写明理由）。依照《中华人民共和国民事诉讼法》第一百五十七条第一款第十一项规定，裁定如下：

（变更的，写明：）变更×××为本案申请执行人。

（驳回的，写明：）驳回×××变更为本案申请执行人的请求。

本裁定送达后即发生法律效力。

审判长　×××
审判员　×××
审判员　×××
××××年××月××日
（院印）
本件与原本核对无异
书记员　×××

---

12. 执行和解过程中材料的收集

执行过程中，双方当事人可以自愿达成和解协议。和解协议应当采取书面形式。执行人员应将和解协议副本附卷。无书面协议的，执行人员应将和解协议的内容记入笔录，并由双方当事人签名或者盖章。

因达成和解协议而中止执行的，申请执行人主张因受欺诈、胁迫与被执行人达成和解协议，或者一方当事人不履行或者不完全履行和解协议，对方当事人申请继续执行原生效法律文书的，执行法院应当恢复原案件的执行。恢复执行应当书面通知当事人。

因达成和解协议而撤回执行申请，执行法院裁定终结执行后，申请执行人主张和解协议系受欺诈、胁迫而达成，或者一方当事人不履行或者不完全履行和解协议，对方当事人申请执行原生效法律文书的，执行法院应当恢复执行，立"执恢"字案件。

知识平台

人民法院恢复执行通知书模板如下。

××××人民法院

恢复执行通知书

（中止执行后恢复执行用）

〔××××〕……执恢……号

×××：

本院于××××年××月××日作出〔××××〕……执……号执行裁定，中止执行×××与×××……（写明案由）一案。现因……（写明恢复执行的事实和理由）。依照《中华人民共和国民事诉讼法》第二百三十七条第二款、《最高人民法院关于人民法院执行工作若干问题的规定（试行）》第60条（当事人未履行执行和解协议，要求恢复执行原生效法律文书的，增加引用《最高人民法院关于适用〈中华人民共和国民事诉讼法〉的解释》第四百六十七条）规定，本院决定恢复〔××××〕……号案件的执行。

特此通知。

××××年××月××日

（院印）

联系人：×××　　联系电话：……

本院地址：……　　邮　　编：……

---

13. 执行担保过程中材料的收集

执行过程中，被执行人或者他人向执行法院提供担保，并经申请执行人同意的，执行法院可以决定暂缓执行及暂缓执行的期限。

他人提供执行保证的，应当向执行法院出具保证书，并将保证书副本送交申请执行人。

对于担保财产，执行法院应当对该财产的权属证书予以扣押，同时向有关部门发出协助执行通知书。

14. 中止执行过程中材料的收集

执行实施机构裁定中止执行的，应当依法制作裁定书，载明中止执行的事由和依据。

中止执行的情形消失后，执行法院可以根据当事人的申请或依职权恢复执行。恢复执行应当书面通知当事人。

中止执行期间，因查封、扣押、冻结期限届满需要对执行标的物办理续行查封、扣押、冻结手续。

知识平台

人民法院执行裁定书模板如下。

××××人民法院

执行裁定书

（中止执行用）

〔××××〕……执……号

申请执行人：×××，……。

法定代理人/指定代理人/法定代表人/主要负责人：×××，……。

委托诉讼代理人：×××，……。

被执行人：×××，……。

法定代理人/指定代理人/法定代表人/主要负责人：×××，……。

委托诉讼代理人：×××，……。

（以上写明申请执行人、被执行人和其他诉讼参加人的姓名或者名称等基本信息）

本院在执行×××与×××……（写明案由）一案中，……（写明中止执行的事实和理由）。依照《中华人民共和国民事诉讼法》第二百六十三条第一款第×项、第二百五十八条规定，裁定如下：

中止〔××××〕……号……（生效法律文书）的执行。

（如中止执行法律文书主文部分内容的，写明：）中止〔××××〕……号……（生效法律文书）第×项的执行。

本裁定送达后立即生效。

审判长　×××

审判员　×××

审判员　×××

××××年××月××日

（院印）

本件与原本核对无异

书记员　×××

---

15. 执行异议、复议及回转过程中材料的收集

管辖权异议审查和复议期间，不停止执行。

执行行为异议审查期间，不停止执行。

执行过程中，案外人对执行标的提出书面异议的，案外人异议审查期间，执行实施机构不得对执行标的进行处分。

在执行中或执行完毕后，据以执行的法律文书被人民法院或其他有关机关撤销或变更，依据新的法律文书需要执行回转的，原执行法院应当依当事人申请或依职权对已被执行的财产予以执行回转。当事人申请执行回转或执行法院依职权决定执行回转的，应重新立案。立案后，应根据新的法律文书及原执行案件的执行情况，作出执行回转的裁定。

知识平台

1. 人民法院执行裁定书（当事人、利害关系人异议用）

××××人民法院

执行裁定书

（当事人、利害关系人异议用）

〔××××〕……执异……号

异议人（申请执行人/被执行人/利害关系人）：×××，……。

法定代理人/指定代理人/法定代表人/主要负责人：×××，……。

委托诉讼代理人：×××，……。

申请执行人/被执行人：×××，……。

……

（以上写明异议人、申请执行人、被执行人和其他诉讼参加人的姓名或者名称等基本信息）

在本院执行×××与×××……（写明案由）一案中，异议人×××对……（写明人民法院执行行为）不服，向本院提出书面异议。本院受理后，依法组成合议庭进行审查，[（举行听证的，写明：）并于××××年××月××日举行了听证。×××（当事人、利害关系人或委托诉讼代理人）参加了听证，并提交了书面意见。]现已审查终结。

×××称，……（写明提出异议的请求、事实和理由）。

×××称，……（写明其他当事人的意见）。

本院查明，……（写明查明的事实）。

本院认为，……（写明争议焦点，根据认定的案件事实和相关法律，对异议请求进行分析评判，说明理由）。依照《中华人民共和国民事诉讼法》第二百三十二条、《最高人民法院关于人民法院办理执行异议和复议案件若干问题的规定》第十七条第×项规定，裁定如下：

（驳回异议请求的，写明：）驳回×××的异议请求。

（撤销或者变更执行行为的，写明：）撤销/变更××××人民法院作出的〔××××〕……号……（写明生效法律文书），……（写明撤销或变更内容）。

如不服本裁定，可以自本裁定书送达之日起十日内，向××××人民法院申请复议。

审判长 ×××

审判员 ×××

审判员 ×××

××××年××月××日

（院印）

本件与原本核对无异

书记员 ×××

2. 人民法院执行裁定书（执行复议用）

××××人民法院

执行裁定书

（执行复议用）

〔××××〕……执复……号

复议申请人（申请执行人/被执行人/利害关系人）：×××，……。

法定代理人/指定代理人/法定代表人/主要负责人：×××，……。

委托诉讼代理人：×××，……。

申请执行人/被执行人/利害关系人：×××，……。

……

（以上写明复议申请人、申请执行人、被执行人、利害关系人和其他诉讼参加

人的姓名或者名称等基本信息)

　　复议申请人×××不服××××人民法院〔××××〕……执异……号裁定，向本院申请复议，本院受理后，依法组成合议庭进行审查，〔(举行听证的，写明：)并于××××年××月××日举行了听证，×××(当事人、利害关系人或委托代理人)参加了听证，并提交了书面意见。〕现已审查终结。

　　……(简要写明执行过程)。

　　××××人民法院查明，……(写明审查异议法院查明的事实)。

　　××××人民法院认为，……(写明审查异议法院的理由)。

　　×××向本院申请复议称，……(写明申请复议的请求、事实和理由)。

　　×××称，……(写明其他当事人或利害关系人的意见)。

　　本院查明，……(写明查明的事实)。

　　本院认为，……(写明争议焦点，根据认定的案件事实和相关法律，对复议请求进行分析评判，说明理由)。依照《中华人民共和国民事诉讼法》第二百三十二条、《最高人民法院关于人民法院办理执行异议和复议案件若干问题的规定》第二十三条第×项规定，裁定如下：

　　(异议裁定认定事实清楚，适用法律正确，结果应予维持的，写明：)驳回×××复议申请，维持××××人民法院〔××××〕……执异……号异议裁定。

　　(异议裁定认定事实错误，或者适用法律错误，结果应予纠正的，写明：)撤销/变更××××人民法院〔××××〕……执异……号异议裁定。(如执行行为可变更、撤销的，还应另起一行写明：)撤销/变更……(异议裁定所维持的执行行为)。

　　(异议裁定认定基本事实不清、证据不足的，写明：)一、撤销××××人民法院〔××××〕……执异……号异议裁定；二、发回××××人民法院重新审查/查清事实后作出相应裁定。

　　(异议裁定遗漏异议请求或者存在其他严重违反法定程序的情形，写明：)一、撤销××××人民法院〔××××〕……执异……号异议裁定；二、发回××××人民法院重新审查。

　　(异议裁定对应当适用民事诉讼法第二百三十四条规定审查处理的异议，错误适用民事诉讼法第二百三十二条规定审查处理的，写明：)一、撤销××××人民法院〔××××〕……执异……号异议裁定；二、发回××××人民法院重新作出裁定。

　　本裁定为终审裁定。

审判长　×××

审判员　×××

审判员　×××

××××年××月××日

(院印)

本件与原本核对无异

书记员　×××

3. 人民法院执行裁定书（执行回转用）

××××人民法院
执行裁定书
（执行回转用）

〔××××〕……执回……号

申请执行人：×××，……。

法定代理人/指定代理人/法定代表人/主要负责人：×××，……。

委托诉讼代理人：×××，……。

被执行人：×××，……。

……

（以上写明申请执行人、被执行人和其他诉讼参加人的姓名或者名称等基本信息）

本院执行的×××与×××……（写明案由）一案，因据以执行的……（写明法律文书）被××××（写明法院或有关机关、组织）以……（写明法律文书字号、名称）撤销/变更。……〔（当事人申请执行回转的，写明：）申请执行人×××于××××年××月××日向本院申请执行回转，请求……；（人民法院依职权执行回转的，写明：）执行回转的事实〕。

本院经审查认为，……〔（当事人申请执行回转的，写明：）×××的申请符合法律规定；（法院依职权采取的，写明：）执行回转的理由〕。依照《中华人民共和国民事诉讼法》第二百四十条、《最高人民法院关于适用〈中华人民共和国民事诉讼法〉的解释》第四百七十四条、《最高人民法院关于人民法院执行工作若干问题的规定（试行）》第 65 条（不能退还原物的，增加引用第 66 条）规定，裁定如下：

（能够退还原物的，写明：）×××应在本裁定生效之日起××日内向×××返还……（写明原执行程序中已取得的财产及孳息）。

（不能退还原物的，写明：）对被执行人×××在原执行程序中已取得的……（写明财产名称、数量或数额、所在地等）予以折价抵偿。

本裁定立即执行。

审判长　×××

审判员　×××

审判员　×××

××××年××月××日

（院印）

本件与原本核对无异

书记员　×××

16. 执行结案过程中材料的收集

终结本次执行程序前，执行人员应当将案件执行情况、采取的财产调查措施、被执行人的财产情况、终结本次执行程序的依据及法律后果等信息告知申请执行人。听取申请执行人对终结本次执行程序的意见，并记录入卷。终结本次执行程序应当作出裁定，并依法在互联网上公开。终结本次执行程序后，申请执行人发现被执行人有可供执行财产而申请恢复执行，执行法院核查属实的，应当恢复执行，立"执恢"字案件。

执行结案还包括执行完毕、终结执行、销案、不予执行、驳回申请几种情形，涉及的材料应一一点收。

知识平台

1. 人民法院执行裁定书（终结本次执行程序用）

××××人民法院

执行裁定书

（终结本次执行程序用）

〔××××〕……执……号

申请执行人：×××，……。

法定代理人/指定代理人/法定代表人/主要负责人：×××，……。

委托诉讼代理人：×××，……。

被执行人：×××，……。

……（以上写明申请执行人、被执行人和其他诉讼参加人的姓名或者名称等基本信息）

本院在执行×××与×××……（写明案由）一案中，……（写明终结本次执行程序的事实和理由）。依照《最高人民法院关于适用〈中华人民共和国民事诉讼法〉的解释》第五百一十七条规定，裁定如下：

终结本次执行程序。

申请执行人发现被执行人有可供执行财产的，可以再次申请执行。

本裁定送达后立即生效。

审判长　×××

审判员　×××

审判员　×××

××××年××月××日

（院印）

本件与原本核对无异

书记员　×××

2. 人民法院恢复执行通知书

××××人民法院
恢复执行通知书

〔××××〕……执恢……号

×××：

本院于××××年××月××日以〔××××〕……执……号执行裁定对×××与×××……（写明案由）一案终结本次执行程序。现因申请执行人×××发现被执行人×××有可供执行的财产，依照《最高人民法院关于适用〈中华人民共和国民事诉讼法〉的解释》第五百一十七条第二款规定，本院决定恢复×××与×××……（写明案由）一案的执行。

特此通知。

××××年××月××日

（院印）

联 系 人：×××　　联系电话：……

本院地址：……　　邮　　编：……

（二）非金钱给付请求权的执行案件的材料收集

1. 物的交付请求权执行过程中材料的收集

执行人员接到申请执行书或者移交执行书后，应当向被执行人发出执行通知书，责令被执行人自动交付财物或票证。被执行人未按执行通知书指定期限履行，执行法院可以对被执行人拘留、罚款，纳入失信被执行人名单，直接强制交付。

被执行人未按执行通知指定期限履行，需要强制迁出房屋或强制退出土地，由院长签发公告，责令被执行人在指定期间履行。被执行人逾期不履行的，强制执行。执行人员应当将强制执行情况记入笔录，由在场人签名或者盖章。执行过程应当全程录音录像。需要强制迁出的，应当对搬出的财物登记造册，制作财产清单。在解除被执行人或案外人对不动产的占有后，执行法院应将不动产交付申请执行人或者相关权利人，并办理交接手续，制作笔录，由申请执行人或者相关权利人签字确认。需要办理有关财产权证照转移手续的，应向有关单位发出协助执行通知书。

涉及动产或票证的交付，被执行人将执行依据确定交付、返还的物品直接交付给申请执行人的，被执行人应当向人民法院出具物品接收证明；没有物品接收证明的，执行人员应当将履行情况记入笔录，经双方当事人签字后附卷。被执行人直接向申请执行人交付物品，应在执行人员主持下进行交接，执行人员应当将交付情况记入笔录，经双方当事人签字后附卷。被执行人将物品交付至人民法院的，执行实施机构应立即通知保管部门对物品进行清点、登记，贵重物品应当封存。保管部门接收物品后，应当出具收取凭证。有关单位、个人持有被执行人应交付的财物或者票证的，执行实施机构可以向该单位、个人发出协助执行通知书。

📝 **知识平台**

人民法院责令交出财物（票证）通知书模板如下。

××××人民法院
责令交出财物（票证）通知书

〔××××〕……执……号

××××：

本院在执行×××与×××……（写明案由）一案中，查明××××人民法院（或其他生效法律文书的作出机关）〔××××〕……号民事判决（或其他生效法律文书）确定交付的……被你/你单位持有/隐匿/非法转移。依照《最高人民法院关于人民法院执行工作若干问题的规定（试行）》第41条（被执行人的财产经拍卖、变卖或者裁定以物抵债后交付的，引用第43条；有关公民持有该项财产或票证的，引用《中华人民共和国民事诉讼法》第二百五十六条第三款）规定，通知如下：

责令你/你单位自本通知书送达之日起××日内将……交付本院。

逾期不交的，本院将采取强制执行措施。

特此通知。

××××年××月××日
（院印）

联系人：×××　联系电话：……
本院地址：……　邮　　编：……

---

2. 行为请求权执行过程中材料的收集

行为请求权的执行，执行人员接到申请执行书或者移交执行书后，应当向被执行人发出执行通知，责令被执行人自动履行。

被执行人拒不履行生效法律文书确定的行为义务，应当支付迟延履行金。执行法院可以采取罚款、拘留，在征信系统记录，通过媒体公开不履行义务信息，将被执行人纳入失信被执行人名单，向被执行人所在单位、征信机构通报等措施，促使被执行人自动履行。

相关链接

执行案件材料收集过程中应注意的问题

1）执行案件收案后，承办书记员即开始收集有关本案的各种文书材料。执行文书材料应全面、真实地反映执行的整个过程和具体情况。

2）送达法律文书应当将送达回证附卷。邮寄送达法律文书被退回的，挂号函件收据、附有邮局改退批条的退回邮件信封应当附卷。公告送达法律文书的，公告的原件和附件、刊登公告的报纸版面或张贴公告的照片应当附卷。

3）执行款物的收付材料必须附卷，包括：收取执行款物的收据存根；交付、退回款物后当事人开具的收据；划款通知书；法院扣收申请执行费、实际支出费的票据；以物抵债裁定书及抵债物交付过程的材料；双方当事人签订和解协议后交付款物的收据复印件等。

4）入卷的执行法律文书，除卷内装订的外，应当随卷各附三份归档。其他文书材料，一般只保存一份。

5）入卷的执行文书材料应当保留原件，未能提供原件的可保存一份复印件，但要注明没有原件的原因。执行人员依职权通过摘录、复制方式取得与案件有关的证明材料，应注明来源、日期，并由经手人或经办人签名，同时加盖提供单位印章。

6）在案件办结以后，执行人员应当认真检查全案的文书材料是否收集齐全，若发现文书材料不完备的，应当及时补齐。

拓展训练

以小组为单位分为两组，一个小组收集一个金钱给付请求权的执行案件材料，另一个小组收集一个非金钱给付请求权的执行案件材料，注意不同类型执行案件收集案卷材料的注意事项，分别完成各自小组执行阶段案卷材料的收集工作。

任务评价

请学生自己和教师根据执行案件案卷材料的核对任务完成情况，参照评价项目和评价要点进行自评与师评，如表 1-2-3 所示。

表 1-2-3　执行案件案卷材料的核对任务评价表

评价项目	评价要点	权重	自评	师评
执行案件书记员的工作纪律	能否严守工作纪律	25 分		
执行案件书记员的工作任务、程序、职责范围	能否完成工作任务、程序及正确履行工作职责	25 分		
收案后收集各种文书材料	能否依法合规做好收案后各种文书材料的收集工作	50 分		
总分		100 分		

2.4 国家赔偿案件案卷材料的核对（以司法赔偿案件为例）

工作任务

　　2020 年 12 月 29 日，最高人民法院发布了纪念《中华人民共和国国家赔偿法》（以下简称《国家赔偿法》）颁布实施二十五周年的 25 件典型案例，包括刑事赔偿中的无罪羁押赔偿、违法追缴赔偿、怠于履职赔偿等，非刑事司法赔偿中的违法保全赔偿、错误执行赔偿，赔偿义务涵盖公安、检察院、法院及监狱管理等国家机关。其中，聂某某再审无罪国家赔偿案让赵明印象深刻：聂某某因涉嫌强奸、故意杀人被判处死刑，并于 1995 年 4 月 27 日被执行死刑。后经最高人民法院提审，于 2016 年 11 月 30 日作出刑事再审判决，改判聂某某无罪。同年 12 月 14 日，聂某某的父母向河北省高级人民法院申请国家赔偿。2017 年 3 月 30 日，河北省高级人民法院作出赔偿决定，赔偿请求人聂某某父母获得总额为 2 681 399.10 元的国家赔偿。刑事冤错案件引发的国家赔偿，社会关注度高，对受害人造成的伤害大，对司法公信力的破坏力强，恢复正义的社会诉求强烈。作为行政庭的书记员，赵明协助法官处理过很多类型的行政诉讼案件，但像聂某某再审无罪这样的国家赔偿案件，自己还未曾遇到过。赵明不禁想，假设聂某某父母向自己所在法院申请国家赔偿，作为书记员，这时应当收集的案卷材料有哪些？与国家赔偿中的行政赔偿相比，二者收集的案卷材料有哪些不同？

工作任务分析

　　国家赔偿分为行政赔偿和司法赔偿，同为国家对其权力活动中的侵权行为承担的赔偿责任，但二者适用的程序完全不同。行政赔偿可以向赔偿义务机关申请，通过行政程序解决，但最终可以通过行政诉讼途径解决；而司法赔偿自始至终都是通过非诉讼途径，最终由赔偿义务机关和复议机关所在地的同级人民法院的赔偿委员会解决。因此，司法赔偿案件的案卷材料具有自身特性，应与行政赔偿案件区分开来。尽管《国家赔偿法》将司法赔偿分为侦查、检察、刑事审判、监狱管理机关的刑事司法赔偿和民事审判、行政审判中的非刑事赔偿，但在实施层面，最高人民法院的司法解释则以是否由人民法院作为赔偿义务机关为标准，将其划分为自赔和委赔两种类型并分别加以规制。因此，明确司法赔偿案件所属类型，弄清自赔案件和委赔案件各自的程序及二者的衔接，是准确、高效收集司法赔偿案件案卷材料的基础和保障。

工作步骤

步骤一　区分类型、做好衔接——自赔案件和委赔案件中的案卷材料

根据最高人民法院关于司法赔偿的司法解释，自赔案件和委赔案件分别适用不同的审查处理程序，二者在适用范围、立案审查、办案方式等方面存在差异，但对赔偿申请的处理、回避，赔偿的协商，赔偿申请的撤销，案件的中止、终结及赔偿决定书的作出、送达等方面存在类似规定。只有明确二者的异同，特别是其差异性，才能全面、准确地收集好相应的案卷材料。

下面从赔偿请求人提出赔偿请求到法院作出赔偿决定书，对两种案件涉及的案卷材料做对比介绍。

1）赔偿申请书及附件材料。自赔案件由于是法院对自身违法行为的审理，通过赔偿申请书即可进行立案审查，因此只需赔偿申请书即可；而委赔案件是对其他赔偿义务机关或下级法院的违法行为进行审理，并需要赔偿义务机关做出先行处理，因此立案材料除了赔偿申请书外，还有赔偿义务机关决定书（或自赔决定书）、复议机关复议决定书、赔偿申请书的收讫凭证（赔偿义务机关或者复议机关逾期未作出决定的情形）、赔偿义务机关在赔偿申请所涉案件中作出的法律文书、赔偿义务机关职权行为侵犯赔偿请求人合法权益造成损害的证明材料。

2）受理案件通知书及相关材料。自赔案件通知赔偿申请人即可；委赔案件通知赔偿请求人、赔偿义务机关和复议机关，并将赔偿申请书副本或申请赔偿登记表副本送达赔偿义务机关和复议机关。

3）赔偿请求人、赔偿义务机关、复议机关相关人员身份证明、授权委托书（自赔案件的主体只涉及赔偿请求人和作为赔偿义务人的法院，因此自赔案件只有赔偿请求人身份证明、授权委托书）。

4）赔偿请求人提供的证据材料。

5）赔偿义务机关、复议机关提供的答辩意见、复议意见、证据材料（自赔案件只有赔偿义务机关的答辩意见、证据材料）。

6）质证、听证、听取意见的通知、公告。办理自赔案件的具体方式，包括听取意见、调取案卷、向原案件承办部门或有关人员调查、核实情况及听证等多种方法，因此与办案方式相关的材料有质证、听证、听取意见的通知、公告；法院调查取证材料；证据交换、质证、听证、听取意见笔录等。委赔案件中法院赔偿委员会也可以依职权调查收集证据，听取赔偿请求人和赔偿义务机关的申述和陈述，并可以进行质证。但与自赔案件相比，委赔案件没有引入听证取证。因此，委赔案件没有与听证相关的材料，如听证通知、听证笔录等。

7）延期举证申请书及相关材料。

8）法院调查取证材料。

9）调解笔录、调解协议及相关材料。

10）证据交换、质证、听证、听取意见笔录（委赔案件没有听证笔录）。

11）代理词。

12）延长审理期限、扣除审理期限材料。

13）撤回申请书。

14）回避申请书及相关材料。

15）本院法律文书正本。

16）宣布决定笔录。

17）委托送达函或委托宣布决定函。

18）送达地址确认书、送达回证或其他送达凭证。

需要说明的是：在自赔案件中，经法院先行处理后，如果赔偿请求人对处理决定不服，或赔偿义务机关逾期未作出决定，赔偿请求人向上一级人民法院赔偿委员会申请作出赔偿决定的，则适用《最高人民法院关于人民法院赔偿委员会审理国家赔偿案件程序的规定》，即委赔案件的规定。此时，应关注与其他委培案件的细微差异，并做好衔接，准确收集材料。

步骤二　重新审查中的案卷材料

重新审查是法院的赔偿委员会作出赔偿决定生效后，赔偿申请人提出申诉或赔偿委员会、相关检察机关发现赔偿决定违反国家赔偿法规定的，相关法院赔偿委员会重新审查并作出决定的行为。

对于自赔案件，赔偿请求人不服法院赔偿决定的，可以向上一级人民法院的赔偿委员会申请作出赔偿决定，不属于重新审查。因此，重新审查涉及的只能是委赔案件。但重新审查如何进行，法律并未作出详细规定，从国家赔偿法规定的审理机关来看，要么为作出赔偿决定的赔偿委员会，要么为其上一级人民法院的赔偿委员会，均与委赔案件本质相同。因此，可参照委赔案件的内容收集案卷材料。

相关链接

自赔案件和委赔案件

根据《国家赔偿法》的规定，司法赔偿有两类：一类是刑事赔偿，即刑事侦查、检察、审判、监狱管理职权机关及其工作人员在行使职权时，因侵权承担的赔偿责任；一类是非刑事司法赔偿，即人民法院在民事诉讼、行政诉讼过程中，违法采取强制措施、保全措施或对生效法律文书执行错误，造成他人损害应承担的赔偿责任。在实践中，根据《最高人民法院关于人民法院赔偿委员会审理国家赔偿案件程序的规定》和《最高人民法院关于人民法院办理自赔案件程序的规定》，将司法赔偿案件根据赔偿义务机关是否是法院，分为自赔案件和委赔案件两类。自赔案件是人民法院办理的本院作为赔偿义务机关的司法赔偿案件；委赔案件是中级以上人民法院赔偿委员会审理的，以其他国家机关或下级人民法院作为赔偿义务机关的司法赔偿案件。

自赔案件实际发生在法院作为赔偿义务机关的刑事赔偿和非刑事司法赔偿中，此种情况下法院办理赔偿请求人提出的赔偿申请，系因自身错误、违法行使职权导致国家赔偿纠纷所致，实践中称为自赔案件。委赔案件实际发生在法院以外的司法机关作为赔偿义务机关进行的司法赔偿，此时赔偿请求人对赔偿义务机关的决定不服的，要向其上一级机关申请复议，对复议决定不服的，应向复议机关所在地的同级人民法院的赔偿委员会申请，由其作出最终决定，实践中称为委赔案件。

拓展训练

请判断表 1-2-4 中的文书材料属于司法赔偿案件中的哪种类型，并在对应栏目中打"√"。

表 1-2-4　司法赔偿案件文书材料

序号	文书材料	自赔案件	委赔案件
1	赔偿申请书		
2	赔偿义务机关在赔偿申请所涉案件中作出的法律文书、赔偿义务机关职权行为侵犯赔偿请求人合法权益造成损害的证明材料		
3	赔偿请求人身份证明、授权委托书		
4	赔偿义务机关、复议机关提供的答辩意见、复议意见、证据材料		
5	质证、听证、听取意见的通知、公告；法院调查取证材料；证据交换、质证、听证、听取意见笔录		
6	延长审理期限、扣除审理期限材料		

任务评价

请学生自己和教师根据司法赔偿案件案卷材料的核对任务完成情况，参照评价项目和评价要点进行自评与师评，如表 1-2-5 所示。

表 1-2-5　司法赔偿案件案卷材料的核对任务评价表

评价项目	评价要点	权重	自评	师评
熟悉司法赔偿的类型	能够区分司法赔偿立法层面和实施层面的分类	20 分		
关注自赔案件和委赔案件的差异，做好衔接，准确收集案卷材料	明确自赔案件和委赔案件的异同，特别是二者在适用范围、立案审查、办案方式方面的不同	60 分		
了解委赔案件的再审程序及涉及的案卷材料	明确委赔案件重新审查针对的情形及涉及的案卷材料	20 分		
总分		100 分		

2.5　司法救助案件案卷材料的核对

工作任务

汪某系带病回乡的退役军人。2016 年 8 月 12 日，两个孩子在汪某家屋前玩火，不慎将汪某的房屋烧毁。法院判决两个孩子的监护人赔偿汪某被烧毁房屋损失 108 800 元。在执行和解时，监护人偿付了 61 000 元，尚有 47 800 元难以执行到位。汪某自己失去住房、患有胃癌且没有收入，妻子染病，两个小孩正在读书，家庭生活陷入急迫困难。该案由张潇所在法院审结，也得到了最大限度地执行，但受害人的生活仍面临较大困难。承办法官认为，汪某因民事侵权案件所面临的上述情形，基本符合《最高人民法院关于加强和规范人民法院国家司法救助工作的意见》规定的应予救助的情形，遂告知汪某可以提起司法救助申请，并指引其进行立案准备工作。汪某填写了救助申请登记表，提交了民事判决书、申请人身份证明材料、申请人生活困难证明、案件执行情况说明等材料，承办部门将材料移送立案部门办理了立案手续，立案部门又将案件移送至司法救助委员会办公室。张潇是司法救助委员会办公室李法官的书记员，李法官是该案合议庭主审法官。案件在审查过程中，合议庭进行当面询问、入户调查、邻里访问、群众评议等查明申请人的生活困难情况，通过审查评议，制作了救助决定书，汪某最终得到国家司法救助金共 47 800 元。案件完结了，从立案到救助金的发放完毕，汪某提交了很多申请和证明材料，法院也形成了很多调查材料，讨论并撰写了审查报告，作出了救助决定等。面对这些材料，张潇需要掌握司法救助案件包括哪些流程，哪些材料应当作为案卷材料进行收集整理。

工作任务分析

人民法院司法救助是法院在审判、执行工作中，对符合规定情形、权利受到侵害、无法获得有效赔偿的当事人，采取的一次性辅助救济措施。人民法院的司法救助案件，由正在处理原审判决、执行案件或者涉诉信访问题的法院负责办理，包括司法救助的告知、立案、审批、作出救助（或不予救助）决定，以及救助资金的发放等一系列工作。书记员应熟悉司法救助案件的全流程，弄清各个阶段应遵循的程序及涉及的相应材料，全面、完整地收集此类案件的案卷材料。

工作步骤

根据《关于建立完善国家司法救助制度的意见（试行）》的规定，人民法院的司法救助案件主要分为四个阶段：对符合条件的当事人的告知、救助申请的立案准备、法院对司法救助申请的审批、救助资金的发放。书记员可根据《最高人民法院关于加强和规范人民法院国家司法救助工作的意见》对法院司法救助工作的规范，分为以下四个阶段进行案卷材料的收集。

步骤一　告知阶段的案卷材料

国家司法救助是指人民法院、人民检察院、公安机关、司法行政机关在办理案件过程中，对遭受犯罪侵害或者民事侵权无法通过诉讼获得有效赔偿、生活面临急迫困难的当事人采取的辅助性救助措施。人民法院司法救助制度是审判机关保障确有困难的当事人能够通过诉讼程序维护合法权益、实现司法公正的一项制度，是法院对当事人行使诉讼权利的一种诉讼制度上的保障。为了加强和规范审判、执行中困难群众的国家司法救助工作，《人民法院国家司法救助案件办理程序规定（试行）》规定，人民法院的审判、执行部门对自己审理的符合救助条件的案件负有告知义务，法院应提供国家司法救助申请须知、申请登记表。当事人自行申请的，法院应指导申请人将司法救助申请书及相关材料誊录至法院的制式申请登记表。

步骤二　立案准备阶段的案卷材料

一般来说，救助申请由当事人向办案机关提出；刑事被害人死亡的，由符合条件的近亲属提出。救助申请人首先需要提交救助申请书，申请书一般采取书面形式，确有困难不能提供书面申请的，可以采用口头方式，法院应当制作笔录。此外，救助申请人还需要提供证明其需要救助的材料，包括本人真实身份、实际损害后果、生活困难、是否获得其他赔偿等相关证明材料。若申请人为无诉讼行为能力人的，由其监护人作为法定代理人代为申请救助。救助申请人、法定代理人可以委托一名救助申请人的近亲属、法律援助人员或者经人民法院许可的其他无偿代理的公民作为委托代理人。这两种情况还需要提供代理人身份证明材料、授权委托书等。此外，申请人确因特殊困难不能取得相关证明材料的，可申请人民法院协助提供相关法律文书。救助申请人申请执行救助的，应当提交有关被执行人财产查控和案件执行进展情况的说明；申请涉诉信访救助的，应当提交息诉息访承诺书。

步骤三　审批阶段的案卷材料

立案部门收到司法救助申请及相关材料后认为可以立案的，应通知救助申请人，并将案件移送司法救助委员会办公室。办案机关通过审查、评议，在法定期间内作出是否给予救助和具体救助金额的审批意见。办案机关需通过当面询问、组织听证、入户调查、邻里访问、群众评议、信函索证、信息核查等方式查明救助申请人的生活困难情况，撰写审查报告，并作出决定。对于评议意见不一致或重大疑难的案件、授权范围外的案件，应当提请司法救助委员会讨论决定。司法救助委员会讨论意见分歧较大的案件，可以提请审判委员会讨论决定。若有特殊情况的，经司法救助委员会主任委员批准，案件审理期限可以再延长一个月。此外，在法定情形下案件审理还可中止办理或终止办理。审批阶段的案卷材料有受理通知书、法院调查取证获取的各种证据材料（如当事人陈述、证人证言、听证通知书、听证笔录等）、延长审理期限材料、扣除审理期限材料、司法救助决定书等法律文书及其送达凭证。

步骤四　发放阶段的案卷材料

对于决定救助的，司法救助委员会办公室应当在七个工作日内按照相关财务规定办理请款手续，并在救助金到位后两个工作日内通知救助申请人办理领款手续。救助申请人有初步证据证明其生活困难特别急迫的，原案件承办部门可以提出先行救助的建议，并直接送司法救助委员会办公室做快捷审批。救助金一般应当及时、一次性发放。若有特殊情况的，应当提出延期或者分批发放计划，经司法救助委员会主任委员批准，可以延期或者分批发放。救助金一般应当以银行转账方式发放，若有特殊情况的，经司法救助委员会主任委员批准，也可以采取现金方式发放，但应当保留必要的音视频资料。发放救助金时，人民法院应当指派两名以上经办人，其中至少包括一名司法救助委员会办公室人员。经办人应当向救助申请人释明救助金的性质、准予救助的理由、骗取救助金的法律后果，指引其填写国家司法救助金发放表并签字确认。救助金一般应当以银行转账方式发放。若有特殊情况的，经司法救助委员会主任委员批准，也可以采取现金方式发放，但应当保留必要的音视频资料。发放阶段的案卷材料主要是司法救助金发放表，该表样式已在《人民法院国家司法救助文书样式（试行）》中明确，包括发放金额、发放笔录、领款人签字等救助金发放的主要信息。如果发放阶段还涉及先行救助、延期或分批发放、现金发放的，还需要将相应的申请书及相关资料附卷。

拓展训练

请判断表 1-2-6 中的案卷材料分别属于司法救助案件处理中的哪个阶段,并在对应的栏目中打"√"。

表 1-2-6　司法救助案件案卷材料

序号	案卷材料	告知阶段	立案准备阶段	审批阶段	发放阶段
1	国家司法救助申请须知、申请登记表				
2	本人真实身份、实际损害后果、生活困难、是否获得其他赔偿等相关证明材料				
3	当事人陈述、证人证言、听证通知书、听证笔录				
4	审查报告、司法救助决定书、延长审理期限材料				
5	先行救助、延期或分批发放、现金发放申请书、银行转账凭证、国家司法救助金发放表				

任务评价

请学生自己和教师根据司法救助案件案卷材料的核对任务完成情况,参照评价项目和评价要点进行自评与师评,如表 1-2-7 所示。

表 1-2-7　司法救助案件案卷材料的核对任务评价表

评价项目	评价要点	权重	自评	师评
司法救助案件的意义、对象、方式、程序	是否掌握司法救助案件的意义、对象、方式、程序	30 分		
司法救助案件各阶段涉及的案卷材料	是否掌握司法救助案件各阶段所涉及的案卷材料	70 分		
总分		100 分		

2.6 非诉保全审查案件案卷材料的核对（以非诉财产保全审查案件为例）

工作任务

被保全人 A 建设集团有限公司承包了重庆市某县某商品房开发工程,申请保全人 B

建设工程有限公司分包该工程基础机械旋挖、桩芯砼浇筑等工程，由于被保全人拖欠申请保全人的工程款，导致申请保全人无法支付民工工资，工程被迫停工。2018 年 7 月 18 日，申请保全人 B 建设工程有限公司向重庆市某县人民法院申请财产保全，要求冻结被保全人 A 建设集团有限公司在中国工商银行重庆某支行账户、中国建设银行成都某支行账户的银行存款 10 245 031 元。书记员李静所在的某县人民法院立案庭，根据申请保全人提交的申请书和保全财产明细、担保财产信息、证明情况紧急的证据材料等，于 2018 年 7 月 18 日立案受理，并于 7 月 23 日依法裁定对被保全人在银行的存款 10 245 031 元予以冻结。次日，该院足额冻结了被保全人 A 建设集团有限公司在中国工商银行重庆某支行账户银行存款 10 245 031 元。保全完毕后，申请保全人 B 建设工程有限公司向该院提起诉讼，并在诉讼过程中双方达成调解协议，被保全人及时支付了农民工工资。看到案件这么快办结，李静为自己参与的诉前保全工作感到骄傲，因为正是有了在先的诉前财产保全措施，才为后期双方当事人在诉讼阶段达成调解提供了有利条件，使纠纷能够得到快速有效的解决。虽然案件后来进入审判阶段，原来的诉前保全也因此自动转为诉讼保全，但诉前财产保全案件是单独立案、独立成卷，即便申请人在法定期限内起诉也是如此，因此案卷材料整理工作还在立案庭。李静想着还有最后的收尾工作，不禁陷入了深思："诉前保全是立案庭的业务范围，案件审查过程中的材料自当立案庭收集，但如果是诉讼保全、执行前保全或者仲裁保全，保全发生的阶段不同，甚至存在的程序不同，业务庭或执行庭的书记员和立案庭收集的材料有没有差别呢？都是保全类案件的审查，有没有相似的地方呢？"

工作任务分析

财产保全是一种为保障当事人诉讼目的能够实现的临时性救济制度，财产保全程序具有非诉性，法院对财产保全案件一般只进行形式审查，不涉及保全的实体权益就直接作出裁定，与普通诉讼案件的审理程序显著不同，具有暂时性、紧急性和附属性，因此财产保全案件往往只形成具有暂时效力的裁定，审查过程迅速简洁、依附于本案诉讼但又完整独立，成为法院审理的一类独特案件。财产保全可以发生在诉讼的各个阶段、甚至在仲裁程序中也可以申请财产保全，书记员应了解财产保全案件的各种类型，熟悉自身业务范围内的财产保全案件，关注不同财产保全案件审查中案卷材料收集的异同，熟练完成特定财产保全案件案卷材料的收集。

工作步骤

财产保全是为了避免一方当事人转移财产，使案件判决后难以执行或给当事人造成损害，为及时有效地保护当事人或利害关系人的合法权益，人民法院在诉讼前或作出判决前、判决执行前，根据当事人、利害关系人申请或法院主动依职权采取的限制有关财产处分或转移的强制性措施。财产保全包括诉前财产保全、诉中财产保全、仲裁财产保全、执行前财产保全。无论哪种类型的财产保全，其流程基本相同，其收集的资料存在略微差异。根据《最高人民法院关于人民法院办理财产保全案件若干问题的规定》，财产保全案件的审查分为几个模块：受理与立案，审查与裁定，保全实施，财产保全裁定的续行、解除与撤销、变更、补正，财产保全的救济。书记员围绕这几个基本模块，就可以完成对此类案件案卷材料的收集。

步骤一　受理与立案中的案卷材料

财产保全的启动通常依当事人或利害关系人的申请，必要时法院也可依职权裁定财产保全。在依申请的情况下，法院受理财产保全案件，需要收集的材料有财产保全申请书及相关材料，保全必要性的证据材料和保全费收据。

除财产保全申请书外，与申请书相关的材料包括以下几项。

1）申请人主体资格材料。申请人为自然人的，为身份证复印件或其他证明材料；申请人为法人或其他组织的，为加盖单位印章的营业执照复印件、法定代表人身份证明书及其身份证复印件。

2）授权委托材料。若被委托人为律师的，为授权委托书、律师事务所函件、律师证复印件。

3）被申请人主体资格。被申请人为自然人的，为身份证复印件或其他证明材料；被申请人为法人的，为营业执照复印件或企业信用信息查询资料等。

4）被保全财产信息或线索。诉前财产保全案件要求申请人提供明确的保全财产信息，如财产为机动车的，应提供机动车车牌号、车辆登记管理机关；财产为房地产的，应提供房地产处所及权利人姓名（名称），或提供房地产登记机构出具的房地产登记材料；财产为个人银行存款的，应提供开户银行名称、地址、储户姓名、身份证号码及账号等。其他财产保全可提供财产线索，通过网络执行查控申请，运用网络执行查控系统查询保全财产信息。申请保全人书面申请的，承办人应立即在网络执行查控系统查询被保全人的财产。若查询后有财产的，应采取相应的查封、扣押、冻结措施；若未查询到财产的，应书面告知申请保全人。

5）担保财产信息或不需要提供担保的理由。申请保全人或第三人提供担保的，应当出具担保书或保证书，并附相关证明材料；保险人以其与申请保全人签订财产保全责任险合同的方式为财产保全提供担保的，应当向人民法院出具担保书；金融监管部门批准设立的金融机构可以独立保函形式为财产保全提供担保。若属于法定规定的可以不要求提供担保的情形，则提供理由证明。

保全必要性的证据材料，对于申请诉前财产保全的，应提交因情况紧急、不立即申请保全将会使其合法权益受到难以弥补损害的证明材料；对于申请诉中财产保全的，应提供因对方当事人原因，使判决难以执行或造成当事人其他损害的证明材料；对于申请仲裁财产保全的，应提交因另一方当事人原因，可能使裁决不能执行或难以执行的证明材料；对于申请执行前财产保全的，应提交因对方当事人转移财产等紧急情况，不申请财产保全将可能导致生效法律文书不能执行或难以执行的证明材料。通常包括：被申请人经营状况严重恶化；被申请人存在转移财产、抽逃资金的行为；被申请人丧失商业信誉；被申请人存在丧失或者可能丧失履行债务能力的其他情形；被申请人为失信被执行人等。

此外，申请仲裁财产保全的，还应提交仲裁案件受理通知书、仲裁申请书等材料。申请执行前财产保全的，还应提交生效法律文书副本及生效证明。

财产保全申请符合法定条件及有关管辖规定的，应当在立案后通知申请保全人交纳保全申请费。

步骤二　审查与裁定中的案卷材料

法院接受财产保全申请后，经过审查，应当制作财产保全裁定书。法院裁定采取保全措施或者裁定驳回申请的，应当将裁定书送达当事人。如果是仲裁财产保全的，还应通知仲裁机构。法院裁定采取保全措施的，应根据申请人提交的财产信息制作拟保全清单。除申请诉前财产保全外，申请保全人书面申请网络执行查控系统查询被保全人的财产，承办人应在网络执行查控系统查询被保全人的财产，若未查询到财产的，应书面告知申请保全人。审查与裁定中需要收集的案卷材料包括：财产保全裁定书及送达回证、拟保全财产清单、查询财产申请书、查询结果告知书等。

步骤三　财产保全实施中的案卷材料

法院裁定采取财产保全措施的，应及时移送执行机构执行。财产保全实施人员根据财产保全裁定书、拟保全财产清单采取财产保全措施。在采取查封、冻结、扣押的财产保全措施过程中，会形成实施财产保全的银行查询、冻结回执，产权登记机构协助执行通知书、送达回证，查封财产清单、查封现场影像资料、笔录等与财产保全行为有关的材料。财产保全措施实施后，财产保全实施人员应制作财产保全告知书及送达回证，诉讼财产保全或仲裁财产保全实施后，还应当将财产保全结果书面反馈给审判部门或仲裁机构。财产保全完毕后，执行机构应及时制作财产保全材料交接单，将上述财产保全实施中形成的材料移送至立案或审判机构。

步骤四　财产保全裁定的续行、解除与撤销、变更或补正中的案卷材料

申请财产保全人申请续行财产保全时，应当在财产保全期限届满七日前向人民法院提出，由执行部门书面告知申请财产保全人明确的财产保全期限届满日以及前款有关续行财产保全的事项。申请人提交续行财产保全申请书的，由承办部门审查并作出裁定，并将财产保全结果告知书送达当事人并反馈审判部门或仲裁机构。

法院采取财产保全措施后，在发生法定情形时，如采取诉前财产保全措施后三十日内不依法提起诉讼或申请仲裁的、申请财产保全人撤回财产保全申请等，当事人或利害

关系人可提交解除财产保全申请书,法院应及时裁定解除财产保全,将财产保全结果告知书送达当事人并反馈审判部门或仲裁机构。

在财产保全裁定执行中,人民法院发现财产保全裁定的内容与被保全财产的实际情况不符的,应当予以撤销、变更或补正,将财产保全结果告知书送达当事人并反馈审判部门或仲裁机构。

财产保全裁定续行、解除或撤销、变更、补正的,应当收集的材料包括:续行申请书、续行财产保全裁定及送达回证;申请财产保全人申请解除财产保全的事实材料,如法院对起诉不予受理、准许撤诉或者按撤诉处理的裁定、决定,起诉或者诉讼请求被其他人民法院生效裁判驳回的判决等,解除财产保全裁定及送达回证;撤销、变更、补正裁定及送达回证。

步骤五 财产保全救济中的案卷材料

申请保全人、被保全人对保全裁定或者驳回申请裁定不服的,可以自裁定书送达之日起五日内向作出裁定的人民法院申请复议一次。对财产保全裁定不服申请复议的,人民法院经审查,理由成立的,裁定撤销或变更;理由不成立的,裁定驳回。对驳回申请裁定不服申请复议的,人民法院经审查,理由成立的,裁定撤销,并采取财产保全措施;理由不成立的,裁定驳回。对该行为应收集的材料为复议申请书和复议裁定。

申请保全人、被保全人、利害关系人认为财产保全裁定实施过程中的执行行为违反法律规定并提出书面异议的,人民法院应当自收到书面异议之日起十五日内审查,理由成立的,裁定撤销或者改正;理由不成立的,裁定驳回。当事人、利害关系人对裁定不服的,可以自裁定送达之日起十日内向上一级人民法院申请复议。对该行为应收集的材料为异议申请书和异议裁定,甚至复议申请和复议裁定。

人民法院对诉讼争议标的以外的财产进行保全,案外人对财产保全裁定或者财产保全裁定实施过程中的执行行为不服,基于实体权利对被保全财产提出书面异议的,人民法院应当自收到书面异议之日起十五日内审查,理由成立的,裁定中止对该标的的执行;理由不成立的,裁定驳回。案外人、当事人对裁定不服,认为原判决、裁定错误的,依照审判监督程序办理;与原判决、裁定无关的,可以自裁定送达之日起十五日内向人民法院提起诉讼。人民法院裁定案外人异议成立后,申请保全人在法律规定期间内未提起执行异议之诉的,人民法院应当自起诉期限届满之日起七日内对该被保全财产解除保全。对该行为应收集的材料为异议申请书和异议裁定,甚至再审申请和起诉书,以及解除财产保全裁定。

相关链接

非讼保全审查

保全制度旨在确保将来的生效判决能够实现。民事诉讼法中的保全,按照发生的程序不同，可以分为诉讼保全和仲裁保全。在诉讼保全中，按照保全启动的时间节点不同，可以分为诉前保全、诉中保全和裁判文书生效后进入执行程序前的保全。仲裁保全，可以分为仲裁前的保全和仲裁中的保全，二者需要提供的申请材料大体相同，仅有的区别是仲裁前的保全需要当事人向人民法院提交相关申请，而仲裁中的保全则由仲裁机构向人民法院提交材料。按照保全标的不同，又可以分为财产保全、行为保全和证据保全。但无论是诉讼保全还是仲裁保全，无论在诉讼的哪一阶段提供保全，手续和流程基本相同，作为书记员所需要做的工作大体一致，所需要收集的材料也基本相同。

对于保全适用程序的性质，理论上存在很多争议，形成了很多观点，如非诉程序说、特别程序说、执行程序说等。其中，非诉程序说已经成为大陆法系国家和地区的主流观点，该观点认为非诉程序没有对立的当事人，一般由一方利害关系人向人民法院申请，人民法院对案件实体争议以外的事实加以确认，并不解决具体争议。而保全程序通常是由一方当事人的申请而启动，人民法院审理保全案件也不解决双方的实体民事权益争议，只对一方提出的初步证据进行审理或采取书面审理，确定临时的权利状态，即使是诉讼保全，存在一个对立当事人（被告），但审理的程序也是相对独立于诉讼程序的，这就在很大程度上体现为非诉程序的特点，而诉前申请保全的情况就更符合非诉程序的标准了，因此认为保全程序属于非诉程序。从这个角度来看，可将保全程序称为非诉保全案件。

此外，从司法实践来看，无论是中国裁判文书网，还是法院系统内部对案卷材料的整理归档，都使用了"非诉保全审查案件"的分类和称谓。有鉴于此，本书将保全案件称为"非诉保全审查案件"，意指在仲裁或诉讼的过程中，一方当事人因另一方当事人的行为或者其他原因，可能使裁判不能执行或者今后难以执行的，对相关财产采取保护措施，或命令债务人为或者不为一定行为的制度，既包括诉前保全、诉讼保全、执行前保全和仲裁保全，又包括财产保全和行为保全。

拓展训练

请在表 1-2-8 中列举在非诉财产保全审查案件的不同阶段所涉及的案卷材料。

表 1-2-8　非诉财产保全审查案件案卷材料

序号	不同阶段	涉及的案卷材料
1	受理与立案阶段	
2	审查与裁定阶段	
3	保全实施阶段	
4	财产保全裁定的续行、解除与撤销、变更或补正阶段	
5	财产保全的救济阶段	

任务评价

请学生自己和教师根据非诉财产保全审查案件案卷材料的核对任务完成情况，参照评价项目和评价要点进行自评与师评，如表 1-2-9 所示。

表 1-2-9　非诉财产保全审查案件案卷材料的核对任务评价表

评价项目	评价要点	权重	自评	师评
非诉财产保全案件的不同类型	是否掌握非诉财产保全案件的不同类型	10 分		
不同非诉财产保全案件审查中案卷材料收集的异同	是否掌握不同非诉财产保全案件审查中案卷材料收集的异同	20 分		
非诉财产保全案件不同阶段涉及的案卷材料	是否掌握非诉财产保全案件不同阶段涉及的案卷材料	70 分		
总分		100 分		

2.7　强制清算案件与破产案件案卷材料的核对（以破产申请审查案件为例）

工作任务

申请人深圳 A 科技有限公司（以下简称"A 公司"）以不能清偿到期债务、资产不足以清偿全部债务为由，向深圳市中级人民法院申请破产清算。根据书记员程义收到的破产清算申请书和相关证据资料，A 公司成立于 2012 年 8 月 1 日，属于法人独资有限责任公司；注册资本为 5 000 万元，股东为大连 B 科技股份有限公司；经营范围为计算机软硬件及辅助设备的技术开发、技术咨询与销售，计算机系统集成，车载智能终端的研发、销售，车联网业务运营等。据审计，截至 2017 年 12 月 31 日，A 公司资产约为 2 048.27 万元，其中留抵税额为 0.66 万元，固定资产为 20.59 万元，无形资产为 1 843.50 万元；负债为 3 394.35 万元；所有者权益为-1 346.08 万元。2018 年 8 月 7 日，A 公司股东会作出决议，决定申请破产清算。A 公司提交的职工安置方案载明，A 公司已与员工签订离职补偿协议，员工已经全部离职。A 公司为证明其资产负债情况，提交了审计报告、债权明细表、资产明细表、债务明细表等。法院对 A 公司的申请进行了听证审查，认为企业法人不能清偿到期债务，资产不足以清偿全部债务，可以进行破产清算。A 公司是有限责任公司，系企业法人。A 公司不能清偿到期债务，且资产不足以清偿全部债务，符合破产清算法定条件。A 公司申请破产清算，应予受理。程义将受理裁定书送达了申请人并进行了公告，同时向已知债权人也送达了裁定受理破产清算申请的通知书，对该案的破产申请审查告一段落，接下来案件就会进入破产清算的审理、宣告甚至清算分配阶段。尽管对破产申请的审查只是破产案件的受理，但从收到当事人的破产申请到对申请人的破产资格、破产原因进行形式和实质审查，以至最后做出受理或不予受理破产申请的裁定，涉及的当事人众多，形成的案卷材料、证据材料量大，法院对破产申请审查案件应当收集的案卷材料做了专门的规范，程义需要按照要求做好案卷材料的梳理、收集和整理工作。

工作任务分析

破产申请的审查，事关当事人破产请求权的保障，决定破产程序能否顺利进行，是审理破产案件的基础性工作和做好破产审判工作的首要环节。较之普通民事案件，破产申请审查更为严格，因为法院一旦裁定受理破产申请，将导致破产程序的启动，并带来一系列严重的法律后果，直接影响相关当事人的权利、义务甚至信誉。因此，破产申请审查不仅包括对申请人资格、申请材料、法院管辖权等申请手续进行形式审查，还包括对债权性质、破产能力、破产原因等进行初步的实质审查。相应地，破产申请审查案件的案卷材料在收集时具有复杂性和特殊性，书记员必须明确破产申请审查的重要意义和法律后果，围绕破产申请的形式要求和受理的实质要求完成相应的收集工作，做到材料齐全、证据齐备，达到破产申请审查的目的。

工作步骤

当事人在进行破产申请时，可以提出破产重整、和解或破产清算，这里将提出这些不同申请的案件简称为破产申请审查。此外，由于强制清算案件在程序上与破产案件存在很大的相似性，对强制清算申请审查案件，可参照破产案件的申请审查进行操作。

破产申请审查是对具有破产资格的债务人具备破产能力的事实作出的初步判断，既需要对法律规定的申请人应当提交的书面材料的完备性进行审查，又需要对破产申请是否符合破产程序开始的条件和原因进行审查，并在此基础上作出受理或不予受理的裁定。因此，可以将破产申请审查案件的案卷材料分为三个阶段进行收集，即案件接收前的破产申请审查材料、案件接收后的破产申请审查材料、审查后的案卷材料。

步骤一　案件接收前的破产申请审查材料

根据企业破产法的规定，债务人、债权人等在不能清偿到期债务，并且资产不足以清偿全部债务或者明显缺乏清偿能力时，可以向人民法院提出破产申请、提交破产申请书和有关证据。关于申请破产提交的材料，法律对作为申请人的债务人和债权人作出了不同要求。

债务人申请破产的,应当向人民法院提交下列材料。

1) 书面破产申请。

2) 企业主体资格证明。

3) 企业法定代表人与主要负责人名单。

4) 企业职工情况和安置预案。

5) 企业亏损情况的书面说明,并附审计报告。

6) 企业至破产申请日的资产状况明细表,包括有形资产、无形资产和企业投资情况等。

7) 企业在金融机构开设账户的详细情况,包括开户审批材料、账号、资金等。

8) 企业债权情况表,列明企业的债务人名称、住所、债务数额、发生时间和催讨偿还情况。

9) 企业债务情况表,列明企业的债权人名称、住所、债权数额、发生时间。

10) 企业涉及的担保情况。

11) 企业已发生的诉讼情况。

12) 人民法院认为应当提交的其他材料。

国有企业向人民法院申请破产时,应当提交其上级主管部门同意其破产的文件;其他企业应当提交其开办人或者股东会议决定企业破产的文件。

债权人申请债务人破产的,应当向人民法院提交下列材料。

1) 书面破产申请。

2) 债权发生的事实与证据。

3) 债权性质、数额、有无担保,并附证据。

4) 债务人不能清偿到期债务的证据。

破产申请人提交的材料需要更正、补充的,人民法院可以书面形式一次性告知应当更正、补充的材料,并限期更正、补充。

步骤二　案件接收后破产申请的审查材料

人民法院收到破产申请时,应当向申请人出具收到申请及所附证据的书面凭证。若为债权人提出破产申请的,人民法院应当自收到申请之日起五日内通知债务人。债务人对申请有异议的,应当自收到人民法院的通知之日起七日内向人民法院提出。

人民法院收到破产申请后,应当及时对申请人的主体资格、债务人的主体资格和破产原因,以及有关材料和证据等进行审查。审查的方式有书面审查、听证审查等,人民法院应制作调查笔录、听证笔录等。

1) 申请人的主体资格材料。申请主体可以是债务人、债权人和负有清算责任的人。债务人的主体资格证明,包括企业法人营业执照副本、法定代表人或负责人身份证明及其他最新工商登记材料。债权人的主体资格证明,包括营业执照副本或居民身份证及其他身份证明；负有清算责任的人不能清偿申请人到期债务的证据。

2）债务人的主体资格材料。申请破产的债务人应当具备法人资格，不具备法人资格的企业、个体工商户、合伙组织、农村承包户不具备破产主体资格。债务人的主体资格证明同上所述。

3）破产原因审查材料。人民法院应当对债务人是否具备《企业破产法》第二条规定的破产原因，即"不能清偿到期债务，并且资产不足以清偿全部债务或者明显缺乏清偿能力"进行实质审查。此方面的证据材料不一而足，需结合《最高人民法院关于适用〈中华人民共和国企业破产法〉若干问题的规定（一）》第一条至第五条的规定予以认定、收集。

步骤三 审查后的案卷材料——受理、不予受理与撤回

人民法院收到破产申请并及时对以上问题进行审查后，依照企业破产法的规定作出是否受理的裁定。债权人提出破产申请，债务人对申请有异议的，应当自收到人民法院通知之日起七日内向人民法院提出。人民法院应当自异议期满之日起十日内裁定是否受理。

1）人民法院作出受理裁定的，应当自裁定作出之日起五日内送达申请人。债权人提出申请的，应当自裁定作出之日起五日内送达债务人。债务人应当自裁定送达之日起十五日内，向人民法院提交财产状况说明、债务清册、债权清册、有关财务会计报告，以及职工工资的支付和社会保险费用的缴纳情况等。此外，人民法院应当自裁定受理破产申请之日起二十五日内通知已知债权人，并进行公告。

2）人民法院裁定不受理的，应当自裁定作出之日起五日内送达申请人并说明理由。申请人对裁定不服的，可以自裁定送达之日起十日内向上一级人民法院提起上诉。

3）破产申请的撤回。人民法院受理破产申请前，申请人可以提交撤回申请书，请求撤回申请。申请人未按法院规定限期更正、补充申请资料的，视为撤回申请。

拓展训练

请判断表 1-2-10 中哪些案卷材料属于法院在接受破产申请后需要收集的材料，并在相应的栏目中打"√"。

表 1-2-10 破产申请后收集的案卷材料

序号	案卷材料	属于	不属于
1	破产申请书		
2	企业至破产申请日的资产状况明细表，包括有形资产、无形资产、企业投资情况等		

续表

序号	案卷材料	属于	不属于
3	债务人的主体资格证明，包括企业法人营业执照副本、法定代表人或负责人身份证明及其他最新工商登记材料		
4	债权人的主体资格证明，包括营业执照副本或居民身份证及其他身份证明		
5	债务人不能清偿申请人到期债务的证据		
6	受理裁定书及送达回证		

任务评价

请学生自己和教师根据破产申请审查案件案卷材料的核对任务完成情况，参照评价项目和评价要点进行自评与师评，如表 1-2-11 所示。

表 1-2-11　破产申请审查案件案卷材料的核对任务评价表

评价项目	评价要点	权重	自评	师评
破产申请审查的重要意义和法律后果	是否明确破产申请审查的重要意义和法律后果	10 分		
破产申请审查案件案卷材料的收集	是否掌握破产申请审查案件案卷材料的收集	70 分		
关于破产申请审查方面的法律规定	是否掌握破产申请审查方面的法律规定	20 分		
总分		100 分		

项目2 人民法院案卷材料的整理

　　本项目主要选取人民法院案卷材料的整理进行工作流程的介绍和训练。人民法院的卷宗是法院在审理案件过程中形成的对于人民法院审判活动的真实记录，是审判工作的凭证和依据。因此，需要书记员根据不同案件、不同审判程序，按照年度、审级、一案一号的原则，以及案件的发展、案卷材料的形成时间，将收集到的案卷材料妥善进行排列。

　　本项目分为正卷与副卷的区分和案卷材料的排列两个任务。案卷材料要按照保密和方便利用的原则区分正卷与副卷，在案件中涉及不宜对外公开的材料，应该将其放入副卷，如合议庭评议笔录。区分完正卷与副卷后，书记员还要对照审判应用系统中的不同案件正卷与副卷的排列顺序，将案卷材料进行排列，从而实现案卷材料整理的规范化，促进司法公正。

任务1 正卷与副卷的区分

学习目标

1. 明确正卷与副卷的区分标准。
2. 明确正卷材料与副卷材料的范围。
3. 能够妥善将案件文书材料入卷。
4. 培养学生谨慎、细致的工作态度。

工作任务

王飞经手的吴某与王某离婚案已经结束庭审，并完成了相应的送达工作。通过这起案件，王飞对书记员的工作职责有了进一步了解，王飞觉得书记员的每一项工作都很重要，也各不相同。例如，法庭记录，需要不断地练习，才会有明显的提高，但是整理卷宗这项工作更考验的是书记员的工作态度，需要书记员认真关注案件本身和程序中的小细节。又如，在诉讼过程中收集的有些案卷材料，如合议庭评议笔录、有关案件的内部请示及批复等材料是不能向当事人公开的。因此，在整理卷宗的过程中需要区分正卷与副卷，但是王飞不是很清楚哪些案卷材料属于正卷，哪些案卷材料属于副卷。

工作任务分析

案卷材料应按照内外有别、方便利用的原则分立正卷与副卷。无不宜对外公开材料的，可以不立副卷；按照内部程序办理的案件，可以不立正卷。正卷与副卷都是办案流程中形成的诉讼卷宗。正卷主要包含法院裁判文书、证据等依法需要向当事人公开的诉讼文书材料。副卷主要是记录法院内部工作流程，记录诉讼过程合法合规的一些案卷材料，不能向当事人公开，在需要证明办案过程合法性等必要时候，可以依照法定程序，由法定机关查阅副卷内容。随着司法公开的不断深化，人民法院各类案件诉讼档案正卷均需向当事人、律师及其他诉讼代理人开放查阅。因此，审判业务部门在立卷时，应准确区分正卷与副卷材料，以便诉讼档案的对外查阅和利用。

工作步骤

步骤一 通过了解诉讼知识，明确案卷材料是否需要公开

正卷与副卷的区分主要是为了保密和方便利用。正卷允许当事人及诉讼参与人查

阅，副卷不允许当事人及诉讼参与人查阅。在诉讼过程中，需要向当事人及诉讼参与人展示、公开的各类诉讼文书，如法院裁判文书、证据类案卷材料应当归入正卷，允许查阅。有些材料不对外公开也不需要向当事人展示，如合议庭评议笔录、审判委员会讨论案件笔录、内部请示及批复等，这类诉讼文书就要归入副卷。

步骤二　根据法院相关诉讼卷宗整理规则和排列规定，明确正卷与副卷材料的内容

正卷材料是指能够体现诉讼流程、反映案件情况的案卷材料，主要包括以下几种：①反映案件办理情况的材料，如案件审判流程管理信息表等；②反映当事人意愿的文书材料，如起诉状、答辩状、反诉状等；③判决、裁定、决定等法院对于当事人诉求的处理结果材料；④表明案件事实的证据材料；⑤体现诉讼程序的相关文书材料，如开庭通知书、相关笔录等。副卷材料是指不需要公开的，记录诉讼流程、体现程序公正的相关材料，主要指讨论、汇报案件情况的相关文书材料，如合议庭评议笔录、审判委员会讨论案件笔录等。

步骤三　按照法院办案系统目录，妥善将诉讼文书材料放入正卷与副卷

书记员需要对照法院办案系统中的卷宗录入要求，分别按照系统设置的不同卷宗和电子目录，录入电子案卷材料并整理相应的纸质诉讼文书材料。

正卷与副卷入卷材料如表 2-1-1 所示。

表 2-1-1　正卷与副卷入卷材料

项目	入卷材料
正卷	立案审查、审判流程管理信息表，案件登记表，案卷材料收取清单，案件移送函等表明案件来源的材料；起诉状及相关材料；反诉状及相关材料；答辩状及相关材料；交纳诉讼费用相关材料；受理案件通知书、应诉通知书及相关材料；诉讼参与人主体资格材料；诉讼参与人提交的申请书及相关材料；诉讼参与人举证材料；法院调查取证材料；纠纷多元化解相关材料；开庭通知书、公告、传票等相关材料；庭前会议笔录、法庭笔录及相关材料；公益诉讼起诉人意见、代理词等相关材料；调解协议、公益诉讼调解公告；延长审理期限、扣除审理期限材料；撤诉申请书、撤诉笔录；本院法律文书正本；宣判及委托送达类材料；司法建议书正本；送达地址确认书、送达回证或其他送达凭证；上诉案件相关材料；其他与诉讼活动相关的材料；备考表、证物袋等
副卷	阅卷笔录，案件承办人的审查报告，承办人与有关部门内部交换意见的材料或笔录，有关本案的内部请示及批复，合议庭评议笔录，审判庭研究、汇报案件记录，庭务会会议记录，专业法官会议记录，审判委员会讨论案件笔录，案情综合报告原、正本，判决书、裁定书原本，审判监督表或发回重审意见书，其他不宜对外公开的材料

相关法条

《最高人民法院关于适用〈中华人民共和国刑事诉讼法〉的解释》第二百一十四条规定，开庭审理和评议案件，应当由同一合议庭进行。合议庭成员在评议案件时，应当独立发表意见并说明理由。若意见有分歧的，应当按多数意见作出决定，但少数意见应当记入笔录。评议笔录由合议庭的组成人员在审阅确认无误后签名。

评议情况应当保密。合议庭评议是秘密进行的，因此记录评议过程的笔录就不要向当事人公开，需由书记员入副卷。

拓展训练

请区分表 2-1-2 中的文书材料哪些是正卷的，哪些是副卷的，并填写在相应栏目中。

表 2-1-2 正卷与副卷案卷材料的区分

立案审查、审判流程管理信息表，阅卷笔录，案件登记表，案卷材料收取清单，案件移送函等表明案件来源的材料；起诉状及相关材料；审判委员会讨论案件笔录；反诉状及相关材料；答辩状及相关材料；交纳诉讼费用相关材料；案件承办人的审查报告；受理案件通知书；审判庭研究、汇报案件记录；应诉通知书及相关材料；案情综合报告原、正本；承办人与有关部门内部交换意见的材料或笔录；审判监督表或发回重审意见书；诉讼参与人提交的申请书及相关材料；诉讼参与人举证材料；法院调查取证材料；纠纷多元化解相关材料；专业法官会议记录；开庭通知书、公告、传票等相关材料；庭前会议笔录、法庭笔录及相关材料；公益诉讼起诉人意见、代理词等相关材料；合议庭评议笔录；调解协议、公益诉讼调解公告；延长审理期限、扣除审理期限材料；撤诉申请书、撤诉笔录；本院法律文书正本；宣判及委托送达类材料；司法建议书正本；送达地址确认书、送达回证或其他送达凭证；上诉案件相关材料；其他与诉讼活动相关的材料；备考表；有关本案的内部请示及批复；庭务会会议记录；诉讼参与人主体资格材料；判决书、裁定书原本

正卷	副卷

任务评价

请学生自己和教师根据正卷与副卷案卷材料的区分任务完成情况，参照评价项目和评价要点进行自评与师评，如表 2-1-3 所示。

表 2-1-3 正卷与副卷案卷材料的区分任务评价表

评价项目	评价要点	权重	自评	师评
案卷材料正卷与副卷的内容	是否明确正卷材料的内容	20 分		
	是否明确副卷材料的内容	20 分		
正卷材料与副卷材料区分的标准	是否明确正卷材料与副卷材料区分的标准	20 分		
对正卷材料与副卷材料进行区分	能否按照要求对正卷材料与副卷材料进行区分	20 分		
	认真、细致的工作态度	20 分		
总分		100 分		

任务 2 案卷材料的排列

学习目标

1. 了解民事案件、行政案件、刑事案件不同程序案卷材料的排列顺序。
2. 能够按照数字法院业务应用系统中设定的目录对案卷材料进行排列。
3. 培养学生的沟通能力和团队协作能力。

2.1 民事案件、行政案件案卷材料的排列

工作任务

王飞经手的吴某与王某的离婚案已经审理终结，双方当事人对于法院的判决结果十分满意，双双表示不再进行上诉，案件上诉期满后张法官要求王飞做好案卷材料的排列工作，为下一步装订归档工作做好准备。现在让王飞苦恼的是，这些案卷材料应该按怎样的顺序进行整理排列呢？

工作任务分析

一般情况下，审判业务部门应当在案件结案后三个月内，将全案在审判及执行过程中形成的诉讼文书材料、电子文件、录音录像等材料收集齐全后移交归档。由于每个法院的实际情况不同，案件数量也不同，在基层人民法院中，书记员手头的案卷不止一宗，所以书记员需要妥善安排手头工作，按照时间节点做好案卷材料的排列归档工作，而订卷归档的前提就是将诉讼文书材料进行有序排列。在目前的司法实践中，书记员只要参照数字法院业务应用系统中设定的目录排列纸质案卷材料即可。

工作步骤

步骤一 对案卷材料进行整理、检查，查看有无需要让当事人补充提交的案卷材料

书记员在庭审后、案件审理终结前，需要再次检查核对案卷材料是否齐全，有无需要让当事人及诉讼参与人补充的材料。对于仍然欠缺的案卷材料，需要让相关人员补充提交；对于不符合要求的案卷材料，需要让相关人员重新提交。

步骤二　按照法院对不同案件、不同程序案卷材料的排列要求进行整理排列

一般情况下，案卷材料的排列顺序和诉讼程序的进程是相对应的，在以往电子卷宗不普及的情况下，书记员需要记忆诉讼文书材料的排列顺序。目前，在智慧法院建设的进程中，绝大部分法院都应用了数字法院业务应用系统，书记员在进行案卷材料的排列时也可以参照数字法院业务应用系统内的文书排列顺序进行排列，如图 2-2-1 所示。

步骤三　排列完成后，进行检查核对，纸质案卷材料欠缺的，可以从电子卷宗中下载、补齐

按照纸质卷宗与电子卷宗一致的要求，在排列完成后，需要再次进行检查核对，对于电子卷宗中欠缺的文书材料，应进行扫描上传；对于纸质卷宗中欠缺的文书材料，应从数字法院业务应用系统中进行下载，并在纸质卷宗中补齐。

卷内诉讼文书的排列顺序，总体要求是按照诉讼程序的客观进程形成文书时间的自然顺序进行排列。这是因为人民法院的诉讼卷宗是法院审判活动的真实记录，它是采用文字的形式，记载案情和案件处理的过程和结果。案件的审理是按照审判顺序进行的，所以卷内文书的排列顺序要反映审判程序的过程。

图 2-2-1　数字法院业务应用系统案卷材料排列顺序

知识平台

（1）民事案件、行政案件一审正卷排列目录（表 2-2-1）

表 2-2-1　民事案件、行政案件一审正卷排列目录

序号	案卷材料
1	卷宗封面
2	卷内目录
3	立案审查、审判流程管理信息表，案件登记表
4	案卷材料收取清单
5	案件移送函等表明案件来源的材料
6	起诉状及相关材料
7	反诉状及相关材料
8	答辩状及相关材料

序号	案卷材料
9	交纳诉讼费用相关材料
10	受理案件通知书、应诉通知书及相关材料
11	诉讼参与人主体资格材料
12	诉讼参与人提交的申请书及相关材料
13	诉讼参与人举证材料
14	法院调查取证材料
15	纠纷多元化解相关材料
16	开庭通知书、公告、传票等相关材料
17	庭前会议笔录、法庭笔录及相关材料
18	公益诉讼起诉人意见、代理词等相关材料
19	调解协议、公益诉讼调解公告
20	延长审理期限、扣除审理期限材料
21	撤诉申请书、撤诉笔录
22	本院法律文书正本
23	宣判及委托送达类材料
24	司法建议书正本
25	送达地址确认书、送达回证或其他送达凭证
26	上诉案件相关材料
27	其他与诉讼活动相关的材料
28	备考表
29	证物袋
30	卷底

特别提醒

1）纠纷多元化解相关材料，指的是在庭审前，对于民事纠纷，当事人选择过的其他纠纷解决方式所产生的文书材料，如和解协议、调解协议、仲裁裁决等。

2）公益诉讼起诉人意见，指的是在民事公益诉讼中，作为公益诉讼中的起诉人，如针对非法获取消费者个人信息并进行消费欺诈的行为，检察院可以作为公益诉讼起诉人，检察院对于此案件的相关意见就是公益诉讼起诉人意见。

3）如果是民事反诉程序的案件，基本同上述顺序外，在民事答辩状、送达回证后依次装订民事反诉状、当事人身份证明、诉讼费预收票据、廉政监督卡（反诉原告）、当事人送达地址确认书（反诉原告）、送达回证（反诉原告）、廉政监督卡（反诉被告）、当事人送达地址确认书（反诉被告）、送达回证（反诉被告）。

（2）民事案件、行政案件一审副卷排列目录（表 2-2-2）

表 2-2-2 民事案件、行政案件一审副卷排列目录

序号	案卷材料
1	卷宗封面
2	卷内目录
3	立案审批表、提请立案流转单、请示登记表等
4	与案件有关的批转材料
5	来访接待情况登记表
6	风险评估表
7	受理（应诉）通知书、公告、传票、调卷函等签发稿
8	阅卷笔录
9	庭审提纲、询问提纲
10	审理报告、审查报告
11	技术调查官出具的调查意见（或报告 ）
12	合议庭评议笔录、汇报笔录
13	专业法官会议记录、主审法官会议记录
14	审判委员会研究案件记录及会议纪要
15	审（签）批材料
16	本院法律文书签发稿
17	本院请示案件相关材料
18	结案相关材料
19	发回重审意见书
20	其他不宜对外公开的材料
21	正卷对外利用情况确认单
22	备考表
23	卷底

特别提醒

副卷目录中的发回重审意见书是针对二审法院发回重审的案件，这是需要放入副卷的重要材料。

二审程序卷宗正卷排列	民事、行政申请再审审查案件正卷排列	民事、行政再审案件正卷排列
行政非诉审查案件正卷排列	民事公示催告案件正卷排列	

相关法条

1.《中华人民共和国民事诉讼法》第一百五十二条规定：人民法院适用普通程序审理的案件，应当在立案之日起六个月内审结。有特殊情况需要延长的，经本院院长批准，可以延长六个月；还需要延长的，报请上级人民法院批准。

2.《中华人民共和国民事诉讼法》第一百六十四条规定：人民法院适用简易程序审理案件，应当在立案之日起三个月内审结。有特殊情况需要延长的，经本院院长批准，可以延长一个月。

3.《中华人民共和国民事诉讼法》第一百八十三条规定：人民法院审理对判决的上诉案件，应当在第二审立案之日起三个月内审结。有特殊情况需要延长的，由本院院长批准。人民法院审理对裁定的上诉案件，应当在第二审立案之日起三十日内作出终审裁定。

拓展训练

假如你是书记员王飞，请将表 2-2-3 中收集到的吴某与王某离婚案件正卷材料按顺序进行排列。

表 2-2-3　吴某与王某离婚案件正卷材料

现有案卷材料	排列后的案卷正卷材料
原告起诉状，原告提交的证据材料，被告答辩状，被告提交的证据材料，立案审查、审判流程管理信息表，案件登记表，受理案件通知书，举证通知书，法庭调解笔录，诉讼参与人的信息材料，庭审笔录，送达相关材料，诉讼代理人授权委托书，诉讼代理人律师事务所证明等材料，回避申请书，法院判决书，交纳诉讼费用的证明材料，卷宗封面，备考表，卷内目录，证物袋，卷底	1. 2. 3. 4. 5. 6. 7. 8. 9. 10. 11. 12. 13. 14. 15. 16. 17. 18. 19. 20. 21. 22.

任务评价

请学生自己和教师根据民事案件、行政案件案卷材料排列任务的完成情况，参照评价项目和评价要点进行自评与师评，如表 2-2-4 所示。

表 2-2-4　民事案件、行政案件案卷材料排列任务评价表

评价项目	评价要点	权重	自评	师评
民事案件、行政案件案卷材料的排列	熟悉不同程序案卷材料的目录	20 分		
	了解民事案件、行政案件案卷材料排列的原则	20 分		
	能够按照目录进行排列	20 分		
民事案件、行政案件的诉讼流程	了解民事案件、行政案件的诉讼流程	20 分		
案卷材料排列后的检查核对	能够对排列后的案卷材料进行检查核对	20 分		
总分		100 分		

2.2　刑事案件案卷材料的排列

工作任务

袁某的故意伤害案，因为袁某认罪认罚，且对于被害人王某进行了民事赔偿，武汉东湖新技术开发区检察院建议武汉东湖新技术开发区法院适用简易程序审理，案件将要审理终结，针对本案中的诉讼文书材料，书记员刘振应该如何排列？

工作任务分析

审判业务部门应从立案开始对收集的案卷材料进行规范排序。案件办结后，书记员应按照排列顺序对全案材料进行规范整理，承办法官作为第一责任人对案卷质量负总责。因此，书记员需要牢记手头每个刑事案件的办案进度，对即将结案的案件提前做好案卷材料的排列工作。在此任务中，书记员需要按照刑事一审简易程序案件的卷宗目录对诉讼文书材料进行排列。

工作步骤

步骤一　查看案卷材料中有无欠缺和需要补齐的内容

在对案卷材料进行排列前，书记员需要将庭审过程中和庭审后形成的诉讼文书材料

进行整理，如庭审笔录、宣判笔录、送达回证等，并将庭审过程中和庭审后形成的文书材料与庭审前收集到的诉讼文书材料进行整合。

步骤二　按照最高人民法院关于人民法院案卷材料排列顺序的相关规定，对整理后的案卷材料进行排列

书记员在对案卷材料进行排列时，需要根据具体案件情况作出应变。首先，要关注案件的特殊性。例如，有些刑事案件附带民事诉讼，会产生刑事附带民事诉讼相关的文书材料；有些刑事案件没有附带民事诉讼，在排列时就可以忽略此项文书材料，其他材料仍按原来的顺序排列。其次，要关注程序的特殊性。例如，在刑事一审程序中，适用速裁程序和简易程序的必须经过被告人的同意。因此，书记员在进行排列时需要关注被告人认可程序的相关法律文书，如速裁具结书及检察院的程序建议书。

步骤三　进行检查核对，查看有无遗漏或者顺序排错

案卷材料的排列是一项考验书记员耐心和专心程度的工作，在排列完成后，书记员还需要再次检查核对，查看案卷材料顺序是否正确。

知识平台

1. 刑事案件一审程序正卷排列

刑事案件一审程序是指人民法院对人民检察院提起公诉、有起诉权的人提起诉讼的案件进行初次审判时所应遵循的活动程序。第一审法院需要通过对案件的实体审理，对案件事实作出认定，并依照法律就被告人的罪责问题作出裁判。书记员需要按照表 2-2-5 中的顺序排列案卷材料。

表 2-2-5　刑事案件一审程序正卷排列

序号	案卷材料
1	卷宗封面
2	卷内目录
3	立案审查、审判流程管理信息表，案件登记表
4	案卷材料收取清单
5	案件移送函等表明案件来源的材料
6	起诉书及相关材料
7	附带民事公益诉讼公告等材料
8	量刑建议书
9	适用简易程序建议书（基层法院适用）
10	认罪认罚具结书
11	附带民事（公益）诉讼答辩状
12	诉讼参与人主体资格材料

序号	案卷材料
13	委托、指定辩护人材料
14	诉讼参与人提交的申请书及相关材料
15	搜查证、搜查勘验笔录及扣押物品清单
16	查封令及查封物品清单
17	取保候审、监视居住决定书及相关材料
18	退回补充侦查函及补充侦查材料
19	证据材料
20	法院调查取证材料
21	法院调查、询问、讯问等笔录
22	赔偿协议、附带民事诉讼谅解书
23	开庭通知书、公告、传票、提押票、换押证等材料
24	庭前会议笔录、证据展示材料
25	法庭笔录
26	公诉词，被告人的供述和辩解、辩护词，附带民事（公益）诉讼代理词
27	附带民事（公益）诉讼调解协议、调解公告及纠纷多元化解相关材料
28	延长审理期限、扣除审理期限材料
29	撤诉申请书
30	本院法律文书正本
31	宣判公告、委托宣判函、宣判笔录
32	司法建议书正本
33	妨碍诉讼的强制措施材料
34	送达地址确认书、送达回证或其他送达凭证
35	上诉案件相关材料
36	执行通知书存根和回执（释放证回执）、移送执行函（附带民事公益诉讼裁判生效后移送执行部门用）
37	移送赃证物清单及处理手续
38	涉案资金处理的相关材料
39	未成年人犯罪记录封存相关材料
40	其他与诉讼活动相关的材料
41	备考表
42	证物袋
43	卷底

特别提醒

1）序号 7、9、10、11、17、18、22、27、28、29、32、33、35、37、38、39 等项诉讼文书材料并不是每一个刑事案件中都必备的，需要书记员结合具体案件情况进行判断有无相关案卷材料。

2）如果是被告人被判处死刑的案件，则书记员在排列时需要将以下材料在序号 34

与 35 项之间依次排列：①报请核准死刑案件报告及上诉案件移送函；②最高人民法院或高级人民法院判决书、裁定书；③执行死刑命令；④暂停执行死刑的裁定书；⑤提押票；⑥死刑犯家属申请会见审批表及相关材料；⑦执行通知书存根和回执；⑧死刑犯家属领取骨灰或尸体通知。上述诉讼文书排列完后继续排列序号 35 项以后的材料。

2. 刑事案件二审程序正卷排列

刑事案件二审程序是指上级法院对被告人不服一审法院裁判而提起上诉，或检察院对未生效案件提出抗诉而进行审理的程序。二审法院应对原审案件进行全面审查，根据案件的事实依法作出裁判，因此二审法院诉讼材料中很多案卷材料都来源于一审法院，书记员需要按照表 2-2-6 中的顺序进行排列。

表 2-2-6　刑事案件二审程序正卷排列

序号	案卷材料
1	卷宗封面
2	卷内目录
3	立案审查、审判流程管理信息表，案件登记表
4	案卷材料收取清单
5	上诉案件移送函
6	上诉书、抗诉书
7	原审法院法律文书
8	附带民事（公益）诉讼答辩状
9	诉讼参与人主体资格材料
10	委托、指定辩护人材料
11	诉讼参与人提交的申请书及相关材料
12	证据材料
13	法院调查取证材料
14	赔偿协议、附带民事诉讼谅解书
15	检察院阅卷通知书
16	开庭通知书、公告、传票、提押票、换押证等材料
17	庭前会议笔录、证据展示材料
18	法庭笔录
19	检察员出庭意见书，公益诉讼起诉人的上一级人民检察院意见等材料，被告人的供述和辩解、辩护词，附带民事（公益）诉讼代理词
20	庭审后的补充调查材料
21	附带民事（公益）诉讼调解协议、调解公告及纠纷多元化解相关材料
22	延长审理期限、扣除审理期限材料
23	撤诉申请书
24	本院法律文书正本
25	宣判公告、委托宣判函、宣判笔录

序号	案卷材料
26	司法建议书正本
27	妨碍诉讼的强制措施材料
28	送达地址确认书、送达回证或其他送达凭证
29	调卷函、退卷函存根
30	执行通知书存根和回执（释放证回执）
31	涉案资金处理的相关材料
32	未成年人犯罪记录封存相关材料
33	其他与诉讼活动相关的材料
34	备考表
35	证物袋
36	卷底

特别提醒

1）刑事案件二审程序启动的方式有两种：一种是被告人提出上诉；另一种是检察院抗诉。因此，书记员在排列时需要注意序号 6 项里的文书材料是抗诉书还是上诉书，如果被告人上诉的同时，检察院也一并提起了抗诉，那么序号 6 项里就既包括上诉书也包括抗诉书。

2）如果是被告人被判处死刑的案件，则书记员在排列时需要将以下材料在序号 28 与 29 项之间依次排列：①二审法院报请核准死刑案件报告；②最高人民法院判决书、裁定书；③执行死刑命令；④暂停执行死刑的裁定书。上述诉讼文书排列完毕后继续排列序号 29 项以后的材料。

3. 刑事再审案件及其他类型案件案卷材料排列顺序

刑事申诉再审审查案件正卷排列

刑事再审案件正卷排列

刑罚与执行变更案件
（减刑假释案件）正卷排列

刑事速裁案件正卷排列

各类刑事案件副卷排列

死刑复核案件排列顺序
（按副卷管理）

最高人民法院暂停执行死刑案件排列顺序
（按副卷管理）

最高人民法院恢复执行死刑案件排列顺序
（按副卷管理）

拓展训练

假如你是下列案件的书记员，请将收集到的赵某盗窃罪一案的案卷材料按顺序进行排列。

案件介绍：2021 年 3 月××日 4 时许，被告人赵某在郑州市管城回族区东太康路××网吧内，趁被害人李某某睡着之际，将其放在电脑桌上充电的一部黑色 vivo 手机（经鉴定，该手机价值 1 045 元）盗走。现赃物未追回。郑州市管城回族区人民检察院以郑管检刑诉〔2021〕××号起诉书指控被告人赵某犯盗窃罪，于 2021 年 7 月××日向本院提起公诉，并建议本院适用速裁程序审理。经审查，本院决定适用认罪认罚速裁程序，实行独任审判，公开开庭审理了本案。法院依法进行了判决，此案现已审理终结。

请将表 2-2-7 中的现有案卷材料在表格右边按照刑事一审案件正卷排列顺序进行排列，并进行标注。

表 2-2-7　赵某盗窃罪一案的案卷材料

现有案卷材料	排列后的案卷正卷材料
立案审查、审判流程管理信息表，案件登记表，法院调查、询问、讯问等笔录，涉案资金处理的相关材料，起诉书及相关材料，法庭笔录，开庭通知书、开庭公告、开庭传票、提押票、换押证等材料，认罪认罚具结书，准备庭笔录，证据材料，宣判公告、委托宣判函、宣判笔录，本院法律文书正本，执行通知书存根和回执（释放证回执），移送执行函（附带民事公益诉讼裁判生效后移送执行部门用），送达地址确认书、送达回证或其他送达凭证	1. 2. 3. 4. 5. 6. 7. 8. 9. 10. 11. 12. 13. 14. 15.

任务评价

请学生自己和教师根据刑事案件案卷材料排列任务的完成情况，参照评价项目和评价要点进行自评与师评，如表 2-2-8 所示。

表 2-2-8　刑事案件案卷材料排列任务评价表

评价项目	评价要点	权重	自评	师评
刑事案件案卷材料的排列	是否掌握刑事案件案卷材料的排列原则	20 分		
	能否按照刑事案件案卷材料目录进行排列	20 分		
	工作态度是否认真、细致	20 分		
刑事案件诉讼流程	是否熟悉刑事案件诉讼流程	20 分		
对排列后的案卷材料进行检查核对	能否在排列后对案卷材料进行检查核对	20 分		
总分		100 分		

2.3　执行案件案卷材料的排列

工作任务

书记员王飞参与了各类执行案件的全过程，这些执行案件在执行过程中涉及的案卷材料既有相似之处，也有不同之处，这就导致各类执行案件案卷材料的排列也不尽相同。针对各类执行案件案卷材料的排列，是否应该遵循相同的规则，又存在哪些不同之处，王飞该如何完成对各类执行案件案卷材料的排列呢？

工作任务分析

根据最高人民法院文件精神，制定科学的诉讼案卷材料整理规则、正确排列诉讼案卷材料顺序、形成规范严谨的诉讼档案，是保障审判执行工作顺利进行、客观记录法院诉讼历史、传承司法文明的必然要求，也是人民法院档案工作规范化、标准化的重要内容。

工作步骤

步骤一　执行案件案卷材料的收集、整理

执行案件案卷材料由承办书记员负责收集、整理。执行案件办理过程中，书记员应

对所收集的案卷材料排列顺序并进行规范整理。

步骤二　执行案件案卷材料的排列原则、顺序

执行案件案卷材料应当按照"利于保密、方便利用"的原则，分别立正卷与副卷。无不宜公开内容的案件可以不立副卷。执行案件案卷材料的排列顺序应当按照执行程序的进程、形成文书的时间顺序，兼顾文书材料之间的有机联系进行排列。

知识平台

根据人民法院办理执行案件所遵循的相关规定，执行案件可分为首次执行案件、恢复执行案件、财产保全执行案件、执行异议案件、执行复议案件、执行监督案件、执行协调案件等。其中，除执行协调案件排列顺序按副卷管理外，其他执行案件正卷排列顺序详述如下。

1. 首次执行案件正卷排列顺序（表 2-2-9）

表 2-2-9　首次执行案件正卷排列顺序

序号	案卷材料
1	卷宗封面
2	卷内目录
3	案件执行流程管理信息表、案件登记表
4	申请执行材料收取清单
5	申请执行书
6	移送执行函（公益诉讼裁判生效后移送执行部门用）
7	委托执行函等表明案件来源的材料
8	执行依据
9	受理案件通知书、提供被执行人财产状况告知书、申请执行人举报财产责任书
10	执行通知书、财产申报表、报告财产令、被执行人报告财产责任书
11	执行案件参与人主体资格材料
12	申请执行人、被执行人、案外人举证材料
13	法院询问笔录、调查笔录、听证笔录、执行笔录、谈话笔录、终本约谈笔录及取证材料
14	财产查询材料
15	财产处置材料
16	行为执行材料
17	强制措施材料
18	解除、撤销强制执行措施材料
19	追加、变更执行主体申请书及相关证明材料
20	追加、变更执行主体裁定书正本
21	强制执行裁定书正本

续表

序号	案卷材料
22	执行和解协议、执行和解笔录
23	执行和解协议履行情况的证明材料
24	中止执行、终结执行、终结本次执行、不予执行、驳回申请等执行裁定书及执行凭证
25	执行款物收取、交付凭证及有关审批材料
26	执行异议、复议申请及相关材料
27	撤回执行申请书
28	延长执行期限材料
29	委托执行函、受托执行复函
30	结案相关材料
31	交纳执行费用相关材料
32	送达地址确认书、送达回证或其他送达凭证
33	其他与执行工作相关的材料
34	备考表
35	证物袋
36	卷底

2. 恢复执行案件正卷排列顺序（表 2-2-10）

表 2-2-10　恢复执行案件正卷排列顺序

序号	案卷材料
1	卷宗封面
2	卷内目录
3	案件执行流程管理信息表、案件登记表
4	申请执行材料收取清单
5	恢复执行申请书
6	执行依据
7	受理案件通知书、提供被执行人财产状况告知书、申请执行人举报财产责任书
8	执行通知书、财产申报表、报告财产令、被执行人报告财产责任书
9	恢复执行案件参与人主体资格材料
10	申请执行人、被执行人、案外人举证材料
11	法院询问笔录、调查笔录、听证笔录、执行笔录、谈话笔录、终本约谈笔录及取证材料
12	财产保全材料
13	财产查询材料
14	财产处置材料
15	行为执行材料
16	强制措施材料
17	解除、撤销强制措施材料
18	追加、变更执行主体申请书及相关证明材料

续表

序号	案卷材料
19	追加、变更执行主体裁定书
20	强制执行裁定书正本
21	执行和解协议、执行和解笔录
22	执行和解协议履行情况的证明材料
23	中止执行、终结执行、终结本次执行、不予执行、驳回申请等执行裁定书及执行凭证
24	执行款物收取、交付凭证及有关审批材料
25	执行异议、复议申请及相关材料
26	撤回执行申请书
27	延长执行期限材料
28	委托执行函、受托执行复函
29	结案相关材料
30	交纳执行费用相关材料
31	送达地址确认书、送达回证或其他送达凭证
32	其他与执行工作相关的材料
33	备考表
34	证物袋
35	卷底

3. 财产保全执行案件正卷排列顺序（表2-2-11）

表2-2-11 财产保全执行案件正卷排列顺序

序号	案卷材料
1	卷宗封面
2	卷内目录
3	案件执行流程管理信息表、案件登记表
4	财产保全申请书
5	裁定书
6	财产保全执行申请人主体资格材料
7	财产保全执行申请人提供的证明材料
8	法院询问笔录、调查笔录、听证笔录、执行笔录、谈话笔录及取证材料
9	财产查询材料
10	财产处置材料
11	财产保全清单
12	结案相关材料
13	送达地址确认书、送达回证或其他送达凭证
14	其他与执行工作相关的材料
15	备考表
16	证物袋
17	卷底

4. 执行异议案件正卷排列顺序（表 2-2-12）

表 2-2-12 执行异议案件正卷排列顺序

序号	案卷材料
1	卷宗封面
2	卷内目录
3	案件执行流程管理信息表、案件登记表
4	申请执行材料收取清单
5	执行异议书
6	执行依据、裁定书等执行行为材料
7	案件受理通知书、听证通知书等相关材料
8	执行异议案件参与人主体资格材料
9	执行异议申请人提供的证据材料
10	法院询问笔录、调查笔录、听证笔录、谈话笔录及取证材料
11	答辩意见、代理词
12	异议裁定书、决定书、其他法律文书
13	结案相关材料
14	送达地址确认书、送达回证或其他送达凭证
15	其他与执行工作相关的材料
16	备考表
17	证物袋
18	卷底

5. 执行复议案件正卷排列顺序（表 2-2-13）

表 2-2-13 执行复议案件正卷排列顺序

序号	案卷材料
1	卷宗封面
2	卷内目录
3	案件执行流程管理信息表、案件登记表
4	申请执行材料收取清单
5	案件移送函等表明案件来源的材料
6	复议申请书
7	原决定书、裁定书
8	案件受理通知书、听证通知书等相关材料
9	执行复议案件参与人主体资格材料
10	复议申请人提供的证据材料
11	听证笔录、调查笔录
12	复议决定书、裁定书

续表

序号	案卷材料
13	结案相关材料
14	送达地址确认书、送达回证或其他送达凭证
15	退卷函存根
16	其他与执行工作相关的材料
17	备考表
18	证物袋
19	卷底

6. 执行监督案件正卷排列顺序（表 2-2-14）

表 2-2-14　执行监督案件正卷排列顺序

序号	案卷材料
1	卷宗封面
2	卷内目录
3	案件执行流程管理信息表、案件登记表
4	申请执行材料收取清单
5	执行监督申请书
6	原执行裁定书
7	申请执行人主体资格材料
8	申请执行人提供的证据材料
9	听证笔录、调查笔录
10	本院法律文书正本
11	结案相关材料
12	送达地址确认书、送达回证或其他送达凭证
13	调卷函、退卷函存根
14	其他与执行工作相关的材料
15	备考表
16	证物袋
17	卷底

7. 执行协调案件排列顺序（按副卷管理）（表 2-2-15）

表 2-2-15　执行协调案件排列顺序（按副卷管理）

序号	案卷材料
1	卷宗封面
2	卷内目录
3	立案审批表
4	与案件有关的批转材料
5	请求协调报告及相关证据材料

续表

序号	案卷材料
6	执行协调函
7	被协调法院的报告及相关证据材料
8	协调会议记录
9	审查报告
10	合议庭评议笔录
11	执行局（庭）研究案件记录及会议纪要
12	审判委员会研究案件记录及会议纪要
13	协调意见书
14	结案报告、结案审批表
15	其他不宜对外公开的材料
16	备考表
17	证物袋
18	卷底

8. 各类执行案件副卷排列顺序（表 2-2-16）

表 2-2-16　各类执行案件副卷排列顺序

序号	案卷材料
1	卷宗封面
2	卷内目录
3	立案审批表、提请立案流转单、请示登记表等
4	与案件有关的批转材料
5	来访接待情况登记表
6	风险评估表
7	受理案件通知书等签发稿
8	下级法院提交的请示类材料
9	执行工作日志
10	阅卷笔录
11	执行方案
12	承办人与有关部门内部交换意见的材料或笔录
13	有关案件的内部请示与批复
14	督办函
15	执行法院书面报告
16	审理报告、审查报告
17	合议庭评议笔录、汇报笔录
18	执行局（庭）研究案件记录及会议纪要、执行专业委员会或专业法官会研究案件记录及会议纪要
19	审判委员会研究案件记录及会议纪要
20	审（签）批材料

续表

序号	案卷材料
21	本院法律文书签发稿
22	本院请示案件相关材料
23	其他不宜对外公开的材料
24	正卷对外利用情况确认单
25	备考表
26	证物袋
27	卷底

在整理执行案件案卷材料时，需要注意以下问题。

1）执行案件由立案庭统一立案，按照案件类型分类编号。执行案件必须一案一号。中止执行的案件恢复执行后，不得重新立案，应继续使用原案号。

2）各类案件正卷中"案件移送函等表明案件来源的材料"包括：案件移送函、案件移送裁定书、上级法院指定管辖裁定书、发回重审裁定书等材料。

3）各类案件正卷中"诉讼参与人提交的申请书及相关材料"包括：变更诉讼请求申请书、回避申请书、管辖异议申请书及相关材料；追加、变更当事人申请书，参加诉讼申请书，（财产、证据、行为）保全申请书及相关材料，司法鉴定申请书等材料。

4）各类案件正卷中"法院调查取证材料"包括：委托调查函、委托鉴定函、委托评估函；调取的相关材料及调查、鉴定、评估意见书等材料。

5）各类案件正卷中"送达地址确认书、送达回证或其他送达凭证"主要是指本院法律文书正本的送达回证或者其他送达凭证。其他事项的送达材料，以方便查阅为原则集中纳入本项中或置于相关需送达事项后面。

6）执行案件正卷中"执行案件参与人主体资格材料"包括：申请执行人及被执行人身份证明、工商登记材料、法定代表人身份证明及授权委托书、律师事务所函等。

7）执行案件正卷中"财产查询材料"包括：银行、房产、工商、车辆、户籍地或工作单位等的证明材料；委托调查函及函等材料。

8）执行案件正卷中"财产处置材料"包括：查封、扣押、冻结、解封（冻）、续封（冻）、扣划、评估、拍卖、变卖、以物抵债、赃证物处置清单、委托送达函、限期履行通知书、履行到期债务通知书等材料。

9）执行案件正卷中"行为执行材料"包括：交付财产（产权证书）通知书、履行行为通知书、判决主文公告、强制退出土地或迁出房屋公告等材料。

10）执行案件正卷中"强制措施材料"包括：限制高消费及纳入失信被执行人名单、限制出境、司法罚款、司法拘留、刑事处罚等材料。

11）各类案件副卷中"审（签）批材料"主要包括：审判组织成员调整审批表，变更适用程序审批表，延长审理期限、扣除审理期限的审批材料，不公开开庭的审批意见，庭审直播、录播事宜的审批意见，裁判文书公布事宜审批表等材料。此类材料也可以按产生的阶段排列在相应的位置。

12）各类案件副卷中"其他不宜对外公开的材料"主要包括副卷排列顺序中未列举的，属于需要入卷且不宜对外公开的材料。

13）人民法院执行文书材料经过系统收集、整理、排列后，逐页编号。页号一律用阿拉伯数字编写，正面书写在右上角，反面书写在左上角，反面无字迹的不编页号。卷宗封面、卷内目录、备考表、证物袋、卷底不编页号。

14）执行文书材料（包括卷皮）的书写、签发必须使用碳素墨水、蓝黑墨水笔书写或用计算机打印，如出现文书材料使用红、蓝墨水笔或铅笔、圆珠笔及易褪色不易长期保管书写工具书写的，要附复印件。需要归档的传真文书材料必须复印，复印件归档，传真件不归档。

15）卷宗封面必须按项目要求填写齐全，字迹工整、规范、清晰。卷面案号应当与卷内文件案号一致；"案件类别"栏填写"执行"；"案由"栏应当填写执行依据确认的案由；"当事人"栏应当填写准确、完整，不能缩写、简称或省略；"执行标的"栏应当填写申请执行标的；"执行结果"栏应当填写已经执行的金额或其他情况；"裁决机关"栏应当填写作出生效法律文书的机关；"结案方式"栏应按不同情况，分别填写自动履行、强制执行、终结执行、执行和解或不予执行等；"结案日期"栏应当填写批准报结的日期。

16）卷内目录应当按文书材料顺序逐项填写。一份文书材料编一个顺序号。

17）卷内文件目录所在页的编号，除最后一份需填写起止号外，其余只填起号。

18）要对文书材料进行全面检查，材料不完整的要补齐，破损或褪色、字迹扩散的要修补、复制。卷内材料用纸以 A4 办公纸为标准。纸张过大的要修剪折叠，纸张过小、订口过窄的要加贴衬纸。卷宗内严禁留置金属物。

拓展训练

以小组为单位，每个小组将收集到的执行案件案卷材料进行整理，并按照相应顺序进行排列。

任务评价

请学生自己和教师根据执行案件案卷材料排列任务的完成情况，参照评价项目和评价要点进行自评与师评，如表 2-2-17 所示。

表 2-2-17　执行案件案卷材料排列任务评价表

评价项目	评价要点	权重	自评	师评
首次执行案件正卷排序	是否掌握首次执行案件正卷的排列顺序	30 分		
恢复执行案件正卷排序	是否掌握恢复执行案件正卷的排列顺序	20 分		
财产保全执行案件正卷排序	是否掌握财产保全执行案件正卷的排列顺序	10 分		
执行异议案件正卷排序	是否掌握执行异议案件正卷的排列顺序	10 分		
各类执行案件副卷排序	是否掌握各类执行案件副卷的排列顺序	30 分		
总分		100 分		

2.4　其他案件案卷材料的排列

工作任务

经过多年的法院工作，常菲参与了诸如国家赔偿案件、司法救助案件、非诉保全审查案件、强制清算案件与破产案件等多种类型案件的审理，这些案件在审理过程中涉及的案卷材料不同，这就使得审理完结之后对这些案件案卷材料的排列也不同。那么，对不同案件案卷材料的排列是否要遵循相同的规则，它们存在哪些相似之处，又存在哪些不同之处，常菲该如何完成对不同案件案卷材料的排列呢？

工作任务分析

诉讼案卷材料管理是人民法院审判体系和审判能力现代化建设的重要基础性工作，也是人民法院档案工作规范化、标准化的重要内容。正确排列案卷材料顺序是书记员诉讼案卷材料管理工作的重要组成部分。书记员在案件审结后，应根据不同案件的类型和情况，按照最高人民法院关于人民法院诉讼案卷材料排列顺序的相关规定，将前期收集的案卷材料进行排列，为后续的案卷材料整理工作做好准备。

工作步骤

步骤一　按照最高人民法院关于人民法院诉讼案卷材料排列顺序的相关规定，区分正卷与副卷，并对案卷材料分别排列

人民法院在确定案卷材料排列顺序时，原则上是按照诉讼程序的客观进程形成文书时间的自然顺序，兼顾文书之间的有机联系进行排列。如果后续有该排列顺序未包括的新的诉讼案卷材料类型，按照上述原则入卷。随着司法公开的不断深化，人民法院各类案件诉讼档案正卷均向当事人、律师及其他诉讼代理人开放查阅，因此审判人员在立卷时，应当准确区分正卷与副卷材料，以便诉讼档案的查阅和利用。此外，同一案件电子卷宗的目录和材料的排列顺序应当与纸质卷宗保持一致。

本书项目 1 任务 2 中已介绍了其他案件应当收集的案卷材料，由于不同案件产生的案卷材料并不相同，决定了不同案件所形成的卷宗目录和涉及的案卷材料及排序也不相同。实践中法院的通常做法是，同一类案件使用相同的卷内目录，但根据本案涉及的材料，从目录中勾选本案实际收集的案卷材料并进行重新排序。此外，所有案件的案卷材料都有卷宗封面、卷内目录、案件审判流程管理信息表、案件登记表、案卷材料收取清单；后面都有备考表、证物袋、卷底。其中，案件审判流程管理信息表由法院统一审判业务管理系统生成，记录案件基本信息；备考表是卷内材料状况的记录单，用于注明卷内材料与立卷状况，其内容包括本卷情况说明、立卷人、检查人、立卷时间四个部分。

步骤二　其他案件正卷的排列

（一）国家赔偿案件正卷的排列

各类国家赔偿案件正卷的排列可参考司法赔偿（自赔、委赔、申诉）案件正卷的排列顺序，如表 2-2-18 所示。

表 2-2-18　司法赔偿（自赔、委赔、申诉）案件正卷排列顺序

序号	案卷材料
1	卷宗封面
2	卷内目录
3	案件审判流程管理信息表、案件登记表
4	初访人员登记表
5	案卷材料收取清单
6	赔偿申请（申诉）书及附件材料
7	原赔偿案件法律文书（自赔决定、复议决定、委赔决定）
8	原诉讼（执行）案件法律文书（一审、二审、再审）
9	受理案件通知书及相关材料
10	赔偿请求人、赔偿义务机关、复议机关相关人员身份证明及授权委托书
11	赔偿请求人提供的证据材料
12	赔偿义务机关、复议机关提供的答辩意见、复议意见、证据材料
13	质证、听证、听取意见的通知、公告
14	延期举证申请书及相关材料
15	法院调查取证材料
16	调解笔录、调解协议及相关材料
17	证据交换、质证、听证、听取意见笔录

续表

序号	案卷材料
18	代理词
19	延长审理期限、扣除审理期限材料
20	撤回申请书
21	本院法律文书正本
22	宣布决定笔录、执行笔录
23	委托送达函或委托宣布决定函
24	送达地址确认书、送达回证或其他送达凭证
25	退卷函存根
26	其他与诉讼活动相关的材料
27	备查函
28	备考表
29	证物袋
30	卷底

（二）司法救助案件正卷的排列

司法救助案件正卷的排列顺序如表 2-2-19 所示。

表 2-2-19　司法救助案件正卷的排列顺序

序号	案卷材料
1	卷宗封面
2	卷内目录
3	案件审判流程管理信息表、案件登记表
4	国家司法救助申请须知、国家司法救助申请登记表
5	案卷材料收取清单
6	司法救助申请书
7	原诉讼（执行）案件法律文书（一审、二审、再审）
8	受理案件通知书及相关材料
9	申请人、诉讼参与人主体资格材料
10	申请人及家庭成员的收入和资产状况、生活困难证明材料
11	其他赔偿、补偿、救助证明
12	实际损失（损害后果）证明文件
13	法院调查取证材料
14	延长审理期限、扣除审理期限材料
15	本院法律文书正本
16	司法救助金发放登记表
17	收条
18	送达地址确认书、送达回证或其他送达凭证

续表

序号	案卷材料
19	其他与诉讼活动相关的材料
20	备考表
21	证物袋
22	卷底

（三）非诉保全审查案件正卷的排列

各类非诉保全审查案件可参考非诉财产保全审查案件正卷的排列顺序，如表 2-2-20 所示。

表 2-2-20　非诉财产保全审查案件正卷的排列顺序

序号	案卷材料
1	卷宗封面
2	卷内目录
3	案件审判流程管理信息表、案件登记表
4	财产保全申请书、解除担保财产查封申请书
5	原审法院法律文书
6	申请保全人主体资格材料
7	申请保全人提供的证据材料
8	法院调查、询问等笔录，调查取证材料
9	撤回保全申请书
10	本院法律文书正本
11	委托实施函
12	送达地址确认书、送达回证或其他送达凭证
13	备考表
14	证物袋
15	卷底

（四）强制清算与破产案件正卷的排列

各类强制清算与破产案件可参考破产申请审查案件正卷的排列顺序，如表 2-2-21 所示。

表 2-2-21　破产申请审查案件正卷的排列顺序

序号	案卷材料
1	卷宗封面
2	卷内目录
3	案件审判流程管理信息表、案件登记表
4	案卷材料收取清单
5	破产申请书

续表

序号	案卷材料
6	交纳诉讼费用相关材料
7	受理案件通知书及相关材料
8	诉讼参与人主体资格材料
9	诉讼参与人提交的申请书及相关材料
10	诉讼参与人举证材料（债务人的资产负债表、审计报告、资产评估表、财产状况说明、职工安置预案、职工工资的支付、社会保险费用的交纳情况、债务清册、财务会计报告等）
11	法院调查取证材料
12	法院调查、询问等笔录，债权人会议笔录
13	延长审理期限、扣除审理期限材料
14	撤回破产申请书
15	本院法律文书正本
16	委托送达函
17	送达地址确认书、送达回证或其他送达凭证
18	调卷函、退卷函存根
19	上诉案件相关材料
20	其他与案件相关的材料
21	备考表
22	证物袋
23	卷底

步骤三　其他案件副卷的排列

（一）国家赔偿与司法救助案件副卷的排列

国家赔偿与司法救助案件副卷的排列顺序如表 2-2-22 所示。

表 2-2-22　国家赔偿与司法救助案件副卷的排列顺序

序号	案卷材料
1	卷宗封面
2	卷内目录
3	立案审批表、提请立案流转单、请示登记表等
4	与案件有关的批转材料
5	来访接待情况登记表
6	风险评估表
7	受理案件通知书签发稿
8	下级法院提交的请示类材料
9	阅卷笔录
10	庭审提纲、询问提纲
11	审理报告、审查报告
12	合议庭评议笔录、汇报笔录
13	专业法官会议记录、主审法官会议记录

序号	案卷材料
14	赔偿委员会讨论案件记录
15	司法救助委员会讨论案件记录
16	审判委员会研究案件记录及会议纪要
17	本院法律文书签发稿
18	本院请示案件相关材料
19	结案相关材料
20	其他不宜对外公开的材料
21	正卷对外利用情况确认单
22	备考表
23	卷底
24	证物袋

（二）非诉财产保全审查案件副卷的排列

非诉财产保全审查案件副卷的排列顺序如表 2-2-23 所示。

表 2-2-23　非诉财产保全审查案件副卷的排列顺序

序号	案卷材料
1	卷宗封面
2	卷内目录
3	立案审批表、提请立案流转单、请示登记表等
4	与案件有关的批转材料
5	下级法院提交的请示类材料
6	阅卷笔录
7	审查报告
8	专业法官会议记录、主审法官会议记录
9	审判委员会研究案件记录及会议纪要
10	审（签）批材料
11	本院法律文书签发稿
12	本院请示案件相关材料
13	结案相关材料
14	其他不宜对外公开的材料
15	正卷对外利用情况确认单
16	备考表
17	证物袋
18	卷底

（三）破产申请审查案件副卷的排列

破产申请审查案件副卷的排列顺序如表 2-2-24 所示。

表 2-2-24　破产申请审查案件副卷的排列顺序

序号	案卷材料
1	卷宗封面
2	卷内目录
3	立案审批表、提请立案流转单、请示登记表等
4	与案件有关的批转材料
5	来访接待情况登记表
6	风险评估表
7	受理案件通知书等签发稿
8	下级法院提交的请示类材料
9	阅卷笔录
10	审理报告、审查报告
11	承办人与有关部门内部交换意见
12	有关本案的内部请示批复
13	审（签）批材料
14	本院法律文书签发稿
15	本院请示案件相关材料
16	结案相关材料
17	其他不宜对外公开的材料
18	正卷对外利用情况确认单
19	备考表
20	证物袋
21	卷底

拓展训练

比较其他案件所涉及案卷材料的异同和排列的异同。

任务评价

请学生自己和教师根据其他案件案卷材料排列任务的完成情况，参照评价项目和评价要点进行自评与师评，如表 2-2-25 所示。

表 2-2-25　其他案件案卷材料排列任务评价表

评价项目	评价要点	权重	自评	师评
正卷与副卷的不同及区分意义	是否明确正卷与副卷的不同及区分意义	30 分		
其他案件正卷的排列顺序	是否掌握其他案件正卷的排列顺序	35 分		
其他案件副卷的排列顺序	是否掌握其他案件副卷的排列顺序	35 分		
	总分	100 分		

项目3 人民法院案卷材料的归档

　　书记员做好案卷材料的收集、排序、整理工作之后，应该及时将案卷材料进行归档。案卷材料的归档是人民法院案件审理完毕后的最后一项工作，也是将诉讼文书材料转化为国家档案的一个重要衔接阶段。每一份诉讼档案都是对人民法院审判活动的真实记录，都是对其发挥审判职能，深化司法体制改革，正确适用国家法律、法规、方针、政策的反映。因此，人民法院书记员应该了解案卷材料归档的重要性，掌握案卷材料归档的操作要领，严把归档案卷的质量关。

　　本项目包括立卷编目及组卷、归档移交两个任务。其中，立卷编目及组卷主要介绍书记员案卷材料立卷编目及组卷的基本操作技能以及书记员在司法实践中容易忽视的一些细节问题。归档移交主要介绍案卷材料归档移交的时间及基本流程。本项目通过对书记员案卷材料归档基本操作技能的训练，提高书记员更快、更好地完成人民法院辅助性事务工作的能力。

任务 1　立卷编目及组卷

学习目标

1. 了解立卷编目及组卷的重要性。
2. 掌握立卷编目及组卷的基本流程。
3. 能够快速、熟练地完成立卷编目及组卷工作。
4. 培养学生认真、细心、吃苦耐劳的良好品格。

工作任务

书记员王飞来法院工作已有一段时间,一直跟着张兰法官从事司法辅助工作。他除了要办理庭前准备事务、检查开庭时诉讼参与人的出庭情况、做好案件审理过程中的记录工作、完成法官交办的其他事情以外,还进行整理、装订案卷材料的工作。张兰法官最近又审结了几起案件,接下来,整理卷宗的工作就落在书记员王飞身上。看着桌角堆满的案卷材料,王飞一时不知从哪儿入手,但忽然想起以前在法院实习时订过卷,心里的无所适从就好了很多。

王飞把每个案件的案卷材料按照排列顺序逐一摆好,然后编好页码分好卷,心里谨记每本卷宗的页数不能超过 200 页。把计算机中生成的目录打印出来,用打孔机钻好孔并穿上白色棉线,装订成册,这一切看似都很顺利。但等到核对卷宗页码时,才发现有一页漏编了,还有两页编重页了,随之目录表中的页次也就填错了。王飞只好拆卷重新返工,白白浪费了两个小时。

假如你是书记员王飞,面对堆积如山的案卷材料,你该如何快速、高效地完成案卷材料的立卷编目及组卷工作呢?

工作任务分析

人民法院的各类诉讼文书,是国家重要的专业文书之一。它所形成的诉讼档案是人民法院审判活动的真实记录,同时也反映了人民法院发挥审判职能、深化司法体制改革、正确适用国家法律、法规、方针、政策的情况。诉讼卷宗质量的好坏,直接影响诉讼档案的保存和利用。因此,书记员要高度重视诉讼文书的立卷、归档工作,熟练掌握立卷、归档的操作要领,严把归档案卷的质量关。

🕐 工作步骤

步骤一　全面检查并修整案卷材料

（1）规范纸张幅面

入卷的各类文书材料一般以 A4 办公纸为标准。如果出现纸张幅面不符合标准的文书材料，应在不影响其日后使用效果的前提下进行折叠、加衬或者修补。例如，对于纸张过大的材料，要修剪折叠；对于订口过窄或有字迹可能被订到的材料，要粘贴衬纸（注意：票据加贴衬纸时要平铺粘贴，一页纸上粘贴多张票据时，应当防止重叠遮盖，并在空白处注明此页粘贴票据的张数）；对于纸张破损的材料，要进行修补。需要注意的是，加边、加衬、折叠均以 A4 办公纸为标准。

（2）复制字迹模糊或易蜕变的文书

档案材料的字迹耐久性直接影响档案利用时间的长短。因此，最高人民法院在《人民法院诉讼文书立卷归档办法》第三条中明确规定，各类诉讼文书材料，包括卷皮的书写、签发，都必须使用碳素墨水、蓝黑墨水笔书写或用计算机打印，严禁使用红、蓝墨水或铅笔、圆珠笔及其他易褪色不易长期保存的书写工具书写、签发、修改。如果卷内材料是用圆珠笔、铅笔、蓝墨水或易褪色不易长期保存的书写工具书写的，或者是热敏纸传真件的，要附复印件，并将复印件排列在原件后面。热敏纸传真件的复印件归档，传真件不归档。

（3）翻译

如果卷内文书材料的字迹难以辨认，则需要附上抄件；如果卷内文书材料是由外文或少数民族文字形成的，则需要附上汉语译文。

（4）剔除金属物或塑料装订用品

归档案卷材料需要长期在档案室存放，为了保证档案的质量，案卷材料在入卷前应当按照档案保管期限的要求剔除易锈蚀、易氧化的曲别针、订书钉、回形针等金属物装订用品或塑料装订用品，应使用白色棉线绳重新装订。

步骤二　将按顺序排列好的案卷材料进行编号和编目

编号就是给卷内文书材料编写页号。各级人民法院的文书材料经过系统的整理排列后，需要逐页编号，以固定排列好的文书材料顺序。正确地编写页号是正确地编写目录的基础。因此，书记员在给卷内文书材料编写页号的时候，要给予足够的耐心与细心。

📝 知识平台

书记员在给案卷材料编写页号时，需要注意以下几点。

（1）逐页编写页号

在给案卷材料编写页号时，应从卷内目录后的第一份文书材料开始，从阿拉伯数字"1"依次按照顺序逐页编写，且不能漏页、重页。实践中如有漏编、重编页号，可编附号，并在卷内备考表中注明。例如，发现漏页，第 10 页后应该是"11"却编写了"12"，可将第 10 页改为"10～11"页，并在卷内备考表中注明"10～11 合共一页"字样。又如，若发现重页，第 18 页重页，而有两页或一页漏编，可将第 18 页分甲、乙，写成"18甲、18乙"，并在卷内备考表内注明"第 18 页有甲、乙两页"字样。最后，在案卷封面的"页数"栏内填写实际总页数。

（2）正确编写页号

页号一律用阿拉伯数字编写在有文字和图表材料正面的右上角、反面的左上角，反面无字迹内容的不编页号。考虑到部分书记员往往会由于粗心而忘记编写反面文书材料的页号，导致之后编写目录及填写卷宗总页数时出现错误的实际情况，建议书记员在整理案卷材料时，除非一些必须要正反面制作的文书材料外，应尽量避免反面文书材料的产生。

并非案卷内所有的文书材料都需要编写页号，如卷宗封面、卷内目录、备考表、证物袋、卷底不需要编写页号。除此之外，案卷内的所有文书材料页号都必须从"1"开始，按照顺序逐页编写。由于每本卷宗的页数不能超过 200 页，所以当某个案件的文书材料超过 200 页时，应当将案卷材料按顺序分册。分册后的每本案卷的页号都要从"1"开始重新编写，切忌将几本案卷连续编号。编写页号的方法，在实践操作中各个法院的做法不尽相同，可以采用打码机编打，也可以采用人工手写的方式进行。

编写完页号之后就要进行编目工作，即制作卷内案卷材料的目录。案卷材料归入档案时，必须对卷内材料进行编目，并把制作好的卷宗目录放在案卷封面之后、文件之前，以便于查阅。编目同编号的工作是一样的，都很考验书记员的耐心和细心。

📝 知识平台

书记员在给案卷材料编目时，需要注意以下事项。

（1）编目的时间

编目应该在案卷材料排列之后、装订之前进行，这主要基于以下三点原因。

1）人民法院诉讼案卷材料排列顺序，总的要求是按照诉讼程序进程形成文书时间的自然顺序，兼顾文书之间的有机联系进行排列。因此，同一个案件会因为审级不同而造成文书材料排列顺序上有差别。这就要求书记员在完成案卷材料的排列之后不要急于编写目录，而是要及时将完成排列的案卷材料拿给办案法官进行审核检查，待其确认无误后方可进行编目工作，避免因为错误的排列而导致错误的编目。

2）卷宗封面、证物袋、备考表、卷底等是不需要编入目录的。因此，在案卷材料装订之前，编目的条件已经基本具备，而且这时进行编目不容易出错。

3）在实践操作中，如果编目出现错误，应在案卷装订之前进行修改弥补，避免出现返工的情况。

（2）编目的要求

在编写案卷目录时，目录表上的文书顺序应与诉讼文书材料的排列顺序一致。原则上要求一份文书材料编一个顺序号，但如果同种类的文书材料数量过多，则可将诸多诉讼文书材料汇总一并填写目录名称，一并编写一个顺序号。例如，在一起刑事案件中，被告人同时委托了两名律师为其辩护，在编写目录时就没有必要在目录表中逐一填写这两名律师的材料名称，只需要把这两名律师的材料名称汇总为委托辩护人材料或者被告委托的辩护人材料，统一编一个顺序号即可。

此外，卷内目录中各项文书材料的所在页次，除最后一项需填写起止页号外，其余各项只填写起始页号即可。即使最后一份文书材料只有一页，也应填写起止页号，如"100—

卷宗目录（诉讼案卷专用）

100"。要求填写字迹工整、规范、清晰。例如，民事一审案件正卷第一项为案件审判流程管理信息表、案件登记表，一共两页，对应页次填写页码"1"即可，第二项为案卷材料收取清单，只有一页，填写页码"3"即可，但如果最后一项是其他与诉讼活动相关的材料，一共 10 页，那么书记员就需要填写"90—100"，而不能只填写"90"。

（3）编目的修改

此处仅指编目的常规修改，即编目本身没有错误，但随着诉讼程序的不断推进，因为新增加了一些新的案卷材料后，需要对编目进行重新修改。在实践操作中，出现得比较多的是一审卷宗制作完毕以后，当事人不服一审判决提起上诉，案件进行二审的情况。二审人民法院审结案件以后，往往会在退还案卷材料的同时，附上该院的裁判文书及退卷函。此时，书记员不得将这两份新增文件随意存放，必须将其添加到案卷的最后，并进行连续编号，相应的目录也应该及时作出修改。

（4）编目的核对

编目是案卷归档工作中的重要内容之一，书记员一定要确保所编内容准确无误。这就要求书记员在编写完页号和目录以后，再次进行检查核对，如有错误的地方，应及时修改。

步骤三　填写案卷封面

案卷材料归档之前，书记员需要填写案卷封面。总的要求是认真、正确、规范、清晰、逐项填写。填写完毕后不要随意涂改，要保持卷面整洁、美观。

诉讼卷宗封皮

✍ **知识平台**

书记员在填写案卷封面时，需要注意以下事项。

1）案卷封面上需要填写的所有要素，均应以生效的裁判文书所确定的内容为准，同时，应结合诉讼过程中的其他文书来确定案件的要素。在实践中，部分书记员在填写案卷封面内容时，习惯性地照搬立案审批表中的内容，这种做法容易发生错误。以传统的刑事案件为例，一个案件往往要经过立案、侦查、起诉、审判、执行等诸多环节才能得以结案。案件中的要素随时可能随着诉讼程序的不断推进而发生变化。例如，某立案审批表中填写的案由可能是盗窃，但最终法院以抢劫结案。此时，立案审批表中的内容和生效裁判文书中的内容就会发生不一致。如果仅照抄立案审批表中的内容，所填内容就会发生错误。所以，书记员在填写案卷封面内容时，要以生效的裁判文书为准，同时结合诉讼过程中的其他文书内容来确定案件的要素信息。

2）案号一致。人民法院的诉讼文书材料，要根据刑事、民事、经济、行政、国家赔偿、执行等案件类别，按年度、审级、一案一号的原则，单独立卷。一个案件从收案、结案到归档保管，以及所有的法律文书（判决书、调解书、裁定书、批复等）和公文、函电，都使用收案时编定的案号，不得另行再编其他文号。因此，案卷封面的案号，应当与法律文书所列案号一致。但如果一个案件的审级发生改变，则案件需要另行编号。案号的书写一律用阿拉伯数字表示，并且不需要用零补足位数。

3）案由一致。案由的填写要求准确、规范。正如上述所言，一个案件的案由在诉讼过程中比较容易发生变化，如果发生变动，应当以实际生效的裁判文书最终确定的案由为准。例如，如果一个案件在最初立案时确定的案由为离婚纠纷，后经审理查明，最终将案由确定为婚姻无效纠纷，那么在案卷封面上填写的案由就应当是婚姻无效纠纷，而非立案时确定的离婚纠纷。

4）当事人信息符实。它包括当事人的诉讼地位符实和当事人的姓名（或名称）符实两个方面。当事人的诉讼地位符实，指的是原告就是原告，被告就是被告，第三人就是第三人。书记员在填写案卷封面当事人一项时不能把当事人在诉讼当中的地位弄混淆。当事人的姓名（或名称）符实，要求书记员在填写当事人姓名时，应当写明当事人的名称全称，并且所填的姓名文字不能有误。如果某个案件的一方当事人人数较多，如人数在五人以上，就可以只填写前五个人的姓名或名称，填写的时候用"×××、×××、×××、×××、×××等共 N 人"来表示，这个"N"表示的就是具体当事人的人数。

5）准确填写审判人员的位置。一个案件如果是审判员独任审判的，案卷封面上填写审判人员时就应当在"审判员"栏中填写，而非在"审判长"栏中填写。

6）诉讼档案的结案日期填写宣判日期。宣判日期，一般应当与送达日期一致，但如果宣判日期与送达日期不一致时，应当以送达日期为准。以留置送达的，以裁判文书留在受送达人的住所的日期为准；以公告送达的，以公告刊登之日为准；以邮寄送达的，以交邮日期为准；通过有关单位转交送达的，以当事人签收的日期为准。

7）案卷封面上填写的归档日期必须与实际的归档日期保持一致。

8）所有案卷封面都应当填写审级。审级的书写，用汉字数字的小写表示，如一审、二审等。

9）一审结果、二审结果、再审结果应尽量填写判决书内容，不应当简单填写"判决""调解""裁定"等字样。

10）诉讼卷宗的保管期限分为永久、长期（60年）、短期（20年）三种。书记员在诉讼卷宗归档前，应在案卷封面"保管期限"一栏按照《人民法院诉讼档案保管期限的规定》正确填写每个案卷的保管期限。证物、声像材料及庭审纪实光盘的保管期限与所属案件卷宗的保管期限相同。

人民法院诉讼档案
保管期限表

步骤四　将整理好的案卷材料进行组卷

组卷，即装订案卷材料。书记员要严格按照牢固、整齐、美观、便于保管和利用的要求装订案卷材料。

📝 **知识平台**

书记员在装订案卷时，要做到以下标准。

1）案卷装订前应根据卷内文书材料的多少选择合适的卷皮。一般来说，当案卷厚度在50页以内时，应选用5mm卷皮；当案卷厚度在50～100页时，应选用10mm卷皮；当案卷厚度在100～150页时，应选用15mm卷皮。案卷的厚度不能超过15mm，同时不能超过200页。如果材料过多的，应当按顺序分册装订，且每册案卷均应从"1"开始重新编写页号，不能把整个案件的所有案卷采用一个大流水号编写下来。

骑缝粘贴条

2）案卷内文书材料应下对齐、右对齐，采用线绳三孔一线的方式进行装订。具体操作时，锥孔位置按三点一线来确定，两端锥孔与中间锥孔距离相等，并且应与案卷封面装订线在一条线上（内）。三孔长度以180mm左右为宜，结扣前应当将线绳拉紧。在卷底装订线结扣处应当粘贴统一的卷内封条，由立卷人在封条四边中间位置骑缝各加盖一枚名章。

备考表（诉讼案卷专用）

3）案卷材料装订完后，应认真检查卷内文书材料有无漏订、压字等现象，如有问题，则需要拆卷重订。

4）检查无误后，填写备考表，将卷内诉讼文书情况说明、立卷人、检查人和立卷日期等项目填写清楚，并放置于最后一份诉讼文书材料之后、证物袋之前。"卷内诉讼文件情况说明"一栏记录卷内文书材料缺损、修改、补充、移出、销毁等情况及其他需要说明的事项；"立卷人"由负责整理归档文件的人员签名或者盖章；"检查人"由负责检查归档案卷质量的人员签名或者盖章；"立卷日期"填写归档案卷整理完毕的日期。

证物袋

5）凡能附卷保存的证物，均应装订入卷。无法装订的，可装入证物袋，并在证物袋上标明证物名称、数量、特征、来源。证物袋应三孔一线装订入卷，不得粘贴在卷底，不得用信封或文件袋等代替证物袋。不能附卷保存的证物，可拍成照片附卷，该附卷照片应标明证物的名称、数量、规格、特征、案号，并在卷内备考表中记明证物保管处所、以备查调。对于该证物本身，应当另行保管，注明所属案件的年度、审级、案号、当事人姓名、案由、证物的名称、数量、特征等，并与案卷相互标注有关档案信息，随同本案卷宗归档；对于易腐、易爆、易燃、有毒的证物，因不适于保存，可拍照附卷，经领导批准销毁或处理。

6）已经归档的案卷材料不得擅自抽取或者增添，若确需增添材料的，应当征得相关审判业务部门负责人审批，并征得档案管理人员同意后，按立卷要求办理，并在备考表中注明。庭审录音、录像、光盘没有随卷归档的，应在备考表中说明原因。

拓展训练

2010 年 10 月下旬，陈某、王某、朱某、杨某等 7 人经预谋后，从陈某所经营的位于江苏省某县城的烟酒店中拿出 20 余条假冒伪劣软中华香烟来杭州贩卖。后该 7 人分别在三家烟酒店中以每条 650～700 元不等的价格出售假冒伪劣软中华香烟十余条，销售金额达人民币 12 000 余元，得款后 7 人予以平分。经鉴定，真品软中华香烟的市场价为每条 850 元。经审理，法院最终以生产、销售伪劣产品罪对陈某、王某、朱某、杨某等 7 人进行定罪处罚。

假如你是书记员，请将陈某、王某、朱某、杨某等 7 人生产、销售伪劣产品案的诉讼案卷材料进行立卷编目及组卷。

任务评价

请学生自己和教师根据案卷材料立卷编目及组卷任务的完成情况，参照评价项目和评价要点进行自评与师评，如表 3-1-1 所示。

表 3-1-1　案卷材料立卷编目及组卷任务评价表

评价项目	评价要点	权重	自评	师评
熟悉案卷材料立卷编目及组卷流程	是否熟悉案卷材料立卷编目及组卷流程	20 分		
检查修整案卷材料	能否按要求检查修整案卷材料	20 分		
案卷材料的编号和编目	能否正确填写案卷材料的编号和编目	20 分		
组卷	能否正确组卷	20 分		
立卷编目及组卷后的检查核对	立卷编目及组卷的检查核对是否认真仔细	20 分		
	总分	100 分		

任务 2　归档移交

学习目标

1. 了解归档案卷材料的质量要求。
2. 把握案卷材料归档移交的时间。
3. 掌握案卷材料归档移交的基本流程。
4. 能够快速、熟练地将案卷材料归档移交。
5. 培养学生的沟通能力和团队协作能力。

工作任务

　　由于案卷页码编写错误，王飞只好把辛辛苦苦装订好的案卷材料拆掉重新返工。经过两个小时的认真工作，案卷材料再次被装订成册。为了避免重蹈覆辙，王飞把案卷页码查了又查、看了又看，在确保准确无误后，心里总算松了一口气，想着终于可以移交档案室归档了。但在送往档案室回来的路上，王飞心里总感觉少了点什么，仔细回想，原来送往档案室的案卷材料还没有让内勤登记盖章。顿时，王飞对自己工作的马虎悔恨至极。

　　这是王飞在法院工作的一次整卷经历，每次想起都记忆犹新。正是那一次不那么完美的整卷经历，时刻提醒着王飞做事情一定要认真、细心，不能有半点马虎，否则带给自己的将是无谓的返工和浪费时间。

　　假如你是书记员王飞，你会如何将案卷材料归档移交？

工作任务分析

　　人民法院的诉讼档案是国家重要的专门档案之一，是人民法院审判活动的真实记录，是对国家和社会具有保存价值的历史记载，是人民法院进行审判工作的重要依据和必要条件。案件审结以后，书记员应当按时、高质量地将诉讼卷宗移交法院档案管理部门签收归档，以免归档超期对案件造成不利影响。

工作步骤

步骤一　明确每个案件归档的截止日期，分清主次、先后，逐一进行归档

　　《人民法院诉讼文书立卷归档办法》第二十九条规定："案件结案后 3 个月内由审判

庭内勤或承办书记员编写归档清册向档案管理部门移交归档。接收人要逐卷检查验收。卷宗质量不符合本办法要求的，应退回立卷单位重新整理。"实践中，书记员的工作内容琐碎且任务繁重，这就要求书记员在进行案卷材料的归档工作时要分清主次和先后顺序，如果存在多个案件需要归档时，应首先按照上述规定确定每个案件的归档截止日期，以免归档超期对案件造成不利影响。

步骤二　录入案件归档信息

在案卷归档前，立卷人应当在法院信息管理系统中完成案件归档信息的录入，使其同时生成电子卷宗，并保证纸质卷宗与电子卷宗的档案信息一致，然后同步提交归档。

步骤三　移交档案管理部门

实践中，在移交档案管理部门之前，应做好案卷材料归档情况记录，注明案号、卷宗质量、移交时间等内容，以备核查。移交给档案管理部门时，应让档案管理部门对预收归档案卷按照档案相关要求逐卷检查验收核对，核对无误后，双方在归档清单上签字或盖章。对不符合归档规范的，档案管理部门应在接收归档后 3 日内退回立卷人重新整理，立卷人应在 2 日内归还卷宗。

知识平台

书记员在将案卷移交档案管理部门进行归档时，应重点核查案卷质量。归档案卷的质量应符合以下要求。

1）案卷右边及下边平齐，卷脊坚挺、有棱角；装订牢固，不松不漏，厚度以 1.5cm 左右为宜；卷内字迹未订死、切除；卷内无残留订书钉等金属物，破损文件已修补；过大纸张不得在右边、下边易磨损处折叠，过小纸张加边或粘衬；页码不重不漏；封志粘贴平整、牢固，两端印章清晰。

2）封面打印整洁、美观，正确打印承办单位及案卷题名，承办单位应写规范全称，案卷题名以 50 个字以内为宜，结构完整，确切反映案卷内容。正确填写时间、件、页数，由检验人正确印盖保管期限章、案卷号章、归档号章。

3）卷内目录填写完整、规范、整洁；目录中文件排列与卷内实际顺序一致，每份独立的文件必须逐份登记；备考表中的本卷情况说明、立卷人、检查人、立卷时间应填写完整。

4）本院制作的文件字迹材料需符合归档要求，传真件已复印，复印件加盖"本件与原件核对无异"章；正式发文的原稿要用拟文稿纸，填写完整，签发手续齐备，原、正本上印章清晰；年度总结应单独列写。

5）卷内文书材料收集相应的请示与批复齐全，相应的来函与复函齐全，相应的原稿与正本齐全，转发文件与原件齐全，文件后附件齐全；常规会议记录的开头必须记载时间、地点、人物、内容，会议记录与实际开会次数相符。

6）卷内文书材料的排列为批复在前、请示在后，正本在前、定稿在后，原件在前、复印件在后，正文在前、附件在后，转发文在前、被转发文在后，结论性材料在前、依据性材料在后，重要文件有多份原稿的，最后定稿在前、历次修改稿按时间顺序排列，一般材料按照重要程度或自然顺序排列。

7）卷内文件材料中重文、无保存价值的材料应剔除；总结、表彰、会议等针对年度立卷；跨年度的请示、批复应在批复年立卷，跨年度的规划应在针对的第一年立卷，跨年度的总结应在针对的最后一年立卷，跨年度的会议应在开幕年立卷，同一问题的有关文件应组成一卷。大型会议中，不同保管期限的文件应分别立卷，一般会议如果文件不多，为保证完整性，也可立一卷，保管期限就高不就低。

8）涉密案件应该按照国家保密管理有关规定在案卷封面上"密级"一栏标注"秘密""机密""绝密"字样，并在归档时告知接收人，以便单独保管。非涉密案卷封面上不得标注"密级"。需要对案件定密级的，由承办法官根据审理案件性质和影响程度、范围，到保密管理部门领取并填写《定密审批表》。确定定为"秘密"的，应由本部门负责人审批；确定定为"机密"的，应报主管院长审批；确定定为"绝密"的，应报本院院长审批。在归档时，书记员应将《定密审批表》装订在副卷卷内目录之后，归档时在档案归档交接登记中注明密级，档案部门在案卷封面加盖密级专用章。定密的案卷归档后由档案部门负责使用涉密专用设备扫描、存储数据。

9）已经归档的案卷不得擅自增添或者抽取材料，确需增减材料的，应经审判业务部门负责人审批，并征得档案部门同意后，按立卷要求办理，并在备考表中注明。庭审录像、光盘没有随卷归档的，应在备考表中说明原因。

拓展训练

李某、赵某、陈某、王某曾经为争夺宅基地与孙某发生纠纷。某年 11 月的一天晚上 10 点多，正下着中雨，孙某在一条比较偏僻的马路边上的一家小卖部边看电视边吃饭，突然听到外面有人叫他。孙某走到门外想看一看是谁，刚一出门，李某、赵某、陈某、王某即分别手持 8mm×100cm、8mm×80cm、8mm×80cm、8mm×100cm 的铁管向孙某打去。孙某向外跑了 20 多米后被打倒在地，李某、赵某、陈某、王某继续用铁管殴打孙某后逃离。孙某在泥泞中躺了半个多小时后被过路的行人发现，送到医院后已经死亡。经法医鉴定，孙某头部共有 13 处损伤，均造成了凹陷性骨折，身体其他部位未见受伤。法院经审理，认定李某、赵某、陈某、王某构成故意杀人罪，依法对李某、赵某判处无期徒刑，对陈某、王某分别判处 10 年有期徒刑和 8 年有期徒刑。

假如你是书记员，请将上述李某、赵某、陈某、王某故意杀人案收集、整理、装订好的案卷材料进行归档移交。

任务评价

请学生自己和教师根据案卷材料归档移交任务的完成情况，参照评价项目和评价要点进行自评与师评，如表 3-2-1 所示。

表 3-2-1　案卷材料归档移交任务评价表

评价项目	评价要点	权重	自评	师评
案卷材料归档移交的流程	是否熟悉案卷材料归档移交的流程	20 分		
归档案卷的截止日期	是否明确归档案卷的截止日期	20 分		
录入案件归档信息	是否能够正确录入案件归档信息	20 分		
归档案卷的质量要求	是否掌握归档案卷的质量要求	20 分		
工作态度	工作是否认真、仔细	20 分		
总分		100 分		

下编 人民检察院案卷材料的
收集、整理与归档

检察机关书记员是检察队伍的重要组成部分。书记员通过日常大量案件办理中协助检察官履行职责,为检察机关实现"强化法律监督,维护司法公正"发挥重要作用。

本编以检察院书记员案卷材料的收集、整理与归档工作中的行动逻辑为导向,从人民检察院案卷材料的收集、整理、归档以及检察技术与信息化,系统全面地介绍了检察院书记员对各类案件诉讼文书材料的收集、整理与归档工作应具备的基本技能,突出书记员工作技能的实践性和应用性。

本编契合于上编人民法院案卷材料的收集、整理与归档的结构,以人民检察院案卷材料的收集、案卷材料的整理、案卷材料的归档、检察技术与信息化四部分作为下编的主线。因为书记员对案卷材料的收集是做好案卷整理与归档工作的基础,所以案卷材料的收集工作是本编的基石。

本编主要介绍书记员结合检察工作如何收集案卷材料,怎样去甄别、核对案卷材料。其中,除了介绍刑事侦查案卷、刑事逮捕案卷、审查起诉案卷等常规类型的公诉案件外,还增加了公益诉讼类案件案卷材料的收集内容。同时,还介绍了正卷与副卷的区分、案卷材料排序、编目、组卷、归档移交等基本内容。

本编的重点是案卷材料的整理与归档,此项工作是每一名书记员进行立卷的必备技能。本编的亮点是结合智慧检察建设,以人民检察院诉讼档案中检察技术及信息化运用的典型工作情景阐释检察技术档案的制作技能;通过对电子卷宗的制作与查询统计技术深度分析和挖掘,利用电子卷宗提高司法机关的智能化办案水平,并及时为辩护人提供电子卷宗的网上阅卷服务,从而节约司法成本。

项目4　人民检察院案卷材料的收集

　　公正司法是维护社会公平正义的最后一道防线。书记员对案卷材料的收集，不仅是做好案卷材料整理与归档工作的基础，也是公平正义的最后防线的重要保障。检察院书记员应该掌握案卷材料收集的基本知识，明确案卷材料收集的范围。对于承办的案件在最初接收线索、材料阶段，需要对收集到的材料性质和内容进行初步的认知，甄别出应当入卷的案卷材料，把不应当入卷的案卷材料进行剔除。

　　本项目以人民检察院的刑事侦查案卷、刑事逮捕案卷、审查起诉案卷和公益诉讼案卷材料的收集为主要研究对象，书记员在对以上各类案件的案卷材料进行认真审查核对时，若发现法律手续不完备的，应及时补齐或补救；若发现与本案无关的材料，应及时剔除。在收集案卷材料时，做到及时、齐全、排放有序，以便日后审结后组卷。

任务 1 案卷材料的甄别

学习目标

1. 理解并掌握检察院书记员工作中案卷材料收集的范围。
2. 熟练检查、核对、筛选案卷材料。
3. 通过理论教学与实践教学相结合，做好案卷材料收集阶段的工作。

工作任务

吴乐乐，是一名法律高职院校毕业的学生，刚入职梦寐以求的检察院，从事检察院书记员工作。正式工作的第一天，她被分到了第一检察部，主管负责人张莉带她熟悉了工作环境，给她简单介绍了检察机关的法律属性、组织体系、各业务部门的设置及基本职责；同时，介绍了书记员的角色特征、书记员与检察官（检察员、助理检察员）的关系、书记员的岗位职责及基本工作职责；随后，提出了检察机关书记员需要具备的思想政治素养、职业道德素养、心理素质、文化素质和书记员的持续学习能力、基本实践能力、初步创新能力等基本职业能力；最后，助理检察员刘洋为她简单介绍了书记员的工作流程。经过一上午的了解和学习，吴乐乐对于检察院第一检察部的工作范围与工作流程有了初步了解。她接下来正式接手的第一个案件是公益诉讼类案件。对于此类案件的案卷材料如何甄别是她需要学习和掌握的技能。

工作任务分析

检察院提起诉讼或者提出检察建议等都离不开书记员对案卷材料的收集、整理工作，为做好案卷材料的收集工作，书记员必须学习并掌握检察院案卷材料收集的基本知识，掌握案卷材料收集的范围。

工作步骤

步骤一 厘清应当入卷的案卷材料的范围

检察院书记员对于承办的案件在最初接收线索、材料阶段，需要根据所学的专业基础知识对收集到的材料内容和性质进行初步的认知，找出所接收的案卷材料中应当入卷的材料，并按照要求进行初步装订。

相关链接

　　案卷材料是指与案件有关的所有法律文书和证据材料。法律文书，包括对外使用的法律文书和内部审批使用的法律文书。证据材料，包括证明国家利益、社会公共利益受到侵害的证据、有关行政执法证据、违法行为人违法行为证据、行政机关法定职责及权限和法律规定等证据材料。

　　具体而言，人民检察院在办案过程中形成的下列文书材料应当立卷归档。

　　1）法律文书的正式件、签发稿（包括统一业务应用系统中法律文书的审批表）及领导重要修改稿。

　　2）受理案件的相关文书。

　　3）表明案件来源的立案线索、举报、控告、申诉材料、领导交办的材料等。

　　4）关于案件的请示、批复（包括电报、电话记录、口头指示记录等）和讨论案件记录、阅卷笔录等材料。

　　5）证据材料（包括作为证据的视听资料、电子数据等）。

　　6）处理结果。

　　7）赃款赃物清单。

　　8）其他具有保存价值的材料。

　　实践中，检察院案件归档范围分为线下案件和线上案件。线下案件是指督办或领导交办案件及因保密需要不进入案件管理系统的案件。对因保密需要的线下案件必须立卷归档，督办或领导交办案件视办理情况区别对待。线上案件原则上来讲，对于统一业务应用系统中所列的、诉讼档案管理办法及归档细则有明确规定的，都应当立卷归档。对于一些程序性审查的流程性案件，如延押案件、指定管辖案件、请示案件、备案审查案件等尽管材料较少，但它也是一个独立完整的卷宗。

　　步骤二　剔除不应当入卷的案卷材料

　　书记员在承办案件过程中收集的案卷材料通常比较繁杂，需要书记员按照相关规定把不应当入卷的案卷材料进行剔除。

　　下列文书材料不应当入卷。

　　1）与本案无关的材料。

　　2）重份材料。

　　3）未定稿的法律文书（特殊、重大案件除外）。

　　4）定罪量刑时援引的法律及法规性文件。

　　5）办案过程中借阅的人事档案和前科材料（应归还原单位）。

　　6）其他没有保存价值的材料。

特别提醒

检察院书记员在整理案卷材料过程中常见的问题是重份文件归档问题，主要有重份的信访材料、重份的法律文书等。

步骤三　审查案卷材料

检察院书记员在案卷材料收集过程中，需要审查是否有遗漏或者不符合要求的文书材料。对于不符合法律规定或者没有按照法定程序制作与收集的文书和证据材料，应当进行补正，并作出合理解释或者说明，否则不得作为证据使用。

特别提醒

目前，对于案卷材料初步筛选后，需要留存归档的案卷材料与剔除的材料在保存方式上，各省、市、县级检察院处理方式不同，可以按照各地相应检察院的规定或没有明确规定按照本级检察院的习惯进行办理。

拓展训练

请判断表 4-1-1 中的文书材料是否需要入卷归档，并在相应栏目中打"√"。

表 4-1-1　入卷归档材料甄别

序号	文书材料	收集材料	剔除材料
1	《中华人民共和国行政诉讼法》		
2	××××人民检察院检察建议书		
3	××××人民检察院的刑事起诉书（未定稿）		
4	××××人民检察院的立案决定书		
5	中国共产党党史学习教育资料		
6	犯罪嫌疑人人事档案		
7	××省环境科学研究院对本案环境损害评估报告一份		

任务评价

请学生自己和教师根据案卷材料的甄别任务完成情况，参照评价项目和评价要点进行自评与师评，如表 4-1-2 所示。

表 4-1-2　案卷材料的甄别任务评价表

评价项目	评价要点	权重	自评	师评
案卷材料收集的范围	是否掌握案卷材料收集的范围	50 分		
案卷材料的筛选	是否能够正确筛选收集的案卷材料	50 分		
总分		100 分		

任务 2　案卷材料的核对

学习目标

1. 了解不同案件、不同程序的案卷材料的核对工作。
2. 能够熟练掌握各类案件、各阶段案卷材料核对的内容。
3. 培养学生的沟通能力和团队协作能力。

2.1　刑事侦查案件案卷材料的核对

工作任务

孙涛是检察院第三检察部的书记员，检察官最近正在侦查一起非法拘禁案，由于涉及 5 名犯罪嫌疑人，案卷材料比较多，面对一摞摞案卷，孔涛应该如何审查核对呢？

工作任务分析

书记员应当先了解人民检察院在侦查过程中的权限，再按照文书的性质，对各种文书进行分类，因为每类文书审查的重点不同。例如，对于强制措施类的文书，书记员应着重审查文书的制作是否超期、签发强制措施的主体是否合法；对于进行的侦查活动类文书，应重点审查文书制作过程中是否采取法定的程序和方式。

工作步骤

步骤一　明确人民检察院立案侦查案件的范围

《中华人民共和国刑事诉讼法》第十九条第二款规定："人民检察院在对诉讼活动实行法律监督中发现的司法工作人员利用职权实施的非法拘禁、刑讯逼供、非法搜查等侵犯公民权利、损害司法公正的犯罪，可以由人民检察院立案侦查。"最高人民检察院《关于人民检察院立案侦查司法工作人员相关职务犯罪案件若干问题的规定》中规定：人民检察院在对诉讼活动实行法律监督中，发现司法工作人员涉嫌利用职权实施的下列侵犯公民权利、损害司法公正的犯罪案件，可以立案侦查：①非法拘禁罪（非司法工作人员除外）；②非法搜查罪（非司法工作人员除外）；③刑讯逼供罪；④暴力取证罪；⑤虐待被监管人罪；⑥滥用职权罪（非司法工作人员滥用职权侵犯公民权利、损害司法公正的情形除外）；⑦玩忽职守罪（非司法工作人员玩忽职守侵犯公民权利、损害司法公正的情形除外）；⑧徇私枉法罪；⑨民事、行政枉法裁判罪；⑩执行判决、裁定失职罪；⑪执行判决、裁定滥用职权罪；⑫私放在押人员罪；⑬失职致使在押人员脱逃罪；⑭徇私舞弊减刑、假释、暂予监外执行罪。

步骤二　了解人民检察院在侦查过程中专门的调查工作和可采取的强制措施

立案以后，为查明犯罪事实，查获犯罪嫌疑人，检察机关必须依法开展侦查活动，收集确实、充分的证明犯罪嫌疑人有罪或者无罪、罪重或者罪轻的各种证据材料，为提起公诉和人民法院进行审判奠定坚实的基础。检察机关在侦查过程中可以采取专门的调查工作和有关的强制措施。

专门的调查工作主要包括：讯问犯罪嫌疑人、询问证人，勘验、检查，搜查，查封、扣押物证、书证，鉴定等活动。有关的强制措施是指为保障专门调查工作的顺利进行，防止犯罪嫌疑人逃跑、继续犯罪、毁灭罪证，人民检察院可以对犯罪嫌疑人采取限制或剥夺其人身自由的措施，如拘传、取保候审、监视居住、拘留和逮捕。

步骤三　核对侦查活动中制作的文书

人民检察院在侦查终结以后，经办书记员应立即开始收集有关本案的各种诉讼文书材料和证据材料。案卷材料内容繁多，在案件办结以后，书记员要认真检查全案的文书材料是否收集齐全，发现法律手续不完备的，应及时补齐或补救；发现与本案无关的材料，应及时剔除。

根据文书的性质，可以把文书分为多个种类：立案文书、回避文书、辩护文书、强制措施文书、侦查文书、证据文书。在案件侦查阶段，书记员应注意收集以下案卷文书材料。

1. 立案文书

立案是刑事诉讼中必须首先解决的一个程序性环节，立案不启动，刑事诉讼就无法开始，就不能进入侦查程序。在立案阶段，有以下文书需要书记员进行甄别、收集：提请批准直接受理书；批准直接受理决定书；移送案件通知书；指定管辖决定书；案件改变管辖通知书；立案决定书；补充立案决定书；接收案件通知书，受理案件登记表，案件材料移送清单；线索登记表；提请立案审查报告；立案审查结论报告；立案报告书（侦查计划、侦查安全防范预案）；立案决定书；补充立案报告；不立案通知书。

若决定立案的，应当先由承办检察人员写出立案报告书或者填写立案报告表。立案报告书的内容应当写明：立案机关的名称，立案的材料来源和案由，发案的时间、地点、犯罪事实、现有的证据材料，立案的法律依据和初步意见，立案的时间，承办人姓名等。然后，承办检察人员将制作好的立案报告书或立案报告表连同有关证据材料报送主管领导审批。经批准后，填写立案决定书并由负责审批人签名或盖章，正式立案。若决定不予立案的，应当制作不立案决定书，写明案件的材料来源、决定不立案的理由和法律依据、决定不立案的机关等。不立案决定书也必须经过主管部门的负责人批准。

书记员要检查立案报告书、立案决定书、不立案决定书中是否有主管领导的签字，如果没有，应予以补齐。

立案必须同时具备两个条件：第一有犯罪事实；第二需要追究刑事责任。在检察机关办理刑事案件中，一定要准确把握立案的条件，保证刑事诉讼活动正确、合法、及时地进行。

相关法条

《中华人民共和国刑事诉讼法》第一百一十二条规定："人民法院、人民检察院或者公安机关对于报案、控告、举报和自首的材料，应当按照管辖范围，迅速进行审查，认为有犯罪事实需要追究刑事责任的时候，应当立案；认为没有犯罪事实，或者犯罪事实显著轻微，不需要追究刑事责任的时候，不予立案，并且将不立案的原因通知控告人。控告人如果不服，可以申请复议。"

2. 回避文书

为了确保司法的公正性，刑事诉讼法确立了回避制度。在刑事诉讼中，司法工作人员因与案件或案件的当事人具有某种利害关系或其他特殊关系，可能影响案件的公正处理，不得参加刑事诉讼活动。

如有法律规定的情形，下列人员需要回避：助理检察员、检察员、检察委员会委员、副检察长、检察长，还包括书记员、翻译人员、鉴定人等。检察长的回避，由副检察长主持本院检察委员会讨论决定；检察人员、书记员、司法警察、人民检察院聘请或者指派的翻译人员、鉴定人的回避，由本院检察长决定。

有关回避文书主要包括：回避决定书、驳回回避决定书、回避复议决定书。

书记员核对文书时，对回避文书的理由部分看其是否有阐述，是否充分具体，是否有符合法律规定的诉讼回避事由和任职回避的范围。另外，书记员不仅要核对回避决定权的主体是否正确，还要审查回避文书的制作日期，如回避复议决定书一定要在接到当事人申请复议的 3 日内作出。

回避的情形分为两类：诉讼回避和任职回避。诉讼回避主要包括以下情形：是本案的当事人或者当事人的近亲属的；本人或者他的近亲属和本案有利害关系的；担任过本案证人、鉴定人、辩护人、诉讼代理人的；与本案当事人有其他关系，可能影响公正处理案件的；接受当事人及其委托的人的请客送礼，违反规定会见当事人及其委托的人的；凡在本诉讼阶段以前参与办理本案的人员不得再参与该案的办理。任职回避主要体现在《中华人民共和国检察官法》规定的内容："检察官从人民检察院离任后两年内，不得以律师身份担任诉讼代理人或者辩护人。检察官从人民检察院离任后，不得担任原任职检察院办理案件的诉讼代理人或者辩护人，但是作为当事人的监护人或者近亲属代理诉讼或者进行辩护的除外。"

3. 辩护文书

在第一次讯问犯罪嫌疑人或者对犯罪嫌疑人采取强制措施时，检察人员应当告知犯罪嫌疑人有权委托辩护人；对于没有委托辩护人的犯罪嫌疑人，检察机关可以通知法律援助机构指派律师为其提供辩护。辩护人可以从实体上和程序上提出有利于犯罪嫌疑人、被告人的证据材料和意见，维护犯罪嫌疑人、被告人的合法权益，使其免受不公正对待和处理。

辩护文书主要包括：提供法律援助通知书；值班律师提供法律帮助通知书；委托辩护人/申请法律援助告知书。

书记员要查看办案检察人员是否在规定的时间内告知犯罪嫌疑人有辩护权，对于符合法律援助条件的犯罪嫌疑人，要审查检察人员是否为其指定辩护，还要查看检察人员是否告知犯罪嫌疑人有权约见值班律师等。

4. 强制措施文书

为了查清犯罪事实、收集犯罪证据，人民检察院可以依法对犯罪嫌疑人采取限制或剥夺人身自由的强制措施。我国刑事诉讼法规定了五种强制措施，按照其强制力大小，排序依次为拘传、取保候审、监视居住、拘留和逮捕。强制措施的适用以限制或剥夺犯罪嫌疑人的人身自由为前提，其潜藏着侵犯公民基本人权的危险，所以在强制措施实施前，需要对强制措施的适用条件和适用程序作出严格的限制性规定，对强制措施的合法性和必要性加以审查。

有关强制措施的文书主要包括：拘传证；取保候审决定书、执行通知书；被取保候审人义务告知书；保证书；解除取保候审决定书、通知书；监视居住决定书、执行通知书；指定居所监视居住决定书、执行通知书；指定居所监视居住通知书；被监视居住人义务告知书；解除监视居住决定书、通知书；拘留决定书；拘留通知书；拘留证；延长拘留期限决定书；逮捕决定书；逮捕意见书；逮捕通知书；（不）批准延长羁押期限决定书、（不）批准延长羁押期限通知书；重新计算侦查羁押期限决定书。

在核对此类文书时，要求书记员一定要对强制措施有期限意识。每种强制措施的实施都有法律明确规定，如拘传的时间是 12 小时，拘传证的时间一定要写清拘传开始和结束的年月日时分，一定要具体到分钟这个计时单位。对犯罪嫌疑人进行拘留时，要把握好拘留的期限，拘留的期限一般是 14 日，特殊情况下，延长至 17 日。拘留后，应当在 24 小时内进行讯问，除无法通知或者涉嫌危害国家安全犯罪、恐怖活动犯罪通知可能有碍侦查的情形以外，应当在拘留后 24 小时内，通知被拘留人的家属。核对拘留通知书、延长拘留期限决定书时，书记员必须认真查看有无超时、超期的情形。

书记员应当关注强制措施的批准主体是否合法。例如，拘传证应当由检察院的主管领导签发，办案人员不能签发拘传证；逮捕羁押的期限一般是 2 个月，案情复杂、期限届满不能终结的，要经上一级检察院批准，才可以延长 1 个月；如果属于"四类案件"，必须要经省、自治区、直辖市人民检察院的决定，才可以延长 2 个月。所以在进行逮捕时，书记员要根据羁押期限延长的原因，判断批准主体是否合法。

书记员要核实文书中是否有相关人员的签名或指印。例如，拘传证上要有被拘传人的签名或指印等，保证书中要有保证人的签名或盖章。

1）拘传持续时间不得超过 12 小时；案情特别重大、复杂，需要采取拘留、逮捕措施的，拘传持续的时间不得超过 24 小时。

2）取保候审的期限为 12 个月。

3）监视居住的期限为 6 个月。

4）拘留的期限一般为 14 日，特殊情况下，可延长至 17 日。

5）逮捕羁押的期限一般为 2 个月，案情复杂、期限届满不能终结，要经上一级检察院的批准，才可以延长 1 个月。如果属于"四类案件"，即交通十分不便的边远地区的重大复杂案件，重大的犯罪集团案件，流窜作案的重大复杂案件，犯罪涉及面广、取证困难的重大复杂案件，经省、自治区、直辖市人民检察院批准或者决定，可以延长 2 个月，对犯罪嫌疑人可能判处 10 年有期徒刑以上刑罚的，经省、自治区、直辖市人民检察院批准或者决定，可以再延长 2 个月。如果由于特殊原因，在较长时间内不宜交付审判的特别重大复杂的案件，由最高人民检察院报请全国人大常务委员会批准延期审理。

5. 侦查文书

为查明案情、查获犯罪嫌疑人，检察机关对自侦案件必须依法开展侦查活动，收集确实、充分的证明犯罪嫌疑人有罪或者无罪、罪重或者罪轻的各种证据材料，从而为提起公诉和人民法院进行审判做好充分准备和奠定坚实基础。检察机关可以实施下列侦查行为：讯问犯罪嫌疑人，询问证人、被害人，勘验、检查，搜查，查封、扣押物证、书证，鉴定，技术侦查措施。

在实施侦查活动中，制作的文书包括：传唤证；传唤通知书；提讯、提解证；犯罪嫌疑人诉讼权利义务告知书；被害人诉讼权利义务告知书；询问通知书；证人诉讼权利义务告知书；调取证据通知书及清单；协助查询金融财产通知书；搜查证；查封、扣押决定书；协助查封通知书；协助解除查封通知书；查封、扣押财物、文件清单；登记保存清单；扣押决定书，查封、扣押财物、文件清单；解除扣押决定书；处理查封、扣押财物、文件决定书及清单；退还、返还查封、扣押物品决定书及清单；移送查封、扣押财物、文件决定书及清单；冻结金融财产通知书；协助冻结金融财产通知书；解除冻结金融财产通知书；聘请书（鉴定聘请书、鉴定委托书）；技术性鉴定材料；鉴定人诉讼权利义务告知书；勘查、勘验、技术性鉴定文书。

书记员要审查各个言词类文书的制作是否符合法律规定的程序，如询问被害人、证人的方式，询问应分开进行，个别询问不能将多名被害人、证人召集一起共同询问。在讯问犯罪嫌疑人时，侦查人员不能少于2人，应当告知其如实供述自己的罪行可以从宽处理和认罪认罚从宽的法律规定，不得强迫其自证其罪，不得刑讯逼供，讯问聋、哑犯罪嫌疑人时，应当有通晓聋、哑手势的人参加，并在笔录上加以注明。对于不通晓当地通用语言文字的犯罪嫌疑人，讯问时应当有翻译人员参加；讯问未成年犯罪嫌疑人时，应当通知其法定代理人到场。

在审查查封、扣押的物品清单时，要看其清单中是否写明物品或文件的名称、编号、规格、数量、重量、质量、特征及来源，清单上是否有侦查人员、见证人和持有人签名或者盖章。若持有人及其家属在逃或者拒绝签名的，应当在查封、扣押清单上审查是否予以注明。对于无法确定持有人的物品，在清单中也必须有注明。

6. 证据文书

我国刑事诉讼法第五十条规定了可以用于证明案件事实的材料有8种，分别为：物证；书证；证人证言；被害人陈述；犯罪嫌疑人、被告人供述和辩解；鉴定意见；勘验、检查、辨认、侦查实验等笔录；视听资料、电子数据。证据文书主要包括：讯问犯罪嫌疑人笔录；犯罪嫌疑人到案材料；犯罪嫌疑人亲笔供词；证人证言；被害人陈述；物证；书证；鉴定意见；搜查、勘验、检查、辨认、侦查实验等笔录；视听资料、电子数据。

特别提醒

1）书记员在审查核对讯问犯罪嫌疑人笔录时，应着重审查犯罪嫌疑人在笔录后面有无签名或盖章，有无亲笔书写"以上我都看过，与我说的一致"的字样。如果讯问笔录中有遗漏或差错，犯罪嫌疑人可以补充或改正，但是必须在改正处捺指印。

2）书记员在审核证人证言、被害人陈述笔录时，要求证人、被害人和侦查人员都应当在笔录上签名或盖章。如果记载有遗漏或差错，证人、被害人可以申请补充或者纠正，但是必须在改正处捺指印。

3）书记员在审查书证时，要审查书证是不是原件，复印件是否与原件相符，书证是否有更改迹象。要审查物证是不是原物，物证的照片、复制品与原物是否相符，要审查物证的收集程序是否合法，物证在收集、保管、鉴定过程中是否受损或者改变。另外，还要核查物证的来源，经勘验、检查、搜查提取、扣押的物证，未附有相关的笔录和清单，不能证明其来源的，不能作为证据来使用。

4）书记员在审查勘验、检查笔录时，要注意审查侦查人员、参加勘验的其他人员和见证人是否在笔录上签名或盖章。对尸体检验笔录、人身检查笔录应由侦查人员、法医或医师签名或盖章。

5）书记员在核对搜查笔录时，要查看是否有侦查人员、被搜查人员或者家属、见证人签名或盖章。如果被搜查人拒绝签名，查看文书中是否把这种情况记录在案。

6）书记员在审查鉴定意见书时，还需注意查看鉴定意见有没有鉴定人签名，是否加盖医院的公章。

拓展训练

请判断表 4-2-1 中的文书材料属于哪一种性质的文书，并在相应栏目中打"√"。

表 4-2-1　文书性质甄别表

文书材料	立案文书	回避文书	辩护文书	强制措施文书	侦查文书	证据文书
立案决定书						
回避复议决定书						
扣押决定书						
同步录音录像通知单						
辨认笔录						
保证书						

任务评价

请学生自己和教师根据刑事侦查案件案卷材料的核对任务完成情况，参照评价项目和评价要点进行自评与师评，如表 4-2-2 所示。

表4-2-2　刑事侦查案件案卷材料核对任务评价表

评价项目	评价要点	权重	自评	师评
自侦案件的范围	是否了解人民检察院直接立案侦查案件的范围	20分		
侦查中的权限	是否了解人民检察院在侦查中专门的调查工作和可采取的强制措施	30分		
核对侦查活动中制作的文书	核对侦查活动中的法律文书制作程序是否规范，是否对每一个文书进行细致的核对	50分		
总分		100分		

2.2　刑事逮捕案件案卷材料的核对

🗂 工作任务

　　书记员赵京是第一检察部的书记员，为了更好地做好本职工作，他努力学习相关法律知识，了解了逮捕的批准权、决定权和执行权是分立的，掌握了逮捕的条件等基本法律知识。但他在核对公安机关提交的提请批准逮捕书的时间是否符合法律规定时，有些拿捏不准，不知道公安机关的提请时间是否超期。

⚙ 工作任务分析

　　公安机关应当在拘留后的 3 日以内，提请人民检察院审查批准。在特殊情况下，经县级以上公安机关负责人批准，提请审查批准的时间可以延长 1～4 日。对于流窜作案、多次作案、结伙作案的重大嫌疑分子，经县级以上公安机关负责人批准，提请审查批准的时间可以延长至 30 日。犯罪嫌疑人不讲真实姓名及住址、身份不明的，经县级以上公安机关负责人批准，拘留期限自查清其身份之日起计算。

🕐 工作步骤

步骤一　了解人民检察院批准逮捕、决定逮捕的权限

　　为了防止逮捕权的滥用侵害公民的基本人权，《中华人民共和国刑事诉讼法》第八十条规定："逮捕犯罪嫌疑人、被告人，必须经过人民检察院批准或者人民法院决定，由公安机关执行。"对于公安机关移送要求审查批准逮捕的案件，由人民检察院行使批捕权。人民检察院在审查起诉中，认为犯罪嫌疑人符合法律规定的逮捕条件、应予逮捕的，依法有权自行决定逮捕。可见，我国对逮捕的权限实行了决定权与执行权分立的制

度，即逮捕决定权由人民检察院、人民法院行使，而逮捕执行权则交由公安机关行使。

步骤二　明确审查逮捕的条件

在刑事诉讼理论上，逮捕可分为三种：一般逮捕、绝对逮捕和变更型逮捕。我国刑事诉讼法对逮捕的条件做了严格的限定。一般逮捕的条件是：有证据证明有犯罪事实；可能判处徒刑以上的刑罚；采取取保候审、监视居住等方式不足以防止发生社会危险性，而有逮捕必要的，才可逮捕。绝对逮捕的条件是：有证据证明有犯罪事实，可能判处十年有期徒刑以上刑罚的；有证据证明有犯罪事实，可能判处徒刑以上刑罚，曾经故意犯罪或者身份不明的，满足以上任一条件，可以对其逮捕。变更型逮捕的条件是：被取保候审、监视居住的犯罪嫌疑人、被告人违反取保候审、监视居住规定，情节严重的，可予以逮捕。

步骤三　厘清人民检察院审查逮捕案件办案的流程

人民检察院审查逮捕案件办案的流程如图 4-2-1 所示。

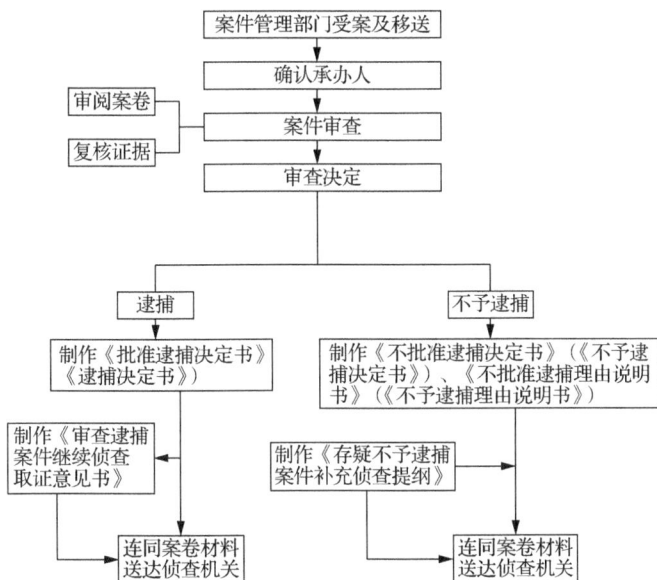

图 4-2-1　审查逮捕案件办案流程

步骤四　核对审查逮捕文书

1. 接收案件通知书、受理案件登记表、案件材料移送清单

接收公安机关提请逮捕犯罪嫌疑人的案卷后，书记员要对案件进行登记，对移送的

案卷材料要进行清点核对。把案卷信息录入检察机关统一业务应用系统，并在系统内制作接收案件通知书、受理案件登记表、案件材料移送清单。

2. 侦查机关提请批准逮捕书

公安机关要求逮捕犯罪嫌疑人时，应当经县级以上公安机关负责人批准，制作提请批准逮捕书一式三份，连同案卷材料、证据，一并移送同级人民检察院审查。

书记员要核对提请批准逮捕书的份数是否符合要求，重点审查公安机关提请批准逮捕书的时间是否符合法律规定。

3. 阅卷笔录

办案人员应当审阅案卷材料和证据，制作阅卷笔录。对公安机关提请批准逮捕的犯罪嫌疑人已被拘留的，人民检察院应当在 7 日内作出是否批准逮捕的决定；未被拘留的，应当在接到提请批准逮捕书后的 15 日内作出是否批准逮捕的决定，重大、复杂的案件不得超过 20 日。

书记员应当审查批准逮捕的阅卷笔录的制作时间是否超期。

4. 讯问犯罪嫌疑人提纲、犯罪嫌疑人诉讼权利义务告知书、讯问笔录

办案人员办理审查逮捕案件，可以讯问犯罪嫌疑人。为了使讯问更有效率，在讯问犯罪嫌疑人之前，应当制作讯问犯罪嫌疑人提纲。讯问时，应当首先查明犯罪嫌疑人的基本情况，依法告知犯罪嫌疑人的诉讼权利和义务，听取其供述和辩解。有检举揭发他人犯罪线索的，应当予以记录，并依照有关规定移送有关部门处理。讯问犯罪嫌疑人应当制作讯问笔录，并交犯罪嫌疑人核对或者向其宣读，经核对无误后逐页签名、盖章或者捺指印并附卷。

书记员应核实讯问过程中是否有刑讯逼供的情形，有没有强迫自证其罪，讯问笔录中是否有犯罪嫌疑人的签名、指印。

特别提醒

犯罪嫌疑人请求自行书写供述的，应当准许，但不得以自行书写的供述代替讯问笔录。

有下列情形之一的，办案人员应当讯问犯罪嫌疑人：①对是否符合逮捕条件有疑问的；②犯罪嫌疑人要求向检察人员当面陈述的；③侦查活动可能有重大违法行为的；④案情重大、疑难复杂的；⑤犯罪嫌疑人系未成年人的；⑥犯罪嫌疑人是盲、聋、哑人或者是尚未完全丧失辨认或者控制自己行为能力的精神病人的。

5. 听取犯罪嫌疑人意见书

在审查逮捕中对被拘留的犯罪嫌疑人不予讯问的，应当送达听取犯罪嫌疑人意见书，由犯罪嫌疑人填写后及时收回审查并附卷。经审查发现应当讯问犯罪嫌疑人的，应当及时讯问。

6. 听取辩护人意见情况

在审查逮捕过程中，犯罪嫌疑人已经委托辩护律师的，办案人员可以听取辩护律师的意见。辩护律师提出要求的，或者犯罪嫌疑人是未成年人的，应当听取辩护律师的意见。对辩护律师的意见应当制作笔录附卷。

7. 询问证人、被害人提纲、通知书，证人、被害人诉讼权利义务告知书，询问笔录

办案人员在必要时，可以询问证人、被害人、鉴定人等诉讼参与人，并制作笔录附卷。

特别提醒

办案人员询问证人、被害人并不是审查逮捕的必经程序，询问与否应根据案件的实际需要而定。

8. 批准逮捕决定书、不批准逮捕决定书

对公安机关提请批准逮捕的犯罪嫌疑人，人民检察院经审查认为符合逮捕条件的，应当作出批准逮捕的决定，连同案卷材料送达公安机关执行。认为不符合逮捕条件的，人民检察院作出不批准逮捕的决定，并应当说明理由，连同案卷材料送达公安机关执行。需要补充侦查的，应当同时通知公安机关。

书记员应当审查批准逮捕决定书、不批准逮捕决定书的制作是否超期。犯罪嫌疑人已被拘留的，人民检察院应当在 7 日内作出是否批准逮捕的决定；未被拘留的，应当在接到提请批准逮捕书后 15 日内作出是否批准逮捕的决定，重大、复杂的案件不得超过20 日。

9. 侦查机关变更逮捕措施情况审查表

犯罪嫌疑人被逮捕后，人民检察院仍应对羁押的必要性进行审查。人民检察院发现或者根据犯罪嫌疑人、被告人及其法定代理人、近亲属或者辩护人的申请，经审查认为不需要继续羁押的，应当建议有关机关予以释放或者变更强制措施。

书记员应当重点审查羁押是否超期，如果超期，则建议变更强制措施，并报告办案检察人员。

10. 撤销批准（不批准）逮捕决定书

对已作出的批准逮捕决定发现确有错误的，人民检察院应当撤销原批准逮捕决定，送达公安机关执行。对已作出的不批准逮捕决定发现确有错误、需要批准逮捕的，人民检察院应当撤销原不批准逮捕决定，并重新作出批准逮捕决定，送达公安机关执行。

拓展训练

以书记员的身份模拟在审查逮捕程序中，书记员应当收集的案卷材料的种类。

任务评价

请学生自己和教师根据刑事逮捕案件案卷材料的核对任务完成情况，参照评价项目和评价要点进行自评与师评，如表 4-2-3 所示。

表 4-2-3　刑事逮捕案件案卷材料的核对任务评价表

评价项目	评价要点	权重	自评	师评
审查逮捕权限	是否了解人民检察院批准逮捕、决定逮捕的权限	10 分		
逮捕的条件	是否掌握逮捕的条件	10 分		
审查逮捕的流程	能否厘清审查逮捕的流程	20 分		
核对文书	是否对每一个文书进行细致的核对	60 分		
总分		100 分		

2.3　审查起诉案件案卷材料的核对

工作任务

书记员张洁在第一检察部工作 5 年有余，凭着多年的工作经验，他明白作为一名优秀的书记员，在每一个节点，重点审查的文书是不一样的。例如，在审查起诉案件的起诉阶段，书记员应当重点审查审结报告是否制作完整；在决定提起公诉阶段，书记员应重点审查起诉书的制作是否符合法律规定、递交的证据材料是否完备；在人民检察院作出不起诉决定阶段，书记员应当审查是否符合不起诉的条件、是否有不起诉理由说明书、是否有检察委员会会议研究意见、是否有不起诉公开审查材料等文书。

工作任务分析

审查起诉案件案卷材料来源广泛、种类繁多、形式各异，文书的制作时间也有所不同。书记员收案后，要有节点意识，要留心审查起诉案件各阶段形成的文书，做到收集及时、手续完备。

工作步骤

步骤一 了解人民检察院的审查起诉权

《中华人民共和国刑事诉讼法》第一百六十九条规定："凡需要提起公诉的案件，一律由人民检察院审查决定。"可见，提起公诉、审查起诉的权力由人民检察院代表国家统一行使，其他任何机关、团体、组织或者个人都无权行使。在审查起诉中，人民检察院要对公安机关侦查终结移送起诉的案件和监察机关调查终结移送起诉的案件依法进行全面审查，决定是否将犯罪嫌疑人交付人民法院进行审判。

步骤二 厘清人民检察院审查起诉案件办案流程

人民检察院审查起诉案件办案流程如图 4-2-2 所示。

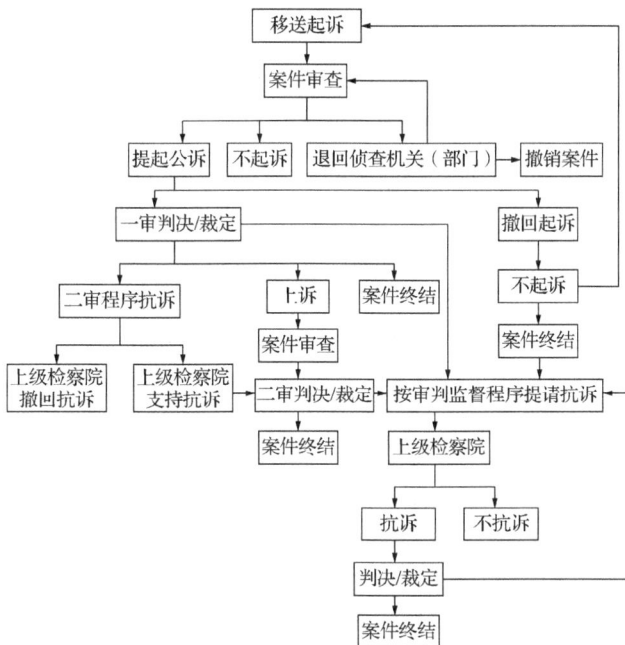

图 4-2-2 审查起诉案件办案流程

步骤三 甄别应当入卷的案卷材料

审查起诉案件的办案流程是一个复杂的过程，由于该类案件诉讼文书来源广泛、种类繁多、形式各异，制成文书的时间也不同。书记员收案后，要留心审查起诉案件各阶段形成的文书，做到收集及时、手续完备。书记员手中保管的案卷常常是数件乃至数十件，因此要注意将每个案件的案卷封面的案件编号分别摆放，做好收集的准备。此后，每个案件的诉讼文书，按照形成的自然时间顺序，分别摆放在案卷封面后面，做到收集及时、齐全、排放有序，便于案件在日后审结后组卷。

一审公诉业务流程可以分为审查起诉阶段和审判阶段两部分。审查起诉阶段包含的节点有：受理、分案、审查起诉、审查终结、起诉（含部分不起诉）、全案不起诉、改变管辖、建议自侦撤案（全案）、并案、拆案等。审判阶段的节点包括：全案撤回起诉、出庭公诉、裁判结果审查、提出抗诉、提请抗诉、流程结束等。审查起诉案件主要流程节点文书说明如表 4-2-4 所示。

表 4-2-4　审查起诉案件主要流程节点文书说明

阶段	节点名称	节点含义	节点主要文书
审查起诉阶段	受理	对一审公诉案件进行受理审查的环节，由案件管理部门操作完成	接收案件通知书、案件材料移送清单、受理案件登记表
	分案	它是指将已受理的案件分配至具体承办人	—
	审查起诉	它是指承办人办理案件的具体过程，包括讯问犯罪嫌疑人、询问证人、权利义务告知、听取辩护人意见、汇报案件、起草审查终结报告等一系列办理行为	审结报告、退回补充侦查决定书
	审查终结	它是指承办人对案件审查后，作出审查结论	—
	起诉（含部分不起诉）	对犯罪嫌疑人作出起诉决定的，则适用此节点；如果是一案多人的，只要是对其中任何一人作出起诉决定的，也适用此节点	起诉书、不起诉决定书
	全案不起诉	它是案件处理决定情形之一，是指在办理一审公诉案件过程中，决定对全案犯罪嫌疑人不起诉	不起诉决定书
	改变管辖	它是案件处理决定情形之一，是指经审查认为案件不属于本院管辖，应移交有管辖权的检察机关审查起诉的情形，如上呈案件等	报送（移送）案件意见书、交办案件通知书、商请指定管辖函
	建议自侦撤案（全案）	它是案件处理决定情形之一，是指对检察机关自侦部门移送的职务犯罪案件，经审查，作出准许其撤回案件的决定	撤案建议书
	并案	它是指正在审查的案件与其他尚未审结的案件需要合并审查处理的情形	合并（拆分）案件审批表
	拆案	它是指需要对案件中的多名犯罪嫌疑人分开审查处理的情形	合并（拆分）案件审批表
审判阶段	全案撤回起诉	它是案件处理决定情形之一，是指对犯罪嫌疑人作出起诉决定后，认为应当撤回起诉的情况	撤回起诉决定书
	出庭公诉	它是指在接到人民法院的出庭通知后，出庭支持公诉，包括简易程序和普通程序两种情况	公诉意见书
	裁判结果审查	它是指收到人民法院第一审判决书或者裁定书转交承办人后，承办人应当填写刑事判决、裁定审查表，提出处理意见，报公诉部门负责人审核。如果抗诉，则提出抗诉；如果不抗诉，则流程结束	判决、裁定审查表
	提出抗诉	人民检察院对人民法院确有错误的一审判决的抗诉，应当在接到判决书的第二日起 10 日内提出；对裁定的抗诉，应当在接到裁定书后的第二日起 5 日内提出	刑事抗诉书
	提请抗诉	人民检察院对人民法院已经生效的确有错误的一审判决的抗诉，向上级人民检察院提请抗诉	提请抗诉报告书
	流程结束	它是指承办人在案件办理后，案件及相关法律文书已送达，意味着案件处于办结状态	—

1. 受理阶段

（1）接收案件通知书、案件材料移送清单、受理案件登记表

公安机关等侦查机关把案卷材料移送给人民检察院进行审查起诉，检察院应当制作接收案件通知书、案件材料移送清单、受理案件登记表。这表示案件的诉讼阶段已经从侦查阶段进入审查起诉阶段，审查起诉是一个独立的诉讼阶段，人民检察院依照法定程序和标准对案件进行全面审查。

（2）起诉意见书、移送起诉意见书、交（转）办案件材料

公安机关在侦查终结后，认为犯罪事实已经查清，证据确实充分，制作起诉意见书，连同所有的案卷材料，移送给人民检察院。

（3）换押证

案件移送人民检察院审查起诉后，如果犯罪嫌疑人在押的，由人民检察院办理换押手续，羁押期限重新计算。

2. 审查起诉阶段

（1）提讯、提解证

《中华人民共和国刑事诉讼法》第一百七十三条规定，人民检察院审查案件，应当讯问犯罪嫌疑人。讯问犯罪嫌疑人是人民检察院审查起诉的必经程序。审查起诉人员讯问犯罪嫌疑人，有助于了解和监督侦查活动，调查核实案件证据与犯罪事实，探知犯罪嫌疑人的思想状态和认罪态度，为出庭支持公诉做好必要的准备。在讯问犯罪嫌疑人时，必须制作提讯、提解证。书记员应当重点审核提讯、提解证是否依法制作，是否为讯问人所持有，并注意查看提讯、提解证的时间。

（2）委托辩护人告知书、委托诉讼代理人告知书、申请法律援助告知书

辩护权是犯罪嫌疑人最重要的诉讼权利。人民检察院自收到移送审查起诉的案件材料之日起 3 日内，应当告知犯罪嫌疑人有权委托辩护人；犯罪嫌疑人经济困难的，人民检察院应当告知其可以向法律援助机构申请法律援助。犯罪嫌疑人是盲、聋、哑人，未成年人，或者是尚未完全丧失辨认或者控制自己行为能力的精神病人，或者可能被判处无期徒刑、死刑，没有委托辩护人的，人民检察院应当通知法律援助机构指派律师为其提供辩护。人民检察院应当制作委托辩护人告知书、申请法律援助告知书。公诉案件的被害人及其法定代理人或者近亲属自案件移送审查起诉之日起，有权委托诉讼代理人。人民检察院自收到移送审查起诉的案件材料之日起 3 日内，应当告知被害人及其法定代理人或者其近亲属有权委托诉讼代理人。人民检察院应当制作委托诉讼代理人告知书。

书记员应当审查委托辩护人告知书、委托诉讼代理人告知书的制作时间是否在法定期限内，检察院还应制作申请法律援助告知书，送达给犯罪嫌疑人。

（3）审查起诉期限告知书、重新计算审查起诉期限通知书

为贯彻刑事诉讼的及时性原则，保障犯罪嫌疑人的合法权益，《中华人民共和国刑

事诉讼法》第一百七十二条规定："人民检察院对于监察机关、公安机关移送起诉的案件，应当在一个月以内作出决定，重大、复杂的案件，可以延长十五日；犯罪嫌疑人认罪认罚，符合速裁程序适用条件的，应当在十日以内作出决定，对可能判处的有期徒刑超过一年的，可以延长至十五日。人民检察院审查起诉的案件，改变管辖的，从改变后的人民检察院收到案件之日起计算审查起诉期限。"第一百七十五条第三款规定："对于补充侦查的案件，应当在一个月以内补充侦查完毕。补充侦查以二次为限。补充侦查完毕移送人民检察院后，人民检察院重新计算审查起诉期限。"按照以上规定，书记员应当审查起诉时间是否超期，退回补充侦查的时间是否超过法律规定的期限。

（4）认罪认罚从宽制度告知书

认罪认罚从宽制度适用于侦查、起诉、审判的各个阶段。在认罪认罚案件中，犯罪嫌疑人通过直接承认犯罪事实，使案件能够迅速处理，从而提高诉讼效率。在审查起诉阶段，对于符合条件的犯罪嫌疑人，人民检察院应当告知其认罪认罚从宽的相关制度。

（5）律师事务所授权委托书、当事人授权委托书及律师事务所介绍信

在审查起诉期间，律师会见犯罪嫌疑人的，应当持律师事务所授权委托书、当事人授权委托书及律师事务所介绍信。

（6）律师帮助通知书

对于符合法律援助条件的犯罪嫌疑人，法律援助机构进行法律援助时，应当向犯罪嫌疑人发出律师帮助通知书。

（7）取保候审决定书、监视居住决定书

在审查起诉期间，对于符合条件的犯罪嫌疑人，检察机关可以对其采取取保候审或监视居住等强制措施。

（8）保证人保证书

对于犯罪嫌疑人无力交纳保证金或犯罪嫌疑人是未成年人或者已满 75 周岁的，人民检察院可以责令其提出保证人并出具保证书，以此担保被取保人在取保候审期间随传随到、不逃避和妨碍侦查、起诉和审判。

（9）律师申请对犯罪嫌疑人取保候审的请求及检察机关的决定

当犯罪嫌疑人被超期羁押时，律师可以申请对犯罪嫌疑人变更强制措施，如由逮捕变更为取保候审。

（10）阅卷笔录

审阅侦查机关或监察机关移送的案卷材料是审查起诉人员接触案件、了解案情的基础性工作。审查起诉人员应当对审查起诉规定的 12 项内容严格地逐项进行审查。特别是要认真审阅起诉意见书认定的犯罪事实与随案移送的证据材料是否一致，侦查人员或监察人员对犯罪性质、罪名认定及共同犯罪案件中犯罪嫌疑人的责任划分是否有足够的事实和法律依据。审查起诉人员应当全面审阅案卷材料，必要时制作阅卷笔录。

（11）讯问犯罪嫌疑人提纲、犯罪嫌疑人诉讼权利义务告知书、讯问笔录

讯问犯罪嫌疑人是人民检察院审查起诉的必经程序。讯问时，审查起诉人员应当做

好讯问准备，制作讯问犯罪嫌疑人提纲、犯罪嫌疑人诉讼权利义务告知书，直接听取犯罪嫌疑人供述和辩解，探知犯罪嫌疑人的思想状态和认罪态度，为出庭支持公诉做好必要准备，在讯问的同时，要制作好讯问笔录。

（12）询问证人、被害人提纲、通知书，证人、被害人诉讼权利义务告知书，询问笔录

询问证人、被害人也是人民检察院审查起诉的必经程序。被害人既是案件的当事人，与案件的诉讼结局有直接的利害关系，又是重要的证据来源，对于查明案件事实起着重要作用，因而人民检察院在审查起诉时，应当听取被害人的意见。人民检察院应当告知证人、被害人在审查起诉阶段的诉讼权利义务。其次，应当由两名以上办案人员进行，并记录在案。

（13）听取辩护人意见情况

人民检察院在审查起诉时，应当听取辩护人的意见，并记录在案。

（14）询问鉴定人提纲、通知书、笔录

人民检察院可以询问鉴定人，若对鉴定意见有疑问的，可以询问鉴定人并制作笔录附卷，也可以指派检察技术人员或者聘请有鉴定资格的人对案件中的某些专门性问题进行补充鉴定或者重新鉴定。

（15）人民检察院补充侦查（勘验、检查、鉴定、复核记录）材料

审查起诉期间人民检察院认为犯罪事实不清、证据不足或者遗漏罪行、遗漏同案犯罪嫌疑人，人民检察院可以退回补充侦查或者自行侦查。退回公安机关补充侦查的，可以要求公安机关提供法庭审判所必需的证据材料。人民检察院也可以自行侦查，实践中，自行侦查的案件一般适用于以下情形：①侦查中有逼供行为的；②口供与其他证据矛盾较大的；③经侦查人员补充侦查后仍未查清的；④与侦查人员在认定案件事实和证据上有分歧的；⑤退回补充侦查可能延误办案期限的。

（16）认罪认罚具结书

犯罪嫌疑人自愿认罪且同意量刑建议和程序适用的，应当在辩护人或者值班律师在场的情况下签署认罪认罚具结书。据此，人民检察院应当就主刑、附加刑、是否适用等向人民法院提出量刑建议。进入审判程序后，法院一般应当采纳人民检察院指控的罪名和量刑建议。

（17）公诉案件审查报告

公诉案件审查报告是检察机关公诉部门办案中的重要内部文书，公诉案件审查报告详细记载了公诉检察官从案件受理到审查终结的基本工作内容，重点体现了承办人如何审查分析证据、如何认定案件事实、如何准确解释适用法律并最终得出个人意见的整个思考过程。

审查起诉人员对案件进行审查后，应当制作公诉案件审查报告，提出起诉或不起诉的意见，经审查起诉部门负责人审核，报请检察长或者检察委员会决定。

3. 审判阶段

（1）起诉书

人民检察院决定对犯罪嫌疑人提起公诉的，应当制作起诉书。起诉书是人民检察院代表国家正式向人民法院提出追究被告人刑事责任诉讼请求的重要司法文书，是人民法院受理案件对被告人进行审判的依据，也是法庭调查和法庭辩论的基础。因此，人民检察院在制作起诉书时，应当忠于事实和法律，做到叙事清楚，文字简练，表述准确，结构严谨，格式规范，请求明确，引用法律全面恰当。

（2）量刑建议书

人民检察院对提起公诉的案件提出量刑建议的，一般应当制作量刑建议书，与起诉书一并移送人民法院。除有减轻处罚或者免除处罚情节的以外，量刑建议应当在法定量刑幅度内提出。量刑建议书的主要内容应当包括被告人所犯罪行的法定刑、量刑情节，人民检察院建议人民法院对被告人处以刑罚的种类、刑罚幅度，可以适用的刑罚执行方式、提出量刑建议的依据和理由等。

（3）换押证

人民检察院向人民法院提起公诉，案件已经进入审判阶段，被告人在押的，由看守所制作换押证，羁押期限重新计算。

（4）庭前会议通知书及会议记录

案件具有下列情形之一的，审判人员可以召开庭前会议：①当事人及其辩护人、诉讼代理人申请排除非法证据的；②证据材料较多、案情重大复杂的；③社会影响重大的；④需要召开庭前会议的其他情形。召开庭前会议的，人民法院制作庭前会议通知书通知检察院、被告人及其他诉讼参与人参加。庭前会议情况应当制作会议记录。

（5）出庭通知书

人民法院在开庭 3 日前制作出庭通知书，将开庭的时间、地点通知人民检察院。

（6）出庭预案（讯问或者询问提纲，举证、质证提纲，答辩提纲，公诉意见书）

为了法庭审判的顺利进行，人民检察院可以制作出庭预案等，以提高诉讼的有效性，为指控被告人的犯罪事实提供有力的基础保障。

（7）出庭笔录

在人民法院开庭审判的过程中，人民检察院书记员应当制作出庭笔录，对法庭的审理过程进行详细、客观的记载。

（8）延期审理建议书、延期审理决定书

在法庭审判过程中，遇有足以影响审判进行的情形时，人民检察院可以制作延期审理建议书，建议人民法院延期审理。人民法院也可以制作延期审理决定书，自行决定延期审理。待影响审判进行的原因消失后，再行开庭审理。

特别提醒

《人民检察院刑事诉讼规则》规定了建议延期审理的若干情形。法庭审判过程中遇有下列情形之一的，公诉人可以建议法庭延期审理：①发现事实不清、证据不足，或者遗漏罪行、遗漏同案犯罪嫌疑人，需要补充侦查或者补充提供证据的；②被告人揭发他人犯罪行为或者提供重要线索，需要补充侦查进行查证的；③发现遗漏罪行或者遗漏同案犯罪嫌疑人，虽不需要补充侦查和补充提供证据，但需要补充、追加或者变更起诉的；④申请人民法院通知证人、鉴定人出庭作证或者有专门知识的人出庭提出意见的；⑤需要调取新的证据，重新鉴定或者勘验的；⑥公诉人出示、宣读开庭前移送人民法院的证据以外的证据，或者补充、变更起诉，需要给予被告人、辩护人必要时间进行辩护准备的；⑦被告人、辩护人向法庭出示公诉人不掌握的与定罪量刑有关的证据，需要调查核实的；⑧公诉人对证据收集的合法性进行证明，需要调查核实的。在人民法院开庭审理前发现具有上述情形之一的，人民检察院可以建议人民法院延期审理。

（9）恢复庭审建议书、恢复庭审决定书

人民法院在延期审理或中止审理后，待影响审判进行的原因消失后，人民检察院制作恢复庭审建议书，建议人民法院恢复庭审。人民法院也可以制作恢复庭审决定书，径行决定恢复庭审。

（10）刑事裁定书（中止审理）

人民法院在审判案件过程中，因发生某种情况影响了审判的正常进行，人民法院可以裁定中止审理。依据《中华人民共和国刑事诉讼法》第二百零六条的规定，在审判过程中，有下列情形之一，致使案件在较长时间内无法继续审理的，可以中止审理：①被告人患有严重疾病，无法出庭的；②被告人脱逃的；③自诉人患有严重疾病，无法出庭，未委托诉讼代理人出庭的；④由于不能抗拒的原因。在以上情形下，人民法院应当制作中止审理刑事裁定书。在中止审理的原因消失后，应当恢复审理。

（11）一审判决书、裁定书及对判决、裁定书审查表

人民法院作出的一审判决书、裁定书，人民检察院应当附卷。如果认为一审判决、裁定有错误，人民检察院可以提起抗诉。如果认为人民法院的一审判决和裁定认定事实正确、量刑适当、程序合法，应当在判决、裁定书审查表中注明"同意一审判决、裁定"。

4. 不起诉

在人民检察院对侦查终结或者监察机关调查终结移送起诉的案件进行审查后，认为犯罪嫌疑人没有犯罪事实，或者依法不应追究刑事责任，或者提起公诉在刑事政策上没有必要性，或者起诉证据不足，从而作出不将犯罪嫌疑人提交人民法院审判的一种处理决定。我国不起诉的种类包括法定不起诉、酌定不起诉、证据不足不起诉、附条件不起诉、特殊案件的不起诉。不起诉的法律效力在于，在起诉阶段即终结诉讼进程，不再移送法院审判。作出不起诉处理后，书记员应当注意收集以下文书。

1）不起诉公开审查材料。

2）检察委员会会议研究意见。

3）不起诉决定书、不起诉理由说明书。

4）不起诉决定宣布笔录。不起诉决定应当由人民检察院公开宣布，公开宣布不起诉决定的活动应当由书记员记明笔录。不起诉决定书自公开宣布之日起生效。

5）解除强制措施相关文书。不起诉决定宣布后，被不起诉人在押的，应当立即释放；被采取其他强制措施的，应当通知执行机关解除。

6）送达回证。不起诉决定书应当送达被害人或者其近亲属及其诉讼代理人、被不起诉人及其辩护人及被不起诉人所在单位。送达后，让当事人或诉讼代理人在送达回证上签上姓名和接受送达判决书的日期。

7）其他需要入卷的材料。

知识平台

根据我国刑事诉讼法的规定，不起诉的种类包括法定不起诉、酌定不起诉、证据不足不起诉、附条件不起诉和特殊案件的不起诉，其适用条件各不相同。

（1）法定不起诉

法定不起诉又称为绝对不起诉，是指人民检察院审查起诉的案件，发现犯罪嫌疑人没有犯罪事实，或者符合《中华人民共和国刑事诉讼法》第十六条规定情形之一的，应当作出不起诉决定。

《中华人民共和国刑事诉讼法》第十六条规定：有下列情形之一的，不追究刑事责任，已经追究的，应当撤销案件，或者不起诉，或者终止审理，或者宣告无罪：①情节显著轻微、危害不大，不认为是犯罪的；②犯罪已过追诉时效期限的；③经特赦令免除刑罚的；④依照刑法告诉才处理的犯罪，没有告诉或者撤回告诉的；⑤犯罪嫌疑人、被告人死亡的；⑥其他法律规定免予追究刑事责任的。

（2）酌定不起诉

酌定不起诉又称为相对不起诉，是指人民检察院经审查认为犯罪嫌疑人的行为虽然构成犯罪，但情节轻微，依照刑法规定不需要判处刑罚或者免除刑罚的，可以作出不起诉决定。在这种情况下，人民检察院被赋予自由裁量权，既可以提起公诉，也可以不起诉。作出酌定不起诉时，要经检察长或者检察委员会决定。

《中华人民共和国刑事诉讼法》第一百七十七条第二款规定："对于犯罪情节轻微，依照刑法规定不需要判处刑罚或者免除刑罚的，人民检察院可以作出不起诉决定。"酌定不起诉的适用必须同时具备以下两个条件：①人民检察院认为犯罪嫌疑人的行为符合刑法规定的犯罪构成要件，已经构成犯罪，应当负刑事责任；②犯罪情节轻微，依照刑法规定不需要判处刑罚或者免除刑罚。

（3）证据不足不起诉

证据不足不起诉又称为存疑不起诉，是指人民检察院对于经过两次补充侦查或者补充调查的案件，仍然认为证据不足，不符合起诉条件的，应当作出不起诉决定。

《中华人民共和国刑事诉讼法》第一百七十五条第四款规定："对于二次补充侦查的案件，人民检察院仍然认为证据不足，不符合起诉条件的，应当作出不起诉的决定。"这种不起诉的前提条件是必须经过二次补充侦查或者补充调查。经过一次补充侦查或者补充调查，人民检察院认为证据不足，不符合起诉条件，且没有退回补充侦查或者补充调查必要的，可以作出不起诉决定。没有经过补充侦查或者补充调查的案件，不能直接作出存疑不起诉的决定。

（4）附条件不起诉

对于未成年人涉嫌刑法分则第四章、第五章、第六章规定的犯罪，可能判处一年有期徒刑以下刑罚；符合起诉条件，但有悔罪表现的，人民检察院可以作出附条件不起诉的决定。人民检察院在作出附条件不起诉的决定以前，应当听取公安机关、被害人的意见。未成年犯罪嫌疑人及其法定代理人对人民检察院决定附条件不起诉有异议的，人民检察院应当作出起诉的决定。

（5）特殊案件的不起诉

犯罪嫌疑人自愿如实供述涉嫌犯罪的事实，有重大立功或者案件涉及国家重大利益的，经最高人民检察院核准，人民检察院可以作出不起诉决定，也可以对涉嫌数罪中的一项或者多项不起诉。

拓展训练

以小组为单位分为三个小组，第一小组收集一个提起公诉的案卷材料，第二小组收集一个附条件不起诉的案卷材料，第三小组收集一个酌定不起诉的案卷材料，注意每一个阶段收集案卷材料的注意事项，分别完成各自案件审查起诉工作案卷材料的核对工作。

任务评价

请学生自己和教师根据审查起诉案件案卷材料的核对任务完成情况，参照评价项目和评价要点进行自评与师评，如表 4-2-5 所示。

表 4-2-5　审查起诉案件案卷材料的核对任务评价表

评价项目	评价要点	权重	自评	师评
审查起诉权限	是否了解人民检察院的审查起诉权限	20分		
审查起诉的流程	能否厘清人民检察院审查起诉的流程	30分		
核对审查起诉案件案卷材料	能否正确核对审查起诉案件的案卷材料	50分		
总分		100分		

2.4 公益诉讼案件案卷材料的核对

工作任务

张霞毕业后，考入检察院并被分到第八检察部工作。最初，她对第八检察部的工作内容、职责都不清楚，通过部门人员的带领，她逐步了解了第八检察部的工作内容和职责。但是，张霞并没有实际承办过公益诉讼类案件，对于收集什么案卷材料、怎样收集案卷材料及核对什么内容并不清楚，这成了她急需解决的问题。

工作任务分析

检察院书记员对案件案卷材料的收集、整理为其提起公益诉讼或者提出检察建议等提供了重要基础。为做好案卷材料的收集工作，书记员必须理解公益诉讼中检察院案卷材料收集的基本知识，掌握各阶段案卷材料收集的范围及做好相关核对工作。

工作步骤

步骤一　了解公益诉讼检察制度

近几年，检察机关经过公益诉讼制度的摸索、探究、实践，逐渐形成了一系列办案规则。公益诉讼检察制度是以法治思维和法治方式推进国家治理体系和治理能力现代化的重要制度设计。

知识平台

2021 年 7 月施行的《人民检察院公益诉讼办案规则》（以下简称《办案规则》）在总体要求、办案组织、立案调查、检察建议意见、诉讼请求等方面都有相关条款，给检察机关工作人员办理公益诉讼案件提供了一定的指引和参考依据。作为一名新入职的检察院书记员，有必要充分了解和学习《办案规则》，掌握公益诉讼的案件范围及需要整理的案卷材料，对于所涉及的案卷材料进行收集，有助于节约承办检察官的时间，并且可以帮助承办检察官清晰知悉案情，为承办检察官更好地判定案情性质打下良好基础。

人民检察院通过提出检察建议、提起诉讼和支持起诉等方式办理公益诉讼案件，依法独立行使检察权，督促行政机关依法履行监督管理职责，维护国家利益和社会公共利益，维护社会公平正义，维护宪法和法律权威，促进国家治理体系和治理能力现代化。

人民检察院提起的公益诉讼案件中最常见的是民事公益诉讼和行政公益诉讼。

公益诉讼是指特定的国家机关和相关的组织和个人,根据法律的授权,对违反法律法规,侵犯国家利益、社会利益或特定他人利益的行为,向法院起诉,由法院依法追究法律责任的活动。公益诉讼按照适用的诉讼法的性质或者被诉对象（客体）的不同,划分为民事公益诉讼和行政公益诉讼;按照提起诉讼的主体,公益诉讼可以分为检察机关提起的公益诉讼、其他社会团体和个人提起的公益诉讼。在此,我们仅讨论检察机关提起的公益诉讼案件。

民事公益诉讼是指人民检察院履行职责中发现破坏生态环境和资源保护、食品药品安全领域侵害众多消费者合法权益等损害社会公共利益或者有重大损害危险的行为,在没有法律规定的机关和有关组织或者法律规定的机关和有关组织不提起诉讼的情况下,可以向人民法院提起民事公益诉讼。

行政公益诉讼是指人民检察院在履行职责中发现生态环境和资源保护、食品药品安全、国有财产保护、国有土地使用权出让等领域负有监督管理职责的行政机关违法行使职权或者不作为,致使国家利益或者社会公共利益受到侵害的,应当向行政机关提出检察建议,督促其依法履行职责。行政机关不依法履行职责的,人民检察院可依法向人民法院提起行政公益诉讼。

步骤二　厘清公益诉讼案件办案流程

书记员承办公益诉讼案件在做好收集工作之前,首先要理解并掌握公益诉讼案件的办案流程,它是做好收集材料工作的前提。检察院书记员应当掌握检察院承办公益诉讼案件的办案流程,特别是民事公益诉讼案件和行政公益诉讼案件,按照程序、流程收集每一阶段的材料,这样才有利于厘清收集工作的内容,为立卷工作做好准备。

1. 检察院承办公益诉讼案件的基本流程

检察院承办公益诉讼案件的基本流程如图 4-2-3 所示。

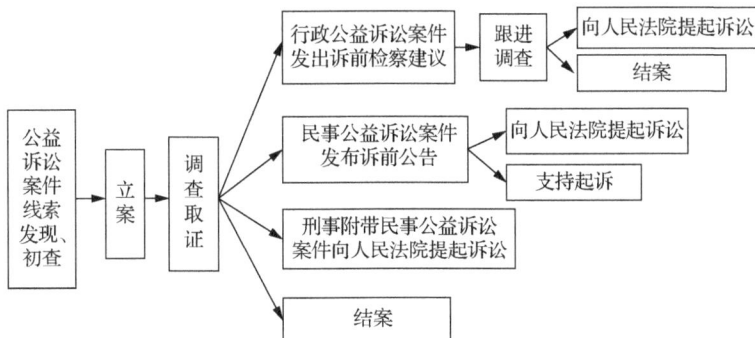

图 4-2-3　检察院承办公益诉讼案件的基本流程

2. 民事公益诉讼案件的办理流程

民事公益诉讼案件的诉前办理流程如图 4-2-4 所示。

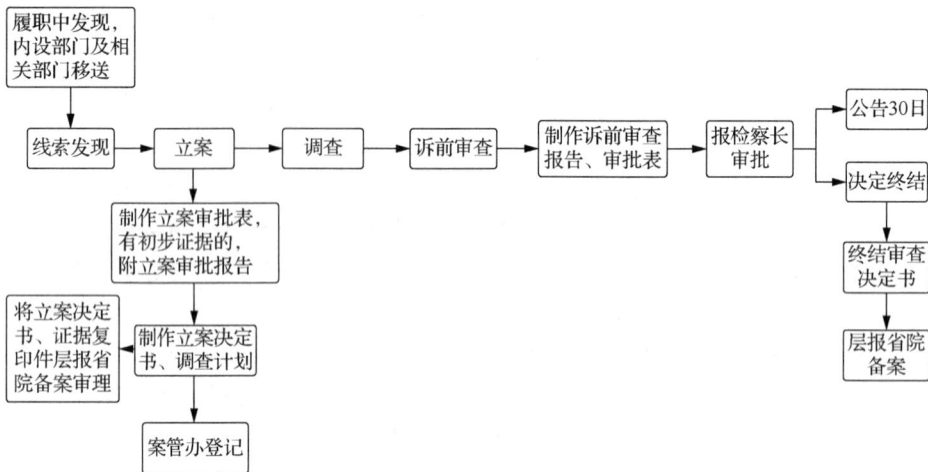

图 4-2-4　民事公益诉讼案件的诉前办理流程

民事公益诉讼案件的诉讼办理流程如图 4-2-5 所示。

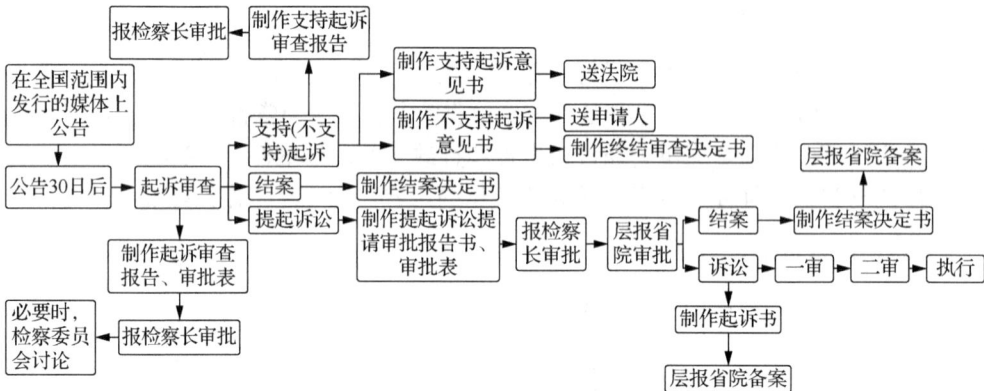

图 4-2-5　民事公益诉讼案件的诉讼办理流程

3. 行政公益诉讼案件的办理流程

行政公益诉讼案件的立案流程如图 4-2-6 所示。

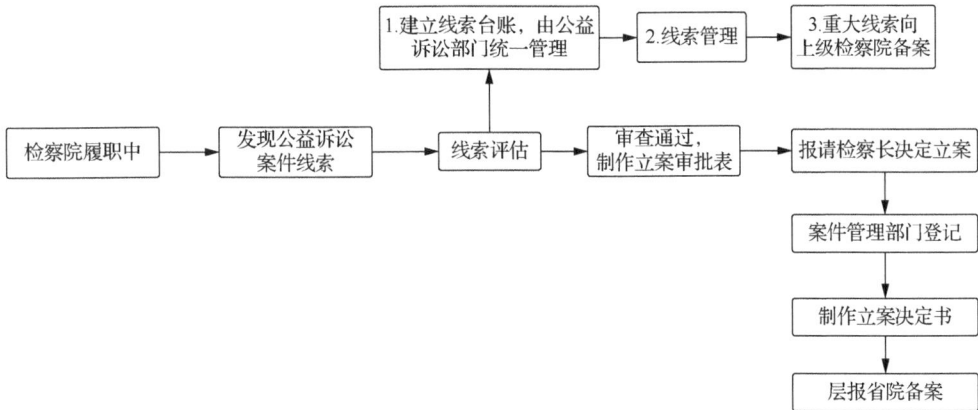

图 4-2-6　行政公益诉讼案件的立案流程

行政公益诉讼案件的诉前审查流程如图 4-2-7 所示。

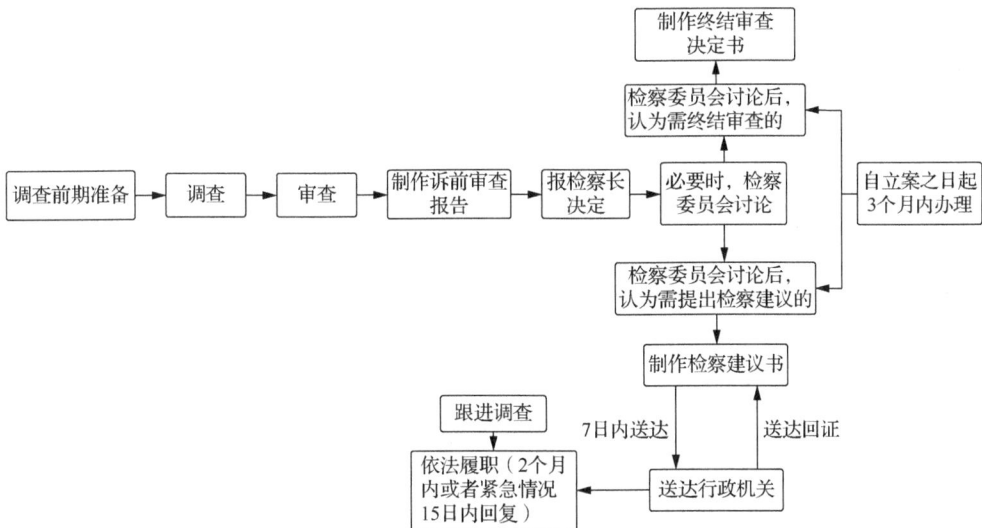

图 4-2-7　行政公益诉讼案件的诉前审查流程

行政公益诉讼案件的起诉审查流程如图 4-2-8 所示。

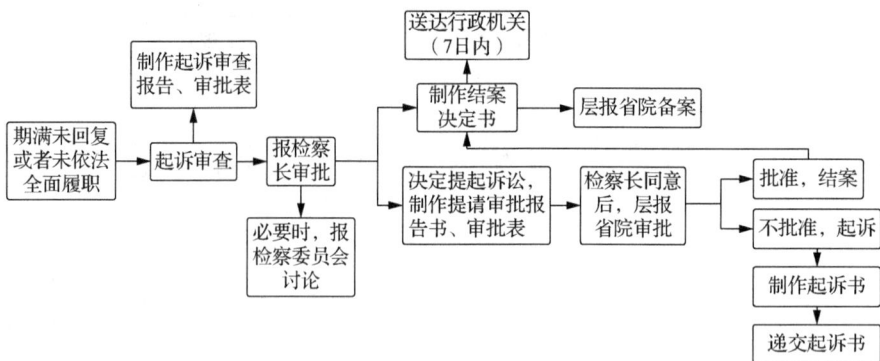

图 4-2-8　行政公益诉讼案件的起诉审查流程

行政公益诉讼案件的起诉流程如图 4-2-9 所示。

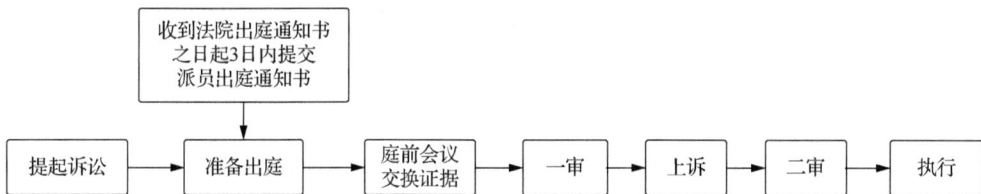

图 4-2-9　行政公益诉讼案件的起诉流程

步骤三　核对具体阶段收集的材料

公益诉讼案件一般在实践中分为两种类型：诉前程序案件和起诉程序案件。诉前程序案件是指在检察环节终结审查，不需要向人民法院起诉或支持起诉的公益诉讼案件。起诉程序案件是指检察院经审查，通过公告程序依法支持起诉或以公益诉讼起诉人身份依法提起诉讼的公益诉讼案件。

不管是诉前程序案件还是起诉程序案件，都包括民事公益诉讼起诉程序案件和行政公益诉讼起诉程序案件。接下来，在介绍检察院书记员收集公益诉讼案件材料时，我们把诉前程序和起诉程序合并起来进行介绍。另外，因为民事公益诉讼案件和行政公益诉讼案件在诉前、起诉程序中有很多节点都相同，下面以民事公益诉讼案件为例，二者不同的地方在行政公益诉讼案件中进行说明，其他不再重复介绍。

1. 民事公益诉讼案件案卷材料的收集与核对

在办理民事公益诉讼案件过程中制作或者收集的反映诉讼程序的法律文书、证明案件事实的证据材料及鉴定、评估、审计、专家意见和勘验等证据材料应当立卷。下面按照每一阶段收集的主要案卷材料进行介绍。

（1）公益诉讼案件线索发现、初查阶段

线索的来源是检察院办理公益诉讼案件的第一步。这些线索主要来自检察院自己收集的，其他部门转交的（本单位其他部门在履行职责中发现后转交的、上级机关转交的，除以上两种还有其他单位转交的线索材料），自然人、法人和非法人组织向人民检察院控告、举报的等。

1）当事人向人民检察院控告、举报的材料。如果提交的材料是纸质形式的，书记员接收材料时应让当事人做好信息登记，原则上应当接收复印件或者复制件，注明接收日期，并及时转交立案部门进行审核；如果当事人采用电话等通信方式，书记员应当注意接听来电的方法和技巧，做好记录，并及时反映到相关部门，同时要做到热心、耐心和细心，避免引发当事人或者举报人不满，避免原有矛盾激化及引发新矛盾。

相关法条

《人民检察院公益诉讼办案规则》第二十四条　公益诉讼案件线索的来源包括：

（一）自然人、法人和非法人组织向人民检察院控告、举报的；

（二）人民检察院在办案中发现的；

（三）行政执法信息共享平台上发现的；

（四）国家机关、社会团体和人大代表、政协委员等转交的；

（五）新闻媒体、社会舆论等反映的；

（六）其他在履行职责中发现的。

特别提醒

1）目前在实际办案过程中，举报线索较少，初期线索都是检察院主动收集、初查，取得相关的材料、证据。民事公益诉讼案件线索限于检察院在履行职责中发现的情形。履行职责包括履行批准或者决定逮捕、审查起诉、控告检察、诉讼监督、公益监督等职责。实践中，对于通过行政执法与刑事司法衔接平台、行政执法与行政检察衔接平台等发现案件线索的，视为"在履行职责中发现"。

2）人民检察院对公益诉讼案件线索实行统一登记备案管理制度。重大案件线索应当向上一级人民检察院备案。

2）移送的线索来源。例如，移送案件线索意见书、报请移送案件线索意见书、交办（转办）案件线索通知书、指定管辖决定书等。检察院书记员在接收这些材料时，需要认真核查，逐一清点，一一核对，注意是否加盖检察院公章，在文书的上传与送达上要注意检察院级别。如果对承办的民事公益诉讼案件需要指定下级人民检察院办理时，书记员需要审查是否有上级检察院的指定管辖决定书。审查后，若发现案件材料不齐全的，应当与下级人民检察院的承办人联系，要求其在 3 日内补送；对于案件的案卷材料装订不符合要求的，应当要求相应机关重新分类装订。

移送案件线索意见书、报请移送案件线索意见书、
指定管辖决定书、交办（转办）案件线索通知书

知识平台

移送案件线索意见书是检察院接到线索来源初查后，承办部门进行核查是否属于自己管辖的范围，若人民检察院发现公益诉讼案件线索不属于本院管辖的，应当制作移送案件线索意见书，移送有管辖权的同级人民检察院，受移送的人民检察院应当受理。人民检察院发现公益诉讼案件线索属于上级人民检察院管辖的，应当制作报请移送案件线索意见书，将案件线索来源报请移送上级人民检察院。交办（转办）案件线索通知书为人民检察院对民事公益诉讼案件线索决定交办、转办下级人民检察院时使用。

书记员在处理联合办案归档问题时，需要注意以下几方面。

1）上级院协助下级院办理的案件，主要材料由下级院归档，上级院只存承办人带回的需要归档的材料。

2）上级院移交下级院、下级院移送上级院或案件管辖变更的，在案件办结后，各自订卷向本院档案室移交，注意应将案件最后处理结果要回，分别存入各自卷内。

3）下级院承办人以上级院的名义办理并作出决定的案件，案件办结后应移交上级院（作出决定的检察院）档案室。

特别提醒

目前，在实践中检察院书记员接收的文书材料一般是先将文书的内容录入统一业务应用系统中的格式模板中，之后打印出来的，然后放入该案件的档案袋或者文件夹内。

相关链接

在检察院收集案件线索来源阶段，书记员收集的文书往往与管辖有关。在判定是否能接收这些材料时，书记员需要知道是否属于检察院管辖的范围，一般分以下几种情况。

1）一般规定。人民检察院办理民事公益诉讼案件，一般由侵权行为地或者被告住所地的市（分、州）人民检察院管辖。

2）指定管辖。上级人民检察院可以根据案件情况，在与人民法院沟通协商后，共同将民事公益诉讼案件指定辖区内其他人民检察院或者跨行政区划人民检察院管辖。

3）管辖权转移。上级人民检察院认为确有必要，可以办理下级人民检察院管辖的重大、疑难、复杂案件。下级人民检察院认为需要由上级人民检察院办理的，可以报请上级人民检察院办理。

经省级人民检察院批准，可以将民事公益诉讼案件交由侵权行为发生地、损害结果地或者被告住所地的基层人民检察院管辖。

4）管辖权协商。上级人民检察院指定改变级别管辖或者地域管辖的，可以在提起民事公益诉讼前与同级人民法院协商管辖的相关事宜，共同指定。

5）刑事附带民事公益诉讼的管辖。检察院对破坏生态环境和资源保护、食品药品安全领域侵害众多消费者合法权益等损害社会公共利益的犯罪行为提起刑事附带民事公益诉讼的，由办理刑事案件的人民检察院管辖。

6）受移送的人民检察院认为不属于本院管辖的，应当报告上级人民检察院，不得自行退回原移送线索的人民检察院或者移送其他人民检察院。

3）初查形成的报告、笔录等。如初步调查报告、违纪违法线索移送函、询问笔录、勘验笔录、汇报提纲等。

负责公益诉讼检察的部门在办理公益诉讼案件的过程中，如果发现涉嫌犯罪或者职务违法、违纪线索的，应当制作违纪违法线索移送函移送本院相关检察业务部门或者其他有管辖权的主管机关。书记员收集材料时需要接收这一材料并放入正卷上册中。检察院在询问自然人、法定代表人或者其他当事人时，应当制作询问笔录；勘验调查证据时，应当制作勘验笔录等，在收集这些笔录类文书时需要核查当事人是否签字或盖章等，对于不符合法律规定或者没有按照法定程序制作与收集的文书和证据材料，应当进行补正，并作出合理解释或者说明。

特别提醒

人民检察院应当对公益诉讼案件线索的真实性、可查性、风险性等进行评估，必要时可以进行初步调查，并形成初步调查报告。

初步调查不是必然要求，有必要才进行初步调查。

4）其他材料。例如，书记员会接收到其他线索发现、评估和管理材料；或者下级人民检察院移送线索书、下级人民检察院批准逮捕决定书、审查逮捕意见书、下级公安局随案移送材料（立案决定书、拘留证、取证意见书）等。书记员在接收这些材料时，应当逐一清点、核查、登记，注明日期，并放入相应的档案袋或文件夹中。初步证明材料，也就是案件线索来源材料，对于这一部分目前没有统一规定。

（2）立案审查阶段

承办人在立案审查阶段应当对当事人的基本情况、案件线索来源进行审查，根据承办案件的检察官办案组的建议，作出立案与不予立案的决定，并报送审批。在审批过程中，涉及审批表、请示及签发单、请示的批复等需放入正卷的上卷中，随后将材料录入统一业务应用系统。

知识平台

统一业务应用系统是目前检察院办案过程中使用的电子化系统。签发稿应放在正式件后面，填写目录时作为一份文件。

书记员在案件办理过程中收集形成的关于案件的请示、报告、批复、检察建议等编有正式文号，以文件形式出现，这类文件的正式打印件、签发稿和底稿归入诉讼卷，不再归入文书档案，可另存一份正式打印件归入该文号的合订资料中。

在民事公益诉讼自侦案件中，制作立案审批表是制作立案决定书的前置条件。当检察官对案件线索进行评估后提出立案或者不立案意见后，应当制作立案审批表。立案审批表是人民检察院对本院受理的案件线索经过初步调查，认为需要立案办理时制作的不对外公开的法律文书。书记员在立案阶段收集立案审批表时应放在正式件后面，填写目录时作为一份文书装入上卷中。

当决定立案之后，书记员需核对立案决定书是否由发送案件管理部门进行登记。若立案审查报告中承办案件的检察官办案组结合案件线索情况，做出本案不符合民事公益诉讼立案条件的，则需要制作不立案决定书。书记员就不立案决定书仅向举报人等线索提供人送达，而不向其他涉案人员送达。对于案件讨论记录，如果是检察委员会的记录归入文书档案，案件承办人的记录归入所承办的案件诉讼卷内，若承办人未记录，可将检察委员会记录复印后归入该案件的诉讼卷内。书记员需要注意，讨论案件会议记录的责任者是讨论案件的单位，如检察委员会、检察官联席会议等，而不是个人。

终结审查决定书是人民检察院对诉前审查阶段决定不发出公告的情形、起诉审查阶段决定不提起民事公益诉讼等情形制作的法律文书。书记员在起诉审查阶段需要送达案件当事人。

人民检察院经过对民事公益诉讼线索进行评估，认为同时存在以下情形的，应当立案：①社会公共利益受到损害；②可能存在破坏生态环境和资源保护，食品药品安全领域侵害众多消费者合法权益，侵犯未成年人合法权益，侵害英雄烈士等的姓名、肖像、名誉、荣誉等损害社会公共利益的违法行为。

立案决定书与立案审批表的区别主要表现在以下 4 个方面。①二者的属性不同。立案决定书是对外公开的法律文书，而立案审批表是不对外公开的内部审批文书。②二者适用的案件范围不同。立案决定书仅适用于自侦案件，而立案审批表除适用于自侦案件外，还适用于民事、行政申诉案件。③二者的制作顺序不同。在办理自侦案件过程中，制作立案审批表是制作立案决定书的前置条件，只有在填制立案审批表并经领导审批后方可填制立案决定书。④立卷归档的装订要求不同。立案决定书在立卷归档时应装入检察卷，而立案审批表应装入检察内卷。

立案审查报告、不立案决定书、立案决定书、终结审查决定书

（3）诉前审查阶段

民事公益诉讼案件诉前审查一般分为两个阶段：调查阶段和审查阶段。在审查阶段之前，调查阶段是必经程序。那么，针对调查阶段的文书和材料在检察院的立卷材料中必须有所体现，这便是书记员需要做的收集工作。因此，需要收集哪些文书和材料，是检察院书记员需要掌握的重点。

检察院书记员在调查阶段根据具体案件，需要收集以下文书和材料。

1）调查、询问、证据类材料，如调查计划、调查方案、询问通知书、询问笔录等。人民检察院办理公益诉讼案件，需要依法、全面、客观地调查收集证据。在调查阶段，询问当事人或案外人时应当制作询问通知书、询问笔录。

询问通知书，以人为单位，一次一份，由书记员发送需要进行询问的个人。检察院书记员在收集询问笔录时，需要检查询问笔录上是否有询问人、被询问人的签名或者盖章。若缺少相应的签名或者盖章，则要进行补正。

特别提醒

人民检察院派员调查询问，应当由两名以上检察人员共同进行。书记员需要检查文书中询问人是否是两人签名或者盖章。对于被询问人拒绝签名或者盖章的，应当在笔录上注明。另外，询问应当个别进行。

人民检察院办理公益诉讼案件，可以采取以下方式开展调查和收集证据：①查阅、调取、复制有关执法、诉讼案卷材料等；②询问行政机关工作人员、违法行为人、行政相对人、利害关系人、证人等；③向有关单位和个人收集书证、物证、视听资料、电子数据等；④咨询专业人员、相关部门或者行业协会等对专门问题的意见；⑤委托鉴定、评估、审计、检验、检测、翻译；⑥勘验物证、现场；⑦其他必要的调查方式。人民检察院开展调查和收集证据不得采取限制人身自由或者查封、扣押、冻结财产等强制性措施。

检察院在证据收集过程中需要向有关单位或者个人调取物证、书证的，需要制作调取证据通知书。书记员在收集这一文书时，需要检查证据是原件还是复印件，一般以调取原件为主，但如果书证为复印件的，应当检查是否注明调取人、提供人、调取时间、证据出处和"本复制件与原件核对一致"等字样，是否签字、盖章。如果书证页码较多的，核查是否加盖骑缝章，另外检查本文书是否加盖"人民检察院"印章。对于调取证据清单上需要有出具证据的单位、个人，则要盖章或者签字。对于制作完成的调取证据清单，检察院书记员需要检查编号是否与调取证据通知书一致。调取证据清单需要收集两份，交于提交人一份，放入附卷一份；同时检查两份内容是否一致。在人民检察院返还证据时收回提交人所持收据附卷时，需要检查是否注明返还时间，提交人是否签字。

在调查阶段，人民检察院如果对专门性问题认为确有必要鉴定、评估、审计、检验、检测、翻译的，则需要专门机构出具鉴定（评估、审计、翻译）的相关材料。书记员在此阶段收集这一文书时需要检查是否有附件内容，若有附件内容则需要整理并将委托鉴定的相关材料固定于委托鉴定（评估、审计、翻译）函之后。

询问通知书、询问笔录、调取证据通知书、调取证据清单、
委托鉴定（评估、审计、翻译）函

2）听证材料，主要是听证形成的书面材料。《人民检察院公益诉讼办案规则》中增加听证程序，在提起诉讼之前人民检察院可以依照规定组织听证，听取听证员、行政机关、违法行为人、行政相对人、受害人代表等相关各方意见，了解有关情况。听证形成的书面材料是人民检察院依法办理公益诉讼案件的重要参考。人民检察院组织听证，应当在听证3日前通知参加听证的当事人，并告知听证的时间、地点。承办检察官主持听证会，书记员需要进行记录。听证会结束后，应当制作笔录，经当事人校阅后，由当事人签名或者盖章。拒绝签名或者盖章的，应当记明情况。

勘验笔录、协助查询
金融财产通知书

3）其他需要收集的材料，主要是勘验笔录、协助查询金融财产通知书等。勘验笔录是对检察院在勘验物证、现场时，对于基本情况、勘验过程、勘验结果做出的文书。书记员接收这一文书时，需要检查现场指挥人、勘验人、见证人是否签字或者盖章，附件中的现场照片、物证照片、设备照片、现场图等是否完整、齐全，物品列表是否对应、缺失等。协助查询金融财产通知书是人民检察院向银行或者金融机构查询金融财产时使用的文书。这一文书需要书记员发送需要协助查询的单位一份，另一份放入附卷；对于调查到的当事人金融财产线索，作为附件附在其后。

检察院书记员在审查阶段需要收集的主要文书：审查阶段主要是对调查阶段收集的材料进行进一步的审核，这一阶段主要涉及的立卷材料是案件讨论材料与汇报材料、诉前审查报告等。案件讨论材料与汇报材料主要包括检察官联席会议讨论研究案件记录、向上级检察机关汇报材料及记录。书记员在案件讨论时需要进行记录，最终制作案件讨论笔录，把整理好的材料放入下卷中。书记员在收集这一阶段的文书时，需要检查承办人是否签字或者盖章、是否标注日期。如果诉前审查报告意见是终结案件，则需要制作终结案件决定书，书记员需要进行认真核查。如果文书是电子版的需要打印出来，并放入纸质案卷材料中。

📎 相关链接

诉前审查报告是由检察官办案组在诉前审查阶段对案件审查、讨论完毕后形成的审查报告。诉前审查报告应当全面、客观、公正地叙述案件事实，依据法律规定提出处理建议。

关于×××一案的
诉前审查报告

（4）公告阶段

公告阶段是公益诉讼特有的阶段，主要的文书材料就是公告。书记员在收集文书时需要注意的事项并不多，因为文书的制作主要是通过检察院办案系统中存在的文书模板进行信息录入，形成电子版的公告，最终需要打印出来，并放入纸质案卷材料中。

公告是指检察院在履行职责中发现破坏生态环境和资源保护，食品药品安全领域侵害众多消费者合法权益，侵害英雄烈士等的姓名、肖像、名誉、荣誉等损害社会公共利益的行为，拟提起公益诉讼的，需要诉前发布公告，看是否有适格的民事公益诉讼的机关和社会组织能够提起公益诉讼。

公告期满，法律规定的机关和有关组织、英雄烈士等的近亲属不提起诉讼的，人民检察院可以向人民法院提起诉讼。人民检察院提起刑事附带民事公益诉讼，应履行诉前公告程序。对于未履行诉前公告程序的，人民法院应当进行释明，并告知人民检察院公告后再行提起诉讼。

公告

特别提醒

1）公告期间为 30 日。

2）针对检察院的公告的回复——函，也是书记员收集的文书材料。例如，民政部门复函，××卫生协会、环境科学协会复函。如果有相应的适格主体可以提起民事公益诉讼的，检察院只需要支持起诉，由适格主体提起民事公益诉讼。若复函中明确没有提起公益诉讼的适格主体，则需要检察院提起民事公益诉讼。书记员在接收这一材料时，需要核查内容并做出登记，并将这一内容及时反馈给承办检察官。

《最高人民法院　最高人民检察院关于检察公益诉讼案件适用法律若干问题的解释》第十三条第三款规定："人民检察院办理侵害英雄烈士等的姓名、肖像、名誉、荣誉的民事公益诉讼案件，也可以直接征询英雄烈士等的近亲属的意见。"

特别提醒

1）检察院提起民事公益诉讼的后顺位，即其他主体不起诉或没有其他适格主体。

2）检察院在民事诉讼领域的"三角色"：①民事检察监督；②支持起诉；③民事公益诉讼起诉人。

（5）起诉审查阶段

公告之后应当跟进调查，在调查阶段仍然会涉及上面调查阶段的文书材料，书记员只需要按照上面讲述的步骤和注意事项做好收集工作。民事公益诉讼案件发布公告后，检察院也需要进行跟进调查，并制作终结审查报告。终结审查报告主要用于决定该民事公益诉讼是终结案件还是提起公益诉讼，特殊情况下还可以决定移送其他人民检察院处理。如果民事公益诉讼案件经过跟进调查后，最终决定终结案件，书记员则需要收集终结审查决定书，将其打印出来并放入纸质案卷材料中，同时告知当事人。

1) 支持起诉的文书材料。当检察院进行跟进调查后，发现需要提起公益诉讼时，如果有适格主体的，检察院书记员会接收到支持起诉审查报告，支持起诉意见书及审批程序材料，支持起诉书及支持起诉方式证据材料，支持起诉决定书等材料。书记员需要认真清点、一一核查，如果是电子材料，则需要打印出来进行装订，做好登记并放入纸质案卷材料中。

2) 起诉审查报告。检察官办案组在起诉审查阶段对案件审查、讨论完毕后，应全面、客观、公正地叙述案件事实，依据法律规定提出处理建议，最终形成起诉审查报告。书记员在接收起诉审查报告时，需要注意区分它与诉前审查报告的区别，两者虽然一字之差，却是在不同阶段接收的文书。起诉审查报告是检察院公告后完成起诉审查而制作的文书。诉前审查报告是检察院立案之后完成审查而制作的文书。所以，书记员在接收材料时需要注意不要颠倒顺序，统一放入纸质案卷材料中。

关于×××一案的
起诉审查报告

3) 其他文书材料。它包括：批复、请示案件审查意见书，案件讨论记录；请示流转、签发单（请示、××起诉书等）等。对于案件讨论记录，一般都由书记员记录案件的讨论内容并进行整理，做成最终的讨论笔录，放入纸质案卷材料中。同时，针对上述文书材料，也需要书记员将纸质版的扫描文件上传到办案系统中。

特别提醒

审查起诉是有期限的。民事公益诉讼案件，审查起诉期限为三个月，自公告期满之日起计算。经检察长批准，可以延长一个月，还需要延长的，报上一级人民检察院批准。

（6）起诉阶段

1) 诉讼文书材料，如民事公益诉讼起诉书、刑事附带民事公益诉讼起诉书。人民检察院向人民法院提起民事公益诉讼必须制作并提交民事公益诉讼起诉书、刑事附带民事公益诉讼起诉书。书记员需要把诉讼文书发送至人民法院，并按照被告人数提供副本；检查卷宗册数是否与附件册数一致；检查证据目录、证人、鉴定人、需要出庭的具有专门知识的人员名单等材料是否齐全，以上材料均需整理移送人民法院。另外，起诉书正本、副本、证据目录、证人名单等，在起诉后需要按照要求放入纸质案卷材料中。书记员在办理过程中要在办案系统中及时录入。

特别提醒

提起民事公益诉讼并不以存在实际损害为前提。在起诉时，仅要求初步证据即可，不要求提供足以胜诉的充足证据。

2) 出席法庭的文书材料，主要有出庭意见书、派员出席法庭通知书等。公益诉讼开庭审理需要人民检察院派员出席，书记员应当在收到人民法院出庭通知书之日起 3 日内将派员出席法庭通知书发送至人民法院，检查该通知书是否加盖人民检察院印章，并及时在办案系统中录入。在民事公益诉讼起诉阶段，人民检察院出庭人员在民事公益诉讼一审案件中发表出庭意见时，书记员需要将出庭意见书放入案卷材料中。

民事公益诉讼起诉书、
刑事附带民事公益诉讼起诉书

派员出席法庭通知书、
出庭意见书

3）撤回起诉决定书及相关保全材料。撤回起诉决定书是人民检察院在民事公益诉讼起诉阶段，发现起诉不当或需要补充修改后重新起诉时制作的案件撤回起诉决定。书记员在检察院制作完撤回起诉决定书，加盖检察院印章后应送达人民法院。如果人民法院要求书面说明撤回起诉理由的，人民检察院应当书面说明。对于撤回后又重新起诉的案件，书记员也应当送达人民法院一份，同时附卷一份。财产（证据、行为）保全建议书是人民检察院在诉讼前、诉讼中发现需要对财产（证据、行为）等进行保全的，需要建议人民法院做出相应保全措施。因此，书记员在接收该文书时，需要注意是否加盖检察院印章，同时应当发送人民法院。

特别提醒

因撤回起诉决定书是以案件为单位，每撤回一个案件就需要制作一份撤回起诉决定书。在共同犯罪案件中，如有一名被告人应当撤回起诉的，则应将全案撤回。

撤回起诉决定书、财产（证据、行为）保全建议书

4）其他文书材料，如调解协议、民事调解书、收据、致歉信等。人民检察院提起的公益诉讼案件在适用第一审普通程序审理环境民事公益诉讼案件过程中，人民法院主持调解达成协议或当事人自行和解达成协议请求人民法院确认，应当制作民事调解书。检察院书记员需要收集调解协议、民事调解书、收据、致歉信等一系列文书材料。书记员接收后要认真清点、一一核查，标注接收的时间，并将纸质版文书材料扫描上传到办案系统中。

（7）裁判结果审查阶段

裁判结果是公益诉讼案件的最终阶段，这一阶段涉及的主要文书有：接收人民法院的民事判决书；若是附带刑事的，则有刑事判决书等；书记员接收文书后需要进行登记，然后将诉讼文书扫描上传到办案系统中；检察院在接收到裁判结果后，需要对其进行审查，根据办案组、部门负责人、主管检察长等审查结果，制作民事判决、裁定审批表及审查表，一审判决、裁定审查表等。判决书是检察院内部制作的文书，书记员只需要审核基本形式，如是否有办案组、部门负责人、主管检察长等意见，内容是否齐全，审查完毕后将文书上传到办案系统中。

一审判决、裁定审查表

2. 行政公益诉讼案件案卷材料的收集与核对

在办理行政公益诉讼案件过程中制作或者收集的反映诉讼程序的法律文书、证明案件事实的证据材料及鉴定、评估、审计、专家意见和勘验等证据材料应当立卷。

检察院书记员在协助检察官承办行政公益诉讼案件时，应当以案件线索发现、初查，立案，诉前审查，检察建议，起诉审查，起诉，裁判结果审查等阶段，进行案卷材料的收集。

在行政公益诉讼中，书记员收集行政公益诉讼材料的各个阶段与民事公益诉讼材料收集的各个阶段基本一致。

特别提醒

1）行政公益诉讼受案范围：生态环境和资源保护、食品药品安全、国有财产保护、国有土地使用权出让等领域。

2）行政公益诉讼管辖：基层检察院提起的第一审行政公益诉讼案件，由被诉行政机关所在地基层人民法院管辖。

3）行政公益诉讼诉前程序：人民检察院应当先向行政机关提出检察建议，督促其依法履行职责，行政机关应当在收到检察建议书之日起 2 个月内依法履行职责，并书面回复人民检察院。若出现国家利益或者社会公共利益损害继续扩大等紧急情形的，行政机关应当在 15 日内书面回复。行政机关不依法履行职责的，可向人民法院提起诉讼，即"先建议再诉讼"。

因检察建议是检察院提起行政公益诉讼的一个重要步骤，现将书记员在人民检察院提起公益诉讼前后阶段中的案卷材料收集工作做以下阐释。

调查阶段调查结束，书记员在此节点收集的最重要的文书是调查终结报告，它将提出终结案件或者提出检察建议的意见。如果最终意见是终结案件，则书记员需要将终结案件决定书送达行政机关；如果最终意见是提出检察建议，则书记员需要将检察建议书在 3 日内送达行政机关，行政机关拒绝签收的，应当在送达回证上记录，把检察建议书留在其住所地，并可以采取拍照、录像等方式记录送达过程。同时，需要在送达之日起 5 日内向上一级人民检察院备案。

提出检察建议后，人民检察院应当对行政机关履行职责的情况和国家利益或者社会公共利益受到损害的情况跟进调查，书记员需要收集相关的证据材料。如果行政机关已经作出整改决定或者制订整改方案，但因突发事件等客观原因不能全部整改到位，且没有怠于履行监管职责，则人民检察院可以中止审查。书记员收到中止审查决定书后，报送上一级人民检察院备案。中止审查的原因消除后，书记员需要将恢复审查决定书发送给行政机关。

行政公益诉讼案件审查起诉期限为 1 个月，自检察建议整改期满之日起计算。重大、疑难、复杂案件需要延长审查起诉期限的，经检察长批准后可以延长 1 个月，还需要延长的，报上一级人民检察院批准。此外，还存在不计入审查起诉期限的情况。《人民检察院公益诉讼办案规则》第四十八条规定："人民检察院办理公益诉讼案件，委托鉴定、评估、审计、检验、检测、翻译期间不计入审查起诉期限。"

经过跟进调查，审查结束后，检察院制作审查终结报告，提出终结案件、提起行政公益诉讼、移送其他人民检察院处理的意见。经审查，人民检察院发现有《人民检察院公益诉讼办案规则》第七十四条规定情形之一的，应当作出终结案件决定。书记员将终结审查决定书上传到办案系统，若文书生成的是电子版，则需要打印纸质版放入案卷材料中，并检查是否由相关人员签字或者盖章，并将完成的文书送达行政机关。

检察建议书

在行政公益诉讼案件审理过程中，行政机关已经依法履行职责而全部实现诉讼请求的，人民检察院可以撤回起诉。若确有必要的，人民检察院可以变更诉讼请求，请求判决确认行政行为违法。人民检察院决定撤回起诉或者变更诉讼请求的，应当经检察长决定后制作撤回起诉决定书或者变更诉讼请求决定书，书记员需将文书在 3 日内提交人民法院。

总之，检察院书记员在做行政公益诉讼案卷材料收集工作时，需要注意各时间节点的文书材料是否完整，证据材料是否齐全。如果有摘录、复制的材料，应注明来源、名称、日期，并写明经手人或者经办人姓名，加盖提供单位的印章。凡是能随卷保存的物证均应收集、保管，若是无法装订的，可以拍照装入证物袋，并标明证物名称、数量、特征、来源。

拓展训练

以小组为单位，每一小组收集一个公益诉讼案件的案卷材料，需要按照公益诉讼的诉前程序和起诉程序分开收集，注意各阶段的收集和核对注意事项，完成一个公益诉讼案件案卷材料的收集和核对工作。

任务评价

请学生自己和教师根据公益诉讼案件案卷材料的核对任务完成情况,参照评价项目和评价要点进行自评与师评,如表 4-2-6 所示。

表 4-2-6　公益诉讼案件案卷材料的核对任务评价表

评价项目	评价要点	权重	自评	师评
公益诉讼案件范围	是否掌握公益诉讼案件范围	40 分		
各阶段案卷材料收集范围	能否正确收集各阶段的案卷材料	30 分		
核对各阶段案卷材料内容	能否正确核对各阶段案卷材料内容	30 分		
总分		100 分		

项目5　人民检察院案卷材料的整理

　　书记员不仅要做好案卷材料的收集和核对工作，后续的整理工作也是书记员立卷必备的核心技能。做好案卷材料的整理工作，不仅需要书记员对案卷材料的基本事实及类别有初步认识，而且需要掌握具体的案卷材料排列规则。在烦琐的案卷材料整理工作中，还需要书记员培养问题意识、创新意识，从案卷材料整理的实际工作出发，积极探索，更好地履行检察职能。

　　本项目以人民检察院的刑事侦查案卷、刑事逮捕案卷、审查起诉案卷和公益诉讼案卷材料的整理为主要研究对象，书记员在整理以上各类案件的案卷材料时，首先应厘清正卷与副卷的内容，然后按照实际办案程序中的文书类别和文书材料形成的时间，兼顾文书之间的相互联系，根据《人民检察院诉讼档案管理办法》和《人民检察院诉讼文书材料立卷归档细则》的规定对各类案件的案卷材料进行排列整理。

任务 1　正卷与副卷的区分

学习目标

1. 理解并掌握正卷与副卷的范围。
2. 熟练筛选特殊类检察案卷的正卷与副卷。
3. 通过区分案卷材料，提升学生的案卷材料整理技能。

工作任务

书记员吴乐乐在检察院工作已经两个月，参与了一些案件的材料收集工作，完成了立卷的第一步，下一步的案卷材料整理是她面临的新的工作内容。在进行案卷材料整理前，必须正确区分正卷与副卷、上卷与下卷，而这项工作她没有参与过，这是她需要学习和掌握的技能。

工作任务分析

书记员做好案卷材料的收集工作后，后续的案卷材料的整理工作是书记员进行立卷的必备技能。案卷材料的整理工作，不仅需要书记员对案卷材料的正卷与副卷有初步的认识，还要学会区分特殊类检察案卷的正卷与副卷。

工作步骤

步骤一　厘清正卷与副卷的内容

检察案卷分为正卷与副卷。正卷主要存放诉讼过程中依法应当提供的法律文书、主要证据及其他材料。副卷主要存放其他法律文书、证据，以及在办案过程中产生的请示、报告、讨论意见等内部材料、涉密材料或者不宜公开的材料和信息。

通常而言，正卷与副卷的区分主要是为了保密、方便利用及保护当事人、代理律师等对案件的知情权。正卷一般因涉及法律文书和证据部分，所以允许当事人、代理律师等诉讼参与人查阅、复制等。例如，检察院直接受理立案侦查案卷中的提请批准直接受理书、批准直接受理决定书、移送案件通知书、立案决定书等，应当归入正卷。副卷因是一些内部材料、涉密材料或者不宜公开的材料和信息，所以不允许当事人等诉讼参与人查阅、复制。例如，联席会议讨论、决定及向领导的请示、批复等，应当归入副卷。

步骤二　区分特殊类检察案卷的正卷与副卷

不起诉的案件，正卷组卷后留存检察院存档；起诉的案件，正卷随案移送人民法院，供诉讼使用。副卷主要包括有保存价值但不需作为证据使用的其他材料，装订后存档备查。

采取技术调查制作的许可文书、法律文书和获取的证据材料，作为证据使用的，应当将有关许可文书、法律文书和证据材料等归入正卷；不作为证据使用的，应当归入副卷；与案件无关的材料，必须及时销毁。

刑事检察案卷，直接受理立案侦查案卷的正卷包括法律文书部分、证据部分（书证、物证、证人证言、举报材料等）；副卷包括法律手续部分（立案审查结论报告、报送案件意见书等）、证据部分〔讯（询）问笔录、亲笔供词、调查笔录，检察正卷中重要证据材料摘录〕、其他需要入卷的材料。

不立案案卷，正卷包括不立案通知书（控告、举报、移送线索）、主要证据材料等；副卷包括案件质量评查表；其他需要入卷的材料，如人民监督员监督检察办案活动相关文书，按照办案程序插入案卷内相应位置。

没收违法所得案卷，正卷参照起诉案卷排列顺序，此外还应按照实际办案程序插入没收违法所得申请书；副卷参照起诉案卷排列顺序，此外还应按照实际办案程序插入没收违法所得意见书、启动违法所得没收程序决定书等。

公益诉讼检察案卷分为正卷与副卷两部分。正卷主要包括对外使用的法律文书和证明案件事实的证据材料。正卷全部采取"一案两册立卷"模式，分为诉前终结案件和起诉案件两类区别立卷。副卷根据需要立卷，主要内容包括正卷以外的其他非主要材料。

特别提醒

案卷中涉及国家秘密的证据材料，应按照国家保密规定执行。

公益诉讼检察案卷

📖 拓展训练

以小组为单位，收集有关刑事立案侦查案卷、刑事起诉案卷、民事公益诉讼案卷、行政公益诉讼案卷，每个小组一个任务点，各小组相互交换收集的案卷材料，然后正确筛选哪些属于正卷？哪些属于副卷？

任务评价

请学生自己和教师根据正卷与副卷的区分任务完成情况，参照评价项目和评价要点进行自评与师评，如表 5-1-1 所示。

表 5-1-1　正卷与副卷的区分任务评价表

评价项目	评价要点	权重	自评	师评
正卷与副卷的区分	能否正确区分哪些案卷材料属于正卷，哪些属于副卷	50 分		
正确区分特殊类检察案卷的正卷与副卷	能否正确筛选特殊类检察案卷的正卷与副卷的内容	50 分		
总分		100 分		

任务 2　案卷材料的排列

学习目标

1. 厘清不同案件案卷材料的排列顺序。
2. 掌握不同程序、不同阶段案卷材料的排列顺序。

2.1　刑事侦查案件案卷材料的排列

工作任务

尹孙是人民检察院第三检察部的一名书记员。最近在办理司法工作人员刘某、李某非法拘禁、暴力取证案，由于涉及共同犯罪、一人犯数罪的情形，案卷材料数目繁多。尹孙在整理案卷材料时，觉得无从下手，分不清哪些案卷材料应当放入正卷，哪些案卷材料应当放入副卷。而且，这是一起共同犯罪案件，主犯刘某和从犯李某的案卷材料应当按照怎样的顺序进行排列呢？

工作任务分析

刑事侦查案卷根据情况可以分立正卷与副卷。正卷主要存放诉讼过程中依法应当提供的法律文书、主要证据及其他材料。副卷主要存放其他法律文书、证据，以及在办案过程中产生的请示、报告、讨论意见等内部材料。材料多的共同犯罪案卷，可以分立总卷和分卷。总卷存放综合性材料，分卷存放犯罪嫌疑人个人材料。共同犯罪案件的讯问笔录，先按照犯罪嫌疑人在犯罪中的主次地位，再按照时间先后顺序进行排列。

工作步骤

卷内材料应当按照实际办案程序和文书材料形成的时间，兼顾文书之间相互联系的原则依次排列。证据材料可以先按照材料名称、问题特征分类，再按照时间先后顺序排列；单一犯罪嫌疑人案件的讯问笔录，按照讯问时间先后顺序排列；共同犯罪案件的讯问笔录，先按照犯罪嫌疑人在犯罪中的主次地位，再按照时间先后顺序排列；材料多的共同犯罪案卷，可以分立总卷和分卷，总卷存放综合性材料，分卷存放犯罪嫌疑人个人材料。

1. 正卷

（1）法律文书部分

正卷中法律文书部分包括以下内容：①提请批准直接受理书；②批准直接受理决定书；③移送案件通知书；④指定管辖决定书；⑤案件改变管辖通知书；⑥立案决定书；⑦补充立案决定书；⑧回避决定书/驳回回避决定书；⑨回避复议决定书；⑩委托诉讼代理人、辩护人通知书；⑪提供法律援助通知书；⑫值班律师提供法律帮助通知书；⑬拘传证；⑭取保候审决定书、执行通知书；⑮被取保候审人义务告知书；⑯保证书；⑰解除取保候审决定书、通知书；⑱监视居住决定书、执行通知书；⑲指定居所监视居住决定书、执行通知书；⑳指定居所监视居住通知书；㉑被监视居住人义务告知书；㉒解除监视居住决定书、通知书；㉓拘留决定书；㉔拘留通知书（包括拘留人大代表、政协委员的相关材料）；㉕拘留证；㉖延长拘留期限决定书；㉗逮捕决定书；㉘逮捕意见书；㉙逮捕通知书（包括逮捕人大代表、政协委员的相关材料）；㉚（不）批准延长羁押期限决定书、（不）批准延长羁押期限通知书；㉛重新计算侦查羁押期限决定书；㉜传唤证；㉝传唤通知书；㉞提讯、提解证；㉟犯罪嫌疑人诉讼权利义务告知书（侦查阶段）；㊱被害人诉讼权利义务告知书；㊲询问通知书；㊳证人诉讼权利义务告知书；㊴调取证据通知书及清单；㊵协助查询金融财产通知书；㊶搜查证；㊷查封/扣押决定书；㊸协助查封通知书；㊹协助解除查封通知书；㊺查封/扣押财物、文件清单；㊻登记保存清单；㊼扣押决定书，查封/扣押财物、文件清单；㊽解除扣押决定书；㊾处理查封/扣押财物、文件决定书及清单；㊿退还、返还查封/扣押物品决定书及清单；○51移送查封/扣押财物、文件决定书及清单；㊾冻结金融财产通知书；㊿协助冻结金融财产通知书；⑤解除冻结金融财产通知书；⑤聘请书（鉴定聘请书、鉴定委托书）；⑤技术性鉴定材料；⑤鉴定人诉讼权利义务告知书；⑤勘查、勘验、技术性鉴定文书；⑤侦查终结财物、文件处理清单；⑥案件侦查终结移送审查起诉告知书；⑥认罪认罚从宽制度告知书；⑥认罪认罚具结书；⑥（不）起诉意见书、撤销案件决定书；⑥送达回证；⑥其他需要入卷的材料。

（2）证据部分

正卷中证据部分包括以下内容：①犯罪嫌疑人综合讯问笔录（最后一次）；②讯问犯罪嫌疑人笔录（按时间顺序排列）；③犯罪嫌疑人到案材料；④犯罪嫌疑人亲笔供词；⑤证人证言；⑥被害人陈述；⑦物证；⑧书证；⑨鉴定意见；⑩搜查、勘验、检查、辨认、侦查实验等笔录；⑪视听资料、电子数据；⑫出入境记录；⑬家庭财产信息；⑭其他需要入卷的材料。

2. 副卷

（1）法律手续部分

副卷中法律手续部分包括以下内容：①接收案件通知书，受理案件登记表，案件材料移送清单；②线索登记表；③上级人民检察院交办或者其他单位移送或者举报、自首等案件来源材料；④提请立案审查报告；⑤提请调查核实报告（调查核实计划、安全防范预案、接触调查核实对象审批表）；⑥中止立案审查审批表；⑦恢复立案审查审批表；⑧延长立案审查期限审批表；⑨立案审查结论报告；⑩申请/批准指定管辖相关法律文书；⑪立案报告书（侦查计划、侦查安全防范预案）；⑫立案决定书；⑬补充立案报告；⑭不立案通知书；⑮报送案件意见书（下级报上级立案侦查）；⑯交办案件决定书；⑰案件线索查处情况回复函（送线索来源单位）；⑱委托辩护人/申请法律援助告知书；⑲采取强制措施审批表；⑳采取强制措施的请示、报告、批复、决定、告知等材料；㉑异地羁押审批表；㉒强制措施法律文书（包括对人大代表、政协委员采取强制措施的文书）；㉓延长、重新计算羁押期限相关法律文书；㉔办案工作区使用、办案用警审批表；㉕同步录音录像通知单；㉖委托勘验、鉴定、检查文书等相关材料；㉗委托协查函；㉘听取辩护律师意见相关材料；㉙侦查终结报告（含移送审查起诉、不起诉、撤案）；㉚讨论案件记录；㉛督办（催办）案件通知书（来自上级人民检察院）；㉜督办案件查处情况报告；㉝检察委员会会议研究意见（决定事项通知书）；㉞改变管辖案件材料；㉟（不）起诉意见书；㊱撤销案件决定书；㊲侦查终结移送审查起诉告知书；㊳随案移送物品、文件清单；㊴退回补充侦查意见书；㊵补充侦查形成的材料；㊶复议的相关材料；㊷来信来访材料；㊸解除、退还查封、扣押、冻结财物的法律文书；㊹刑事判决书；㊺纠正违法通知书；㊻检察建议书；㊼涉案财物出、入库手续清单；㊽案件质量评查表；㊾其他需要入卷材料（包括人民监督员监督检察办案活动相关文书，按照办案程序插入案卷内相应位置）。

（2）证据部分

副卷中证据部分包括以下内容：①讯（询）问笔录、亲笔供词、调查笔录；②检察正卷中重要证据材料摘录；③其他需要入卷材料。

拓展训练

请判断表 5-2-1 中的文书材料应当放入正卷，还是放入副卷，并在相应栏目内打 "√"。

表 5-2-1　刑事侦查案卷材料

文书材料	正卷	副卷
立案决定书		
立案报告书		
提供法律援助通知书		
委托辩护人/申请法律援助告知书		
案件侦查终结移送审查起诉告知书		
检察建议书		
刑事判决书		

任务评价

请学生自己和教师根据刑事侦查案件案卷材料的排列任务完成情况，参照评价项目和评价要点进行自评与师评，如表 5-2-2 所示。

表 5-2-2　刑事侦查案件案卷材料的排列任务评价表

评价项目	评价要点	权重	自评	师评
正卷（法律文书部分）	能否按照规定的顺序对案卷材料进行排列	30 分		
正卷（证据部分）	能否按照规定的顺序对案卷材料进行排列	30 分		
副卷（法律手续部分）	能否按照规定的顺序对案卷材料进行排列	20 分		
副卷（证据部分）	能否按照规定的顺序对案卷材料进行排列	20 分		
总分		100 分		

2.2　审查逮捕案件案卷材料的排列

工作任务

在审查逮捕期间，书记员尹孙正在对案卷材料进行排序，由于犯罪嫌疑人刘某先后两次被提请逮捕，第一次提请逮捕由于不符合逮捕的条件，人民检察院作出了不予逮捕的决定，之后公安机关经过补充侦查，收集了充分的证据证明刘某的犯罪事实，可能会判处有期徒刑七年，所以公安机关再一次对犯罪嫌疑人刘某提请批捕，第二次人民检察院终于作出了逮捕的决定。尹孙在整理案卷材料的过程中，对于公安机关第一次提请批捕的文书材料到底应不应该放入案卷材料中比较困惑，尹孙应该怎么做呢？

工作任务分析

人民检察院对于公安机关提请批捕的案件，可以做出逮捕的决定和不予逮捕的决定。对于人民检察院作出的不予逮捕的决定，公安机关可以进行补充侦查。书记员在整理案卷时，应当把提请批准逮捕的案卷材料均放入卷宗中。

工作步骤

《人民检察院诉讼文书材料立卷归档细则》明确规定了审查逮捕案件案卷材料的排列顺序，书记员应当按照规定，完成案卷材料的整理排序工作。①接收案件通知书，受理案件登记表，案件材料移送清单；②侦查机关提请批准逮捕书；③介入侦查/调查情况表；④阅卷笔录；⑤提讯、提解证，传唤证或者传唤通知书；⑥讯问犯罪嫌疑人提纲，犯罪嫌疑人诉讼权利义务告知书，讯问笔录；⑦听取犯罪嫌疑人意见书；⑧听取辩护人意见情况；⑨询问证人、被害人提纲、通知书，证人、被害人诉讼权利义务告知书，询问笔录；⑩调取证据通知书及清单；⑪不予收集、调取证据决定书；⑫延长审查逮捕期限申请表；⑬讨论案件记录；⑭检察委员会会议研究意见（决定事项通知书）；⑮（不）批准逮捕决定书；⑯（不）批准逮捕决定执行情况；⑰逮捕案件继续侦查提纲；⑱不批准逮捕案件补充侦查提纲；⑲不批准逮捕理由说明书；⑳侦查机关变更逮捕措施情况审查表；㉑撤销逮捕决定书；㉒撤销逮捕理由说明书；㉓撤销不批准逮捕决定书、通知书；㉔通报逮捕外国犯罪嫌疑人的函；㉕通报逮捕政协委员的函；㉖审查逮捕案件备案报告书；㉗适用监视居住建议书；㉘撤销强制措施决定书、通知书；㉙应当逮捕犯罪嫌疑人建议书；㉚侦查机关撤回提请批准逮捕书；㉛准予撤回决定书；㉜检察建议及回复情况、移送犯罪线索；㉝纠正违法通知书，纠正非法取证意见书；㉞侦查活动监督通知书；㉟侦查机关的回复和纠正整改情况；㊱案件质量评查表；㊲其他需要入卷材料（包括听证笔录、人民监督员监督检察办案活动相关文书，按照办案程序插入案卷内相应位置）。

拓展训练

请将表 5-2-3 中的审查逮捕案件的案卷材料按照规定顺序进行排列。

表 5-2-3　审查逮捕案件案卷材料

文书材料	序号
接收案件通知书	
侦查机关提请批准逮捕书	
提讯、提解证	
讯问笔录	
讨论案件记录	
批准逮捕决定书	
案件质量评查表	

任务评价

　　请学生自己和教师根据审查逮捕案件案卷材料的排序任务完成情况，参照评价项目和评价要点进行自评与师评，如表 5-2-4 所示。

表 5-2-4　审查逮捕案件案卷材料的排序任务评价表

评价项目	评价要点	权重	自评	师评
批准逮捕案件材料	能否按照规定的顺序对案卷材料进行排列	40 分		
不批准逮捕案件材料	能否按照规定的顺序对案卷材料进行排列	30 分		
决定逮捕案件材料	能否按照规定的顺序对案卷材料进行排列	30 分		
总分		100 分		

2.3　审查起诉案件案卷材料的排列

工作任务

　　在赵某、李某故意伤害案中，检察院认为对主犯赵某的犯罪事实已经查清，可以提起公诉。然而，对于从犯李某的犯罪证据不是特别充分，公安机关马上展开为期 1 个月的第一次补充侦查，收到证据材料后，检察院认定李某的犯罪证据不足。公安机关立刻进行第二次补充侦查，收到证据材料后，检察院仍然认为李某的犯罪证据不充分，于是对李某作出证据不足不起诉的决定。书记员尹孙在对案卷材料进行整理时，对于赵某的案卷材料，应当按照怎样的顺序进行排列？对于李某的案卷材料，应当按照怎样的顺序进行排列？

⚙ 工作任务分析

在审查起诉案件中，检察院可以做出提起公诉的决定，也可以做出不起诉的决定，书记员应当按照《人民检察院诉讼文书材料立卷归档细则》规定的顺序对案卷材料进行整理排列。

⏱ 工作步骤

随着审查起诉工作的不断发展和完善，诉讼程序日益严格，案卷材料更加完备，书记员应当结合检察院的工作实际，在收集案卷材料的基础上，在正式组卷时需要再进行一次检查，看看诉讼文书是否收集齐全，已有的文书中法律手续是否完备，检查每份文书是否有内容重复的文件等，若有问题应当及时补正。排列卷内诉讼文书顺序的总体要求是：按照诉讼程序的客观进程形成文书的时间自然顺序进行排列，这也是书记员排列卷内诉讼文书顺序时的核心要点。《人民检察院诉讼文书材料立卷归档细则》明确规定了审查起诉案件案卷材料的排列顺序，书记员应当按照规定完成案卷材料的整理排序工作。

1. 正卷（一审案卷）

正卷（一审案卷）材料包括：①起诉书；②审查起诉期间补充的证据材料；③证据目录，证人名单；④向人民法院移送赃款、赃物及其他物证清单；⑤人民检察院办理共同犯罪案件中，对同案犯已作不起诉决定的法律文书；⑥其他需要入卷的材料。

二审或者再审案卷参照以上材料排列顺序。

特别提醒

审查起诉环节上述材料已移送人民法院的，可不再另行归档。如遇撤回起诉、人民法院退回等情形，上述材料应当作为正卷归档。

2. 副卷

副卷材料包括：①接收案件通知书，受理案件登记表，案件材料移送清单；②起诉意见书，移送起诉意见书，交（转）办案件材料；③换押证；④提讯、提解证；⑤委托辩护人告知书、委托诉讼代理人告知书、申请法律援助告知书，侵犯知识产权刑事案件权利人诉讼权利义务告知书；⑥审查起诉期限告知书，重新计算审查起诉期限通知书；⑦认罪认罚告知书；⑧律师事务所授权委托书，当事人授权委托书及律师事务所介绍信；⑨律师帮助通知书；⑩取保候审决定书，监视居住决定书；⑪保证人保证书；⑫律师申请对犯罪嫌疑人取保候审的请求及检察机关的决定；⑬阅卷笔录；⑭参加侦查机关侦查、勘验、检查的记录；⑮传唤证或者传唤通知书；⑯讯问犯罪嫌疑人提纲，犯罪嫌疑人诉讼权利义务告知书，讯问笔录；⑰询问证人、被害人的提纲、通知书，证人、被害人诉讼权利义务告知书，询问笔录；⑱听取辩护人、值班律师意见情况；⑲询问鉴定人提纲、通知书、笔录；⑳听取意见笔录，和解协议书；㉑人民检察院补充侦查（勘验、检查、鉴定、复核记录）材料；㉒委托技术性证据审查书，委托调查函；㉓认罪认罚具结书；㉔捕诉案件审查报告；㉕讨论案件记录；㉖检察委员会会议研究意见（纪要及决定事项通知书）；㉗补充移送起诉通知书；㉘补充侦查决定书、提纲，调取证据材料通知书、退回补充侦查提纲；㉙逮捕犯罪嫌疑人意见书或者逮捕决定书（起诉阶段决定逮捕的）；㉚侦查机关补充侦查材料；㉛侦查机关补充起诉意见书；㉜重新计算期限或者延长审查起诉期限通知书；㉝改变管辖、商请指定管辖文书。

作起诉处理的按照以下顺序归档：㉞起诉书；㉟送达回证；㊱量刑建议书，证人、鉴定人名单；㊲换押证；㊳适用简易（速裁）程序建议书；㊴人民法院（不）同意适用简易（速裁）程序意见书；㊵适用简易（速裁）程序意见书；㊶庭前会议通知书及会议记录；㊷出庭通知书；㊸派员出庭通知书；㊹出庭预案（讯问或者询问提纲、举证质证提纲、答辩提纲、公诉意见书）；㊺出庭笔录；㊻延期审理建议书，延期审理决定书；㊼提供法庭审判所需证据材料通知书；㊽恢复庭审建议书，恢复庭审决定书；㊾换押证；㊿刑事裁定书（中止审理）；51撤回起诉决定书，不起诉决定书；52变更、追加起诉相关材料；53一审判决书、裁定书及对判决、裁定书审查表；54被害人提请抗诉申请书；55抗诉请求答复材料；56抗诉书；57检察建议书，纠正违法通知书；58侦查活动监督通知书；59侦查机关的回复和纠正整改情况；60二审法院终审判决书、裁定书；61处理查封/扣押财物、文件决定书；62涉案财物出、入库手续；63案件质量评查表；64其他需要入卷的材料（包括听证笔录、人民监督员监督检察办案活动的相关文书，按照办案程序插入案卷内相应位置）。

作不起诉处理的按照以下顺序归档：65不起诉公开审查材料；66检察委员会会议研究意见（决定事项通知书）；67下级人民检察院的请示及上级人民检察院的批复；68不起诉决定书，不起诉理由说明书；69宣布笔录；70解除强制措施相关文书；71送达回证；72检察意见书及处理结果；73涉案财物出、入库手续；74案件质量评查表；75其他需要入卷的材料（包括听证笔录、人民监督员监督检察办案活动的相关文书，按照办案程序插入案卷内相应位置）。

拓展训练

请判断表 5-2-5 中的审查起诉案件的案卷材料应当放入正卷，还是放入副卷，并在相应栏目内打"√"。

表 5-2-5　审查起诉案件案卷材料

文书材料	正卷	副卷
起诉书		
证据目录		
证人名单		
起诉意见书		
讯问犯罪嫌疑人提纲		
认罪认罚告知书		
讨论案件记录		

任务评价

请学生自己和教师根据审查起诉案件案卷材料的排序任务完成情况，参照评价项目和评价要点进行自评与师评，如表 5-2-6 所示。

表 5-2-6　审查起诉案件案卷材料的排序任务评价表

评价项目	评价要点	权重	自评	师评
正卷	能否按照规定的顺序对案卷材料进行排列	20 分		
副卷（起诉）	能否按照规定的顺序对案卷材料进行排列	50 分		
副卷（不起诉）	能否按照规定的顺序对案卷材料进行排列	30 分		
总分		100 分		

2.4　公益诉讼类案件案卷材料的排列

工作任务

张洁已经学会区分正卷与副卷，这为她后续的案卷材料整理工作做好了准备。但是，对于没有全程参与公益诉讼类案件的书记员来说，此类案件的案卷材料整理工作成为她即将面临的新的工作内容。助理检察员带领张洁开始了检察院公益诉讼类案件案卷材料整理工作，而这项工作的主要内容就是案卷材料的排序。

工作任务分析

公益诉讼类案件的案卷材料整理工作，不仅需要对公益诉讼类案件案卷材料的基本结构、内容有初步认识，学会区分上卷与下卷的内容，还要明确具体的排序规则和内容。

工作步骤

步骤一　区分上卷与下卷

正卷必须分上卷和下卷立卷。副卷可以分册立卷。

正卷分上卷和下卷分别立卷。以公益诉讼为例：上卷主要包括诉前程序形成的证据材料；下卷主要包括起诉书、社会公共利益受损害的证据材料（民事公益诉讼）或国家利益、社会公共利益持续受损害的证据材料（行政公益诉讼）、检察院公告程序证明材料（民事公益诉讼）、被告违法行使职权或者不作为证据材料（行政公益诉讼）等。

步骤二　排列公益诉讼诉前程序的案卷材料

书记员在进行案卷材料排序时，应当按照实际办案程序中形成的文书类别和文书材料形成时间，兼顾文书之间相互联系的原则依次排列。在办理民事公益诉讼、行政公益诉讼诉前程序案件过程中制作或者收集的反映诉讼程序的法律文书、证明案件事实的证据材料，以及鉴定、评估、审计、专家意见和勘验等证据材料应当立卷。

特别提醒

1）证据材料可以先按照证据种类、材料名称等分类，再按照时间先后顺序排列。

2）单一犯罪嫌疑人案件的讯问笔录，可以按照讯问时间先后顺序排列。共同犯罪案件的讯问笔录，可以先按照犯罪嫌疑人在犯罪中主次地位、再按照时间先后顺序排列。

3）对于材料多的共同犯罪案件的案卷材料，可以分立总卷和分卷。总卷存放综合性材料，分卷存放犯罪嫌疑人个人材料。

在公益诉讼类案件的立卷实践中，分为诉前程序案件立卷和起诉程序案件立卷两部分。诉前程序、起诉程序案件都包括民事公益诉讼诉前程序、起诉程序案件和行政公益诉讼诉前程序、起诉程序案件。

1. 民事公益诉讼诉前程序案件

民事公益诉讼诉前程序案件正卷分为上卷和下卷，按照下列顺序和要求立卷，卷内文书按照文书类别和制作时间先后排列。

（1）上卷排列顺序

上卷排列顺序为：①卷内目录；②证明案件来源的文书，包括线索发现、评估和管理材料；③立案相关的文书，包括立案审批表、立案审查报告、立案决定书等；④调查准备材料，包括调查计划和方案等；⑤主要证据材料，包括查阅、摘抄、复制有关行政机关执法案卷材料，询问违法行为人及证人等笔录，书证、物证、视听资料、电子证据等，专门问题咨询意见，专家意见，鉴定、评估、审计意见等，勘验、检查物证、现场照片等。

卷内目录，是按照卷内文书材料的次序编排以供查找的文书材料的目录，它不是法律文书。

特别提醒

书记员登记卷内目录，应当在卷内文书材料排列顺序、位置固定并编好页号以后进行。登记时，字迹要清晰、工整，不能潦草。

（2）下卷排列顺序

下卷排列顺序为：①卷内目录；②与本案有关的法律法规、行业规范、国家和地区标准等；③案件讨论与汇报材料，包括检察官联席会议讨论研究案件记录、向上级检察机关汇报材料及记录等；④审查意见，包括终结审查决定书等。

2. 行政公益诉讼诉前程序案件

行政公益诉讼诉前程序案件正卷分为上卷和下卷，按照下列顺序和要求立卷，卷内文书按照文书类别和制作时间先后排列。

（1）上卷排列顺序

上卷排列顺序为：①卷内目录；②证明案件来源的文书，包括线索发现、评估和管理材料；③立案相关的文书，包括立案审批表、立案审查报告、立案决定书等；④调查准备材料，包括调查计划和方案等；⑤主要证据材料，包括查阅、摘抄、复制有关行政机关执法案卷材料，询问违法行为人及证人等笔录，书证、物证、视听资料、电子证据等，专门问题咨询意见，专家意见，鉴定、评估、审计意见等，勘验、检查物证、现场照片等；⑥案件讨论与汇报材料，包括检察官联席会议讨论研究案件记录、向上级检察机关汇报材料及记录等；⑦审查意见，包括起诉审查报告、终结审查决定书等；⑧诉前检察建议书，包括检察建议书审批文书、检察建议书副本及送达回证等。

特别提醒

一般情况下，线上案件受理中的案件登记表、接收案件通知书、案件材料移送清单在前。

（2）下卷排列顺序

下卷排列顺序为：①卷内目录；②与本案有关的法律法规、行业规范、国家和地区标准等；③检察建议发出后跟进调查、督促履职等证据材料；④检察建议回复报告等；⑤问题整改证明材料，包括行政机关全面履职证明材料、问题整改证据材料及对比照片等；⑥案件讨论与汇报材料，包括检察官联席会议讨论研究案件记录、向上级检察机关汇报材料及记录等；⑦审查意见，包括起诉审查报告、终结审查决定书等。

步骤三 排列公益诉讼起诉程序的案卷材料

起诉程序案件是指检察机关经审查，通过公告程序依法支持起诉或以公益诉讼起诉人身份依法提起诉讼的公益诉讼案件。公益诉讼起诉程序案件包括民事公益诉讼起诉程序案件和行政公益诉讼起诉程序案件。在办理民事公益诉讼、行政公益诉讼诉前程序和起诉程序案件过程中制作或者收集的反映诉讼程序的法律文书、证明案件事实的证据材料，以及鉴定、评估、审计、专家意见和勘验等证据材料应当立卷。

1. 民事公益诉讼起诉程序案件

民事公益诉讼起诉程序案件正卷分为上卷和下卷，按照下列顺序和要求立卷，卷内文书按照文书类别和制作时间先后排列。

（1）上卷排列顺序

上卷排列顺序为：①卷内目录；②证明案件来源的文书，包括线索发现、评估和管理材料；③立案相关的文书，包括立案审批表、立案审查报告、立案决定书等；④调查准备材料，包括调查计划和方案等；⑤主要证据材料，包括查阅、摘抄、复制有关行政机关执法案卷材料，询问违法行为人及证人等笔录，书证、物证、视听资料、电子证据等，专门问题咨询意见，专家意见，鉴定、评估、审计意见等，勘验、检查物证、现场照片等；⑥与本案有关的法律法规、行业规范、国家和地区标准等；⑦案件讨论与汇报材料，包括检察官联席会议讨论研究案件记录、向上级检察机关汇报材料及记录等；⑧审查意见，包括起诉审查报告及审批文书等。

（2）下卷排列顺序

下卷排列顺序为：①卷内目录；②公告材料，包括媒体公告原件、公告审批程序材料等；③支持起诉材料，包括支持起诉审查报告及审批程序材料、支持起诉书及支持起诉方式证据材料、支持起诉决定书等材料；④民事公益诉讼起诉书副本；⑤被告人行为损害社会公共利益的证据材料等；⑥案件讨论与汇报材料，包括检察官联席会议讨论研究案件记录、向上级检察机关汇报材料及记录等；⑦庭前准备程序材料，包括庭前会议材料、庭审预案材料、相关保全程序材料等；⑧出席一审法庭材料、出席二审法庭材料等；⑨执行材料等；⑩结案文书。

2. 行政公益诉讼起诉程序案件

行政公益诉讼起诉程序案件正卷分为上卷和下卷，按照下列顺序和要求立卷，卷内文书按照文书类别和制作时间先后排列。

（1）上卷排列顺序

上卷排列顺序为：①卷内目录；②证明案件来源的文书，包括线索发现、评估和管理材料；③立案相关的文书，包括立案审批表、立案审查报告、立案决定书等；④调查准备材料，包括调查计划和方案等；⑤主要证据材料，包括查阅、摘抄、复制有关行政机关执法案卷材料，询问违法行为人及证人等笔录，书证、物证、视听资料、电子证据等，专门问题咨询意见，专家意见，鉴定、评估、审计意见等，勘验、检查物证、现场照片等；⑥案件讨论与汇报材料，包括检察官联席会议讨论研究案件记录、向上级检察机关汇报材料及记录等；⑦审查意见，包括起诉审查报告、终结审查决定书等；⑧诉前检察建议书，包括检察建议书审批文书、检察建议书副本及送达回证等；⑨与本案有关的法律法规、行业规范、国家和地区标准等。

（2）下卷排列顺序

下卷排列顺序为：①卷内目录；②起诉书副本；③被告违法行使职权或者不作为，检察建议回复期满后，行政机关没有纠正违法行为或者没有依法全面履行职责，或者没有回复，国家利益或社会公共利益受到侵害的证据材料；④保全程序材料，包括保全程序审批文书及保全文书；⑤案件讨论与汇报材料，包括检察官联席会议讨论研究案件记录、向上级检察机关汇报材料及记录等；⑥庭前准备程序材料，包括庭前会议材料、庭审预案材料等；⑦出席一审法庭材料、出席二审法庭材料等；⑧执行程序材料；⑨结案文书。

特别提醒

无论保管期限长短，案卷内均要求有卷内备考表。卷内备考表是反映卷内文书材料状况的记录单。卷内备考表置于卷尾。另外，司法改革中形成的公益诉讼等新型案卷材料参照以上材料顺序，依据实际办案程序排列。

拓展训练

以小组为单位，每一小组将收集到的公益诉讼类案件案卷材料进行整理，并按照相应的顺序进行排列。

任务评价

请学生自己和教师根据公益诉讼类案件案卷材料的排列任务完成情况，参照评价项目和评价要点进行自评与师评，如表 5-2-7 所示。

表 5-2-7　公益诉讼类案件案卷材料的排列任务评价表

评价项目	评价要点	权重	自评	师评
公益诉讼诉前程序案卷材料的范围	能否掌握公益诉讼诉前程序案卷材料的范围	30 分		
公益诉讼起诉程序案卷材料的范围	能否掌握公益诉讼起诉程序案卷材料的范围	30 分		
公益诉讼类案件各阶段案卷材料排列顺序	能否对公益诉讼类案件各阶段案卷材料进行正确排列	40 分		
总分		100 分		

项目6　人民检察院案卷材料的归档

　　案卷材料的归档是书记员的一项重要工作内容。一本完整的案卷，能够真实客观地反映工作情况、清晰地反映检察官对案件的判断和分析、完整地再现案件的主要事实，是研究案件、评价案件的第一手材料，也是司法机关审理案件的重要参考依据，做好案卷材料的归档工作有助于让人民群众在每一个司法案件中感受到公平正义。所以，书记员将收集整理好的案卷材料组成完整的卷宗并进行归档，是书记员在实际工作中重要的内容之一。

　　本项目包括立卷编目及组卷、归档移交两个任务。其中，立卷编目及组卷主要介绍书记员做好案卷材料的收集、排序之后，如何填写案卷封面、卷内目录、备考表，以及如何编写页码、组卷等；归档移交主要介绍案卷材料归档范围，审查移交案卷的材料，区分纸质、电子、音像、实物等不同载体和形式的档案的归档规则。

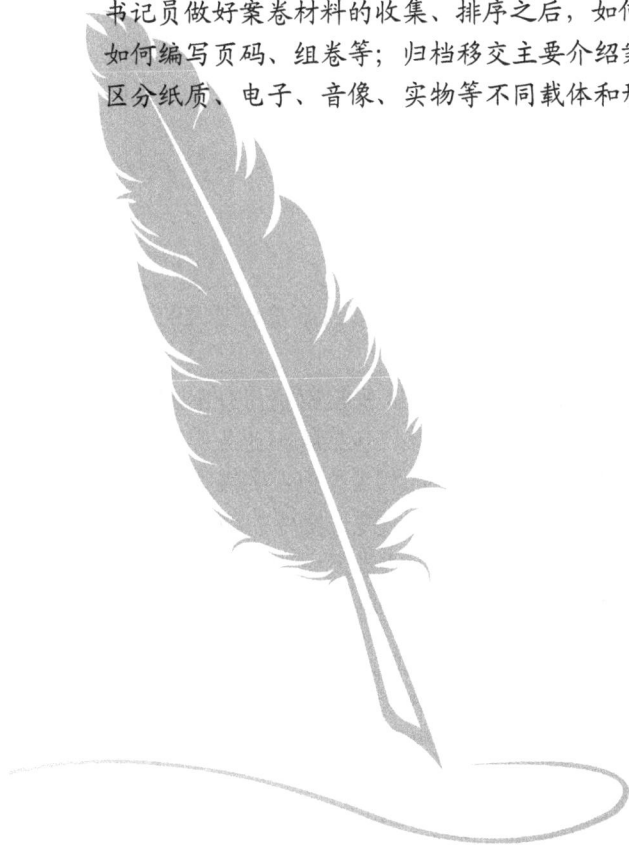

任务 1　立卷编目及组卷

学习目标

1. 掌握立卷编目的内容及步骤。
2. 掌握组卷规范及正确编写页码。
3. 通过对立卷编目及组卷规范的学习，提升学生的整合能力和专业素养。

工作任务

书记员吴乐乐通过助理检察员的指导和自己的学习，基本掌握了各类案件案卷材料收集工作的步骤、流程，并在实践中参与了民事公益诉讼、行政公益诉讼案件案卷材料的收集、排序工作。但是，如何填写案卷封面、卷内目录、备考表，以及如何编写页码、组卷等，成为她即将面临的新的工作内容。

工作任务分析

书记员做好案卷材料的收集和排序工作之后，还需要填写案卷封面、卷内目录、备考表，以及编写页码、组卷等，这些工作都是检察院书记员需要具备的技能。检察院书记员必须独立、熟练地把收集整理好的案卷材料最终整合成一本完整的卷宗。

工作步骤

步骤一　审查案卷材料

书记员要对收集、整理的案卷材料进行审查，检查是否有遗漏或不符合要求的，剔除不需归档的，完善应当归档的案卷材料。

《人民检察院诉讼文书材料立卷归档细则》第六条规定，人民检察院在办案过程中形成的下列文书材料应当归档：①法律文书的正式件、签发稿（包括统一业务应用系统中法律文书的审批表）及领导同志重要修改稿；②受理案件的相关文书；③表明案件来源的立案线索、举报、控告、申诉材料，领导交办材料等；④关于案件的请示、批复（包括电报、电话记录、口头指示记录等）和讨论案件记录、阅卷笔录等材料；⑤证据材料（包括作为证据的视听资料、电子数据）；⑥处理结果；⑦赃款赃物清单；⑧其他具有保存价值的材料。

《人民检察院诉讼文书材料立卷归档细则》第七条规定，下列文书材料不应当归档：①与本案无关的材料；②重份材料；③未定稿的法律文书（特殊、重大案件除外）；④定罪量刑时援引法律及法规性文件；⑤办案过程中借阅的人事档案和前科材料（应归还原单位）；⑥其他没有保存价值的材料。

步骤二　编写卷内文书材料页号

卷内文书材料页号（页码编号），是指每张（或者每页）文书材料在卷内所处的位置。卷内文书材料的排列次序固定后，应当编写卷内文书材料的页号。

1）每一个完整案卷，如诉前程序正卷，一律从卷内目录后的第一份文书材料开始，以阿拉伯数字"1"开始编写页号。分卷装订的，应当单独编写页号。

2）编写卷内文书材料页号，应当以页为单位编号，即一页编一个号，没有文字记载的空白页，不编写页号。例如，一张文书材料只有单面有内容，另一面是空白页，就仅对有内容的页面编写页号。如果一张文书材料的正反面均有文字、图表等内容，其正面和反面均应编写页号，各编为一页。例如，正面的页号是"3"，其反面的页号即为"4"，编写页号时应在正面的右上角、反面的左上角。卷内的便条、小纸条、信封等，只要有文字（包括符号、图画等）的，都应当编写页号。

3）编写页号要准确，不能漏编，也不能编重号码。

4）编写页号的位置要适当。页号应当标注在每页的右上角。文字材料反面有内容的，反面页号应当标注在该面的左上角。

5）编写页号，一律使用阿拉伯数字。

此项是出现问题最多也是退回修改最多的，页号编写错误导致卷宗页数与实际不符，影响后期数字化处理时无法对应挂接。

特别提醒

实践中常见的问题有：①没有逐页编写页号，尤其是正反面打印的文件，反面没编页号；②不用铅笔编写；③没在规定位置编号；④有的备考表也编页号；⑤一案多卷的，不是按一卷一个流水号，而是整个案件所有卷宗一个大流水号编下来；⑥页号编写错误，即页号重复或跳号。

步骤三　制作卷内目录

现行的卷内目录由序号、责任者、文号、标题、日期、页号、备注 7 项组成。

1）序号。序号是对卷内文书材料按照排列顺序进行的编号。一份文书材料编一个号，用阿拉伯数字按顺序编排并填写，如起诉书无论有多少页，只能编一个序号。同类证据有多份的，应当分别编号，如对同一证人有多份询问笔录的，应当按照询问时间先后分别编号、排列。书记员编顺序号时，应以一个案件的案卷材料为单位进行编制，正文和签发稿、底稿属同一份文件，编一个顺序号。另生成目录时，注意查看有无跳号、乱码。

2）责任者。责任者是指制发文书的单位或者个人。书记员填写制发文件材料的机关、部门名称或个人姓名时需要注意以下内容：责任者看落款，落款有公章的，以公章为准；落款是个人的，填个人姓名。一般情况下，法律文书类责任者是制发机关，而阅卷笔录，审结报告，开庭时的出庭意见书、示证方案、开庭记录等是个人。表格类文书责任者，若有公章以公章为准，如送达回证、提押证等；若无公章且责任者又不明确的，则填制表单位。信访材料责任者是信访人，信访人是多人的可填写一人姓名，后用"等几人"说明，匿名信责任者填"匿名"。笔录类文书，如调查、讯问、接访、电话记录等，责任者填个人；讨论案件会议记录的责任者是讨论案件的单位，如检察委员会、检察官联席会议等。

3）文号。填写发文字号，包括发文机关代字、年度和文件顺序号等，如豫检文〔2020〕1号。卷内文书材料有文号的，应填写相应的文号，文号要与统一业务应用系统一致。

4）标题。标题又称为题名，是卷内文书材料的名称，应填写文书材料的标题或事由等；无标题或标题过于简单且不能反映材料基本内容的，应当根据材料正文的内容简明扼要地拟写标题或事由。文书材料有标题的，要原文照录，不要随意更改和简化；文书材料没有标题的，应当根据其内容，准确地概括出主题作为标题。概括的标题要清楚、简要。对于选择性标题，应当把不需要的内容删去。

特别提醒

有正文和签发稿的，包括统一业务应用系统中法律文书的流转签发单，填写目录时作为一份文件，只填写正文题名。

5）日期。日期是文书制作完毕的年、月、日，即成文日期，以文件落款的日期为准，填写8位阿拉伯数字，如20200101。

6）页号。页号是指卷内文书材料所在的首页码。对于文书材料只有一页的，应当在相应的"页号"栏内填写该文书材料在案卷中的页号。一份文书材料有两页以上的，应当在相应的"页号"栏内填写起止号及文件首尾页在案卷中的页号。例如，询问笔录在案卷中的页次排列是从第20页到第28页，填写页号时，应当填写"20—28"。除了最后一份文书材料填写起止页码外，其余只填写起始页码，最后一份文书材料只有一页的，也应填写起止页码，如"50—50"。

特别提醒

实践中常见的问题有：①填写错误，与卷内材料实际所在页码不符；②所有文件都填写最后一页页码；③所有文件都填写起止页码；④最后一份文件没有填写起止页码。

7）备注。备注是用以注明卷内文书材料中需要特别说明的问题，以便有关人员查阅材料时参考。例如，对复制（印）件，应当在该文书材料对应的"备注"栏中注明"复制（印）件"。书记员填写需要说明的情况，如多份送达回证，只编一个顺序号，登记一次的，就需在"备注"栏中注明份数。

步骤四　制作备考表

备考表填写项目包括：本案卷情况说明、立卷人、检查人、立卷时间。

1）本案卷情况说明：应当填写卷内文书材料缺损、修改、补充、移出、销毁及不宜装订入卷的文书材料的情况说明等。案卷装订移交后发生或者发现的问题由有关的档案管理员填写并签名，同时标注时间。

2）立卷人：完成立卷时，由立卷者签名。

3）检查人：由案卷质量检查者、审核者签名。

4）立卷时间：填写立卷完成时的日期，具体到年、月、日。

特别提醒

书记员在填写备考表时需要注意整理人和检查人不能是同一人，必须手写签名，不能空缺或打印。

步骤五　制作案卷封面

检察类案卷封面按照最高人民检察院规定执行。

1）案卷封面格式适用于硬卷皮、软卷皮和卷盒的封面。

2）案卷封面的尺寸为 300mm×220mm（长×宽）。

案卷封面具体内容包括：全宗名称、类目名称；法律文书字号；案件来源、申诉人、被告人、犯罪嫌疑人、案由和处理结果；时间、卷数、页数、承办人和保管期限；编号年度、卷号等。

3）制作案卷封面格式的其他问题，按照最高人民检察院办公厅《关于印发〈检察机关诉讼档案案卷格式标准〉的通知》中的有关规定执行。

书记员填写案卷封面时，需要注意：①检察机关归档的卷宗统称"检察卷"；②收案日期填写收案登记日期，线上案件一般是案管部门案件受理登记表或移交通知书上的日期；结案日期填写办理该案件最后材料形成日期，这个日期同计算办案期限的日期不是同一个概念，不要混淆；③年度的填写：一般指归档年度，由档案员填写，应同结案日期的年度一致；④密级的填写：《人民检察院诉讼文书材料立卷归档细则》第十四条规定，案件承办人应当以案卷材料中标注的最高密级确定案卷的密级，并在案卷封面右上角"密级专用章"处加盖密级印章或打印相应的密级；⑤关于是否填写分册号问题，不作硬性要求，由承办人按方便归档的原则，灵活掌握，若需编分册号，可在固定位置（一般在案卷封面第二行括号内）用阿拉伯数字填写；⑥犯罪嫌疑人（被告人）的填写：新的规定没有明确要求将在诉讼过程中被指控的所有犯罪嫌疑人（被告人）填写齐全，但一般应尽量填全，若为团伙犯罪，可填写主要犯罪嫌疑人（被告人）姓名，然后在后面注明"等几人"。

特别提醒

书记员填写卷内目录、案卷封面和备考表时的常见问题：①填写不完整，有缺项；②填写不准确、不规范。

步骤六　组装案卷

在组装案卷前，应按照《人民检察院诉讼文书材料立卷归档细则》第十六条的内容再检查一遍，案卷各部分的排列顺序为：案卷封面—卷内目录—文书—备考表—封底。组装案卷的具体要求如下。

1）为了便于保存和防止破损，在装订前要把文书材料上的订书钉、大头针、回形针等金属物剔除。

2）以 A4 办公纸尺寸为标准，对于大小不一的文书材料及其他不便装订的材料，要进行加工裱糊。需要归档的信封，应根据其大小粘贴或折叠，邮票应保留。过大的文书材料可以折叠，过小的文书材料要进行托裱。裱糊时要用胶水，不要使用糨糊，以防虫蛀。对于已经破损而又不便裱糊的重要材料，可用牛皮纸袋等保管。

3）有的文书材料是用铅笔或圆珠笔制作的，但又不能重新制作，为了长期保存，应当将原件复制一份，放在原件之后，另编张次。

4）卷内的照片（包括底片）应当有文字说明。照片和文字说明是相辅相成、密不可分的整体，否则照片就失去保存和证明作用。

5）装订案卷每册以不超过 200 页（厚度不超过 20mm）为宜，若证据较多，上、下卷不能装订完的，可以分上卷（一）、上卷（二）等立卷。

6）装订案卷时，应当使用装订案卷的专用线绳。

7）装订案卷时，要将文书材料下边和右边取齐，最好能将上下左右都取齐，在案卷左侧距左沿 1.5cm 处打线孔，一般使用蜡线"三孔双线"装订，每两孔之间的距离以 10cm 左右为宜。装订案卷要达到整齐、美观、坚固、不压字，不得为了追求案卷的外表美观，而将材料中的文字切掉。

8）检察类诉讼案件纸质卷宗应当与电子卷宗保持一致。

特别提醒

书记员在日常归档工作中，常见的问题有：①纸张破损；②金属物没有剔除；③使用热熔胶装订；④装订过松，影响整齐、美观、牢固，也不利于保护卷宗。

知识平台

书记员针对检察院案卷材料的归档范围，可分为线下案件和线上案件。

线下案件一般指督办或领导交办的案件，以及因保密需要不进入案管系统的案件。对因保密需要不进入案管系统的案件必须立卷归档，督办或领导交办的案件应视办理情况区别对待。

线上案件原则上，统一业务应用系统中所列的、诉讼档案管理办法及归档细则有明确规定的，都应当立卷归档。对于一些程序性审查的流程性案件（如延押案件、指定管辖案件、请示案件、备案审查案件等），尽管案卷材料较少，但它反映了案件办理的过程，是一个独立完整的卷宗。

拓展训练

以小组为单位，对案卷材料进行立卷编目及组卷，每一个小组派出一名成员讲解如何填写案卷封面、备考表、卷内目录，演示编写页码的操作步骤及组卷过程中的装订规范。

任务评价

请学生自己和教师根据立卷编目及组卷任务的完成情况，参照评价项目和评价要点进行自评与师评，如表 6-1-1 所示。

表 6-1-1　立卷编目及组卷任务评价表

评价项目	评价要点	权重	自评	师评
卷内目录	能否正确填写卷内目录	20 分		
案卷封面	能否正确填写案卷封面	20 分		
备考表	能否正确填写备考表	20 分		
编写页码	能否正确编写页码	20 分		
组卷	是否掌握组卷规范	20 分		
总分		100 分		

任务 2 归档移交

学习目标

1. 了解案卷材料归档的步骤。
2. 熟练审查案卷材料、区分不同类型的档案。
3. 通过学生对案卷材料进行归档移交，提高学生的团队协作能力。

工作任务

书记员吴乐乐通过助理检察员的指导和自己的学习，基本掌握了各类案件案卷材料收集工作的步骤、流程，并已经参与民事公益诉讼、行政公益诉讼案件案卷材料的收集、排序、立卷编目及组卷工作。接下来，案卷材料的归档是立卷工作的最后一步，如何归档、怎样进行归档是她需要学习和掌握的技能。

工作任务分析

书记员将收集整理好的案卷材料组卷成一本完整的案卷后，将案卷进行归档是书记员工作中重要的一步。

工作步骤

步骤一 了解归档的范围

诉讼档案的归档工作应当在案件办结后进行，不允许对仍在办理中的案件进行归档。

书记员应当对已依法形成具有结论性结果的案卷进行归档，如不予立案、撤销案件、不予起诉、法院判决或裁定等。此外，基于法定原因对案件暂停办理的，也可视为结案，如存查、缓查，中止侦查，中止诉讼等。对于暂停办理的案件，在经过主管领导的批准后，也可以进行归档。

特别提醒

自侦部门对于立案侦查的案件，在侦查终结移送审查起诉时，需要对案卷材料进行立卷，但不需要归档，待形成结论性结果后，再按照立卷归档的相关规定和要求予以归档。

书记员在进行案卷材料归档工作时，要遵循全面归档的原则。从归档的内容上看，应将诉讼案卷材料全部进行归档。对于需要归档的案卷材料应全部装订成册，然后完整地送交档案管理部门进行归档。不应出现应归档而没有归档，或者虽然归档却有遗漏、缺失案卷材料的情况。从归档的形式上看，不仅要进行纸质卷宗的归档，还要进行电子卷宗的归档。

特别提醒

统一业务应用系统中的电子案卷材料，应当打印纸质版本归档。纸质与电子两个版本在内容及描述上应当保持一致。

步骤二　遵循"一案一号"原则

"一案一号"原则有利于确保案卷材料的完整性，有利于全面、系统地反映办案的全过程。同时，对诉讼档案进行保存管理，有利于科学存放、查找检索和利用。

在办案过程中，无论形成了多少诉讼文书和相关材料，也不管整理、装订了多少册案卷，一个案件只能使用一个案号，既不能一个案件使用多个案号，也不能多个案件使用一个案号。

特别提醒

案卷移交给相应的档案管理部门后，案卷档案应当按照结案年度-保管期限，或者保管期限-结案年度的方法进行排列，按照"一卷一号"的原则编制档号。

档号结构为：诉讼档案代码（SS）-结案年度-保管期限代码（1为永久、2为60年、3为30年）-顺序号（5位阿拉伯数字）。例如，2020年永久保管的第1号案卷档号为：SS-2020-1-00001。

同时，应根据年度编制诉讼档案案卷目录，且案卷目录应当装订成册。

步骤三　审查、移交案卷材料

归档是将已经立卷完毕的诉讼档案移交检察院的档案管理部门。书记员应当在归档移交前，检查案卷是否符合归档的质量要求。符合质量要求的案卷应当履行交接手续，同时按照规范制作归档移交目录，归档移交目录一般包括：序号、案卷名称（标题、内容）、卷（册）数量（文字材料、图片、影像资料等）、页码、备注等。一般，归档移交目录需要一式两份，一份留业务部门备查，一份交档案部门留存。完成交接工作时，需要在归档移交目录上签字；不符合归档质量要求的案卷，则需要重新整理。

特别提醒

案件办结后，检察官应及时在统一业务应用系统进行结案操作，并整理、移交案件材料。归档移交时间最迟不超过案件办结后 6 个月。

侦查机关、监察机关移送的案卷，依法需要在检察环节归档的，应当保持其原样，并编制档号。

步骤四　区分不同类型的档案

针对同一案件分别形成纸质、电子、音像、实物等不同载体和形式档案的，应当归入相应的档案门类，分别进行整理、编目、上架，并在案卷目录上相互注明参见号。凡能附卷保存的证物均应装订入卷，无法装订入卷的可装入证物袋，并标明证物名称、数量、特征、来源。不便附卷的证物应拍照片附卷。随卷归档的录音带、录像带、照片等声像档案材料，应当按相应的规定办理。

拓展训练

以小组为单位，将课下收集并按照工作流程和时间整理好的公益诉讼案卷材料进行归档，每一小组派出一个成员对归档的步骤进行演示、讲解。

任务评价

请学生自己和教师根据归档移交任务的完成情况，参照评价项目和评价要点进行自评与师评，如表 6-2-1 所示。

表 6-2-1　归档移交任务评价表

评价项目	评价要点	权重	自评	师评
审查案卷归档材料	能否正确审查案卷归档材料	40 分		
区分不同类型的档案	能否正确区分不同类型的档案	30 分		
归档的规范要求	能否掌握归档的规范要求	30 分		
总分		100 分		

项目7 人民检察院检察技术与信息化

本项目主要选取人民检察院诉讼档案中检察技术与信息化运用的典型工作情景，训练学生检察技术档案制作、电子卷宗的制作、数据查询和统计，能够熟练使用高速扫描仪扫描各类纸质卷宗，掌握电子卷宗软件的常用功能。

各级人民检察院在检察技术办案过程中形成的具有保存价值的纸质、电子、音像等各种形式和载体的历史记录，统称为技术档案，是检察技术辅助检察机关办案功能多元化的客观呈现。

电子卷宗是指在案件受理前或者案件受理过程中，将装订成卷的纸质案卷材料，依托数字影像技术、文字识别技术、数据库技术等媒介技术制作而成的具有特定格式的电子文档和相关电子数据。通过对电子卷宗的技术加工、深度分析和挖掘，实现对办案流程的支持和服务，提升办案水平和效率。利用电子卷宗可以进行数据提取、数据回填、文书自动生成等技术，提高司法机关的智能化办案水平。通过与电子卷宗系统的网间数据安全交换，可以及时为律师提供电子卷宗的网上阅卷服务，解决律师的"阅卷难"问题。

任务 1　检察技术档案的制作

学习目标

1. 了解检察技术档案的含义。
2. 熟练操作检察业务应用系统 2.0，收集检察技术办案过程中形成的案卷材料。
3. 掌握不同技术支持类型案卷材料的排列。
4. 准确掌握检察技术案卷材料的整理及归档要求。
5. 提高学生案卷材料的整合能力。

工作任务

　　李磊刚刚入职人民检察院技术信息处书记员岗位，他的业务指导老师顾阳正在办理一起由下级人民检察院检察技术部门委托开展的指纹鉴定。辅助技术办案人员制作检察技术档案是书记员需要掌握的一项操作性很强的工作。那么，李磊应如何尽快熟悉检察技术办案流程，收集齐全技术办案所形成的归档文书材料，准确掌握立卷归档规范和具体要求，科学高效地制作检察技术档案呢？

工作任务分析

　　为适应大数据时代检察办案对技术支持需求的新变化、新要求，高检院、省级院、分州市院、基层院四级院业务部门在办案过程中遇到的专业技术问题，可通过检察业务应用系统 2.0（以下简称"系统"）申请检察技术支持，检察技术部门接受委托后，依据技术办案规范，运用物证、法医、电子证据、区块链技术、司法存证等技术，以及司法会计、知识产权、环境等领域专业技术手段，开展技术咨询、技术协助、技术性证据专门审查、检验鉴定和同步录音录像等技术支持工作。按照检察档案管理法律法规，对技术办案中生成的具有保存价值的纸质、电子、音像等各种形式和载体的历史记录进行收集、整理和归档，形成检察技术档案。检察技术档案包括传统载体档案和电子档案两种形式。

　　2019 年，《人民检察院检察技术档案管理办法》和《人民检察院检察技术文书材料立卷归档细则》对检察技术办案各流程节点生成的技术文书、证据材料及其他相关材料做出明确规定，即承办人从受理案件开始收集有关技术文书材料，结案后以案件为单位及时整理、归档立卷，制作检察技术纸质档案。对于检察技术办案中形成的电子音像，国家有相关规定的，依其规定执行。本任务侧重对技术协助、技术性证据专门审查、检验鉴定和同步录音录像这四类技术支持业务及相关检察技术档案的制作进行训练。

工作步骤

步骤一 收集检察技术办案过程中形成的案卷材料

1. 委托

检察技术办案主要基于委托。委托技术办案分为检察系统内委托和检察系统外委托两种情况。检察系统内委托技术办案遵循"同级委托、逐级送检"原则。检察系统外委托来自同级公安、法院、监狱、纪委监察委、其他单位。

与检察技术工作职责相对应，检察业务应用系统 2.0 主要设置了 5 项技术支持业务，分别是技术咨询、技术协助、技术性证据专门审查、检验鉴定和同步录音录像。除此之外，还有出庭、撤销鉴定意见、司法鉴定对外委托等。技术支持委托节点的操作流程规定如下：业务部门检察官在个案办理中遇到的专业技术问题，申请检察技术支持的，一律由案件承办人登录系统，制作委托书，经审批后入卷，入卷后系统将自动生成文号，用印并打印。如果文书未用印的，则不能打印。委托书制作完成后，业务部门检察官在个案案件办理中提出检察技术支持，填写有关申请事项，并提交已制作完成的委托书，根据办案需要，选择上传附件、添加相关文书及电子卷宗。如果发现委托事项有误，可以撤回申请。

因本院技术力量不足或者其他原因不能办理的，检察技术部门会转办上级人民检察院或外单位提供技术支持申请，称为转委托。检验鉴定、技术性证据专门审查最多可以进行一次转委托。技术协助案件一般不进行转委托，受理后，没有条件办理的，可以聘请相关领域专家支持办理，并做好外聘专家登记。案件转委托后，不再计入检察技术办案数量。

不同技术支持类型的委托文书也不相同，如表 7-1-1 所示。

表 7-1-1 不同技术支持类型的委托文书

文书名称	用印方式	是否入卷	对应二维码
委托技术协助书	部门印	是	

文书名称	用印方式	是否入卷	对应二维码
委托勘验检查书	部门印	是	
同步录音录像委托技术处理（复制）单	部门印	是	
同步录音录像资料档案调用单（正本调用单）	部门印	是	
委托技术性证据审查书	部门印	是	
委托鉴定书	部门印	是	
同步录音录像通知单	部门印	是	

2. 受理

1）受理申请。

按照人民检察院文件检验、法医、司法会计、电子证据鉴定、心理测试技术等不同门类工作程序规则，委托单位或者部门提出检察技术支持申请的，由技术辅助分办台人员在待接收技术支持列表中接收并办理，即创建新案件，填写受理登记表，完善委托审查信息案卡，依据系统设定的轮案规则将案件分配给具体技术办案人员。有关承办人可在文书卷宗区查看有关材料。对于需要转办外单位的技术支持申请，在待接收技术支持中选择接收单位后进行转办操作。如果申请时选择直接发送至技术人员的，则被指定的技术人员需先转本院分台，再由技术辅助分办台人员重新分配。

委托单位或者部门应当提交开展技术办案所需的委托文书、检材、其他必要材料。

对受理的检材，应当当场密封，由送检人、接收人在密封件上签名或者盖章，并制作使用和封存记录。接收人新建文书，制作并填写人民检察院材料移交清单，如果缺少必要的审查材料、检验鉴定材料，应当制作鉴定（审查）补充材料通知书，明确补充材料的种类、数量、包装及运输要求等，及时反馈至委托方按要求予以提供。经通知后仍不能按要求补充，致使技术办案因条件不足无法完成时，或者委托方要求终止技术办案的，应制作终止通知书。不符合受理条件的，填写不予受理通知书。文书经审批后入卷，由系统自动生成文号。

知识平台

技术支持涉及专业方向较多，包括法医病理、法医临床、DNA 鉴定、精神病鉴定、法医毒物、微量物证、司法会计、声像资料、电子证据、文检、痕检。以文件检验鉴定为例，委托单位应提交委托书及委托鉴定事项所需的鉴定材料，属于重新鉴定的，应当在委托书中注明。鉴定材料主要包括：①委托鉴定书；②检材原件（如压痕笔迹、复写笔迹、污损文件等，对容易损坏的检材应保持原样，对需要进行理化检验的应妥善保管，防止污染；需要包装的，应当注明名称、数量及提取日期等）；③样本（样本一般应为原件，以平时样本为主、实验样本为辅）；④鉴定人认为鉴定所需的其他相关资料。

《人民检察院鉴定规则（试行）》第十三条规定："鉴定机构对不符合法律规定、办案程序和不具备鉴定条件的委托，应当拒绝受理。"

受理技术支持申请节点的相关文书，如表 7-1-2 所示。

表 7-1-2　受理技术支持申请节点的相关文书

文书名称	用印方式	是否入卷	二维码
技术协助受理登记表	不用印	是	
勘验检查受理登记表	不用印	是	
同步录音录像技术处理（复制）受理登记表	不用印	是	

文书名称	用印方式	是否入卷	二维码
同步录音录像资料档案调用受理登记表	不用印	是	
技术性证据专门审查受理登记表	不用印	是	
检验鉴定受理登记表	不用印	是	
鉴定委托受理登记表（合同）	不用印	是	
同步录音录像受理登记表	不用印	是	
鉴定、审查等材料交接清单	不用印	是	
鉴定（审查）补充材料通知书	不用印	是	
不予受理通知书	部门印	是	

2）非系统内案件或者案件尚未立案进入系统时，技术辅助分办台人员和技术人员也可线下接收委托材料，以提案或者直接新建方式，填录案件受理信息案卡，创建技术案件。

3. 技术部门办理

业务部门检察官在申请技术支持时选择的不同技术支持类型，决定了受理节点案件接收类别及不同的技术办案。系统对技术部门办理节点的操作流程规定如下：技术部门案件承办人进入个案办理界面，填录技术办案情况案卡，进一步填写完善委托信息案卡，结合办案实际，创建不同的技术办案结果文书。文书要详细记录技术办案过程、方法、设备、结果及有关证据材料，分析说明要详细，要依据数据科学地分析，结果表述要明确、准确、客观。文书经审批后入卷，用印完成后，可将办理结果反馈给业务部门检察官，最后进入办结节点。如果需要聘用外单位专家进行技术办案的，应当登记参与技术办案的外聘专家案卡。

下面就系统设置的几类技术办案流程及相关文书材料作一介绍。

（1）技术协助

检察技术部门接受检察机关办案部门、其他机关或者单位委托，对案件中涉及司法会计、法医学问题，运用现代科技手段协助业务部门检察官发现、提取、固定相关证据、同步录音录像技术处理（复制）、资料档案调用，对案件专门技术问题提供分析意见。技术协助结果不仅包括物证、电子数据载体、数据量、物证录像、照片及其他视听资料，还包括勘验笔录、侦查实验笔录、检测报告、心理测试报告及其他文书，没有产生以上结果的，应当在技术协助工作说明中详细记录技术协助办案的过程。

在案件承办人员（业务部门检察官）主持下，检察技术人员依据有关技术规范进行分析、检验。尤其是检察院办理的自侦案件，对于与犯罪有关的场所、物品、尸体、人身、活体、法医物证及文证，可以委托技术部门指派两名以上鉴定人，运用专门技术手段进行照相、录像、制图固定并记录，如实反映现场情况，为诉讼活动提供线索和证据。必要时，可以协助案件承办人参加公安机关复验、复查或者侦查实验。勘验、检查应当形成全面客观的记录，照相应当完整，阳性发现和重要的阴性表现均应当完整反映，细目照相应当有比例尺。检查时，案件承办人应当将被检人的临床资料和有关材料送交鉴定人，涉及临床医学专科问题，可聘请医学专家共同检查。随着公益诉讼检察办案对技术支持需求的增大，检察技术部门接受委托后，运用卫星遥感取证、无人机航拍取证、人工现场勘验采样、调查取证和现场快速检测、实验室检测等技术手段，重点围绕证据和现场协助解决案件中的专门性问题，对案件顺利侦办发挥着积极的作用。

📝 知识平台

2018 年，最高人民检察院出台《最高人民检察院关于指派、聘请有专门知识的人参与办案若干问题的规定（试行）》第七条规定，人民检察院办理刑事案件需要收集证据的，可以指派、聘请有专门知识的人开展下列工作：①在检察官的主持下进行勘验或者检查；②就需要鉴定、但没有法定鉴定机构的专门性问题进行检验；③其他必要的工作。

技术协助办理节点的相关文书如表 7-1-3 所示。

表 7-1-3 技术协助办理节点的相关文书

文书名称	用印方式	是否入卷	二维码
技术协助工作说明	不用印	是	
勘验检查笔录	不用印	是	
侦查实验笔录	不用印	是	
同步录音录像技术处理（复制）说明	不用印	是	
同步录音录像资料档案调用说明	不用印	是	
心理测试协议书	不用印	是	
心理测试报告	部门印	是	
委托其他专业协助审批表	不用印	是	

续表

文书名称	用印方式	是否入卷	二维码
补充材料通知书	不用印	是	—
外聘专家申请表	不用印	是	
聘请书	部门印	是	
延期办理申请表	不用印	是	
终止鉴定（审查）通知书	部门印	是	
鉴定文书修改申请表	不用印	是	
撤销鉴定文书通知书	部门印	是	

（2）技术性证据专门审查

检察办案中涉及各类技术性证据材料，如果认为其存在欠缺的证据或者鉴定错误，可通过系统提出检察技术支持申请。检察技术部门受理后，对鉴定文书、报告、相关证据材料、现场勘验笔录、视频资料鉴定等，运用专门科学知识进行审查、判断，出具审查意见，制作技术性证据审查意见书，斧正说明，落款加盖技术性证据审查专用章。对技术性证据实体一般不作出认定。

检察技术人员在办理过程中，若发现缺少必要的审查材料，需要办案人员补充的，应当制作鉴定（审查）补充材料通知书，明确补充填写要求，审批入卷后，反馈给委托单位或部门。如果发现审查材料不充分、审查条件不足、案件发生变化或委托人要求终止审查等情形，制作终止鉴定（审查）通知书，审批入卷后，反馈给委托单位或部门。当本院技术力量不足，需要转委托的，可制作委托技术性证据专门审查书，审查工作需要延期的，制作鉴定（审查）延期通知书，写明延期的原因、期限，审批入卷后反馈给委托单位或部门。

技术性证据专门审查办理节点的相关文书如表 7-1-4 所示。

表 7-1-4　技术性证据专门审查办理节点的相关文书

文书名称	用印方式	是否入卷	二维码
技术性证据审查意见书	部门印	是	
鉴定（审查）补充材料通知书	不用印	是	—
外聘专家申请表	不用印	是	—
聘请书	部门印	是	—
延期办理申请表	不用印	是	—
鉴定（审查）延期通知书	部门印	是	—
终止鉴定（审查）通知书	部门印	是	—
鉴定文书修改审批表	不用印	是	—
撤销鉴定文书通知书	部门印	是	—
人民检察院材料移交清单	不用印	是	—

特别提醒

检察院司法鉴定机构，严格依照《全国人民代表大会常务委员会关于司法鉴定管理问题的决定》《人民检察院鉴定机构登记管理办法》进行设置，经登记管理部门核准登记，取得最高人民检察院统一制发的人民检察院鉴定机构资格证书，方可进行鉴定工作。

（3）检验鉴定

检验鉴定是检察院鉴定机构对办案过程中涉及的物证和专门性技术问题，指定具有相关鉴定资格的鉴定人，运用科学技术手段或者专门知识进行检测、鉴别和判断，并出具检验报告或鉴定意见。

检验鉴定过程要严格按照有关鉴定技术规范独立进行，做好工作记录，委托方、其他人员不得以任何形式进行暗示或者强迫鉴定人做出某种意见。检察院鉴定机构接受委托后，应当指派两名以上鉴定人共同鉴定，需要其他鉴定机构的鉴定人参与的，填写外聘专家申请表和聘请书，经审批后将聘请书送达被聘请人。需要其他专业协助的，填写委托其他专业协助审批表。当遇到重大、疑难、复杂的专门性问题时，经检察长批准，鉴定机构可以组织会检鉴定。会检鉴定人应当不少于三名，由本鉴定机构鉴定人与聘请的其他鉴定机构的鉴定人共同组成，或者全部由聘请的其他鉴定机构鉴定人组成，独立检验、集体讨论。

鉴定人发现送检材料有虚假内容或虚假嫌疑的，应当通知送检人进行核查，提供书面说明；送检材料明显不足的，应当制作鉴定（审查）补充材料通知书，要求送检人补充。若无法补充的，委托方要求终止鉴定的，则应当终止鉴定，并书面说明原因。必要时，鉴定人可以协助核查、收集。当送检材料不足，鉴定一般自受理之日起 15 个工作日内完成。疑难复杂的案件，经委托单位或部门同意，可以适当延长时间。鉴定过程中，补充送检材料所需时间，不计入鉴定时限。

鉴定工作完成后，应当根据委托要求出具鉴定意见。鉴定人通过分析论证对专门性问题能够作出明确鉴定意见的，应当出具鉴定书。例如，对伤情、指纹、文字、司法会计类鉴定的真实、有效存在进行审查。鉴定人对于鉴定事项无判定性意见，应当出具检验报告。例如，对于毒物分析、微量物证、火药残留、重金属超标、电子数据、视听资料等证据材料，通过观察、测量、计算、比对、定性、定量、技术处理、检索、恢复等方法进行检验、化验，必要时应当附上检验的图谱、视频、录音、数据等，全面反映检验结果。鉴定文书由鉴定人制作，报检察长或者鉴定机构负责人签发，鉴定人在末页上签名，有专业技术职称的应注明技术职称，如主任法医师、副主任法医师、主检法医师、法医师。鉴定书或者检验报告一式两份，分别加盖"正本""副本"章，正本交委托单位，副本存档备查，需要报上一级检察技术部门备案的应增加一份副本。鉴定书的首页文号处加盖"××××检察院司法鉴定专用章"，多页须盖骑缝章。

特别提醒

依据《中华人民共和国刑事诉讼法》和《人民检察院刑事诉讼规则》的规定，人民检察院直接立案侦查的案件，是指设区的市级人民检察院负责立案侦查在对诉讼活动实行法律监督中发现的，司法工作人员利用职权实施的非法拘禁等侵犯公民权利、损害司法公正的犯罪。基层人民检察院也可以办理上级人民检察院交办的该类自侦案件。案件承办部门为了查明案情，解决案件中某些专门性问题，可以委托本院技术部门司法鉴定机构，指派具有司法会计、法医、文件检验鉴定资格的鉴定人进行检验、鉴定，或者按照逐级委托的原则，接受下级检察院的委托进行检验鉴定，并出具鉴定意见。

检验鉴定办理节点的相关文书如表 7-1-5 所示。

表 7-1-5　检验鉴定办理节点的相关文书

文书名称	用印方式	是否入卷	二维码
鉴定书	司法鉴定专用章	是	

续表

文书名称	用印方式	是否入卷	二维码
检验报告	司法鉴定专用章	是	
分析意见书	司法鉴定专用章	是	
司法鉴定委托受理合同	司法鉴定专用章	是	—
补充材料通知书	不用印	是	—
外聘专家申请表	不用印	是	—
聘请书	部门印	是	—
委托其他专业协助审批表	不用印	是	—
鉴定（审查）延期通知书	部门印	是	—
终止鉴定（审查）通知书	部门印	是	—
鉴定文书修改申请表	不用印	是	—
撤销鉴定文书通知书	部门印	是	—
鉴定人出庭审批表	不用印	是	

（4）同步录音录像

同步录音录像，应当客观、全面地反映听取意见的参与人员和听取意见的过程。画面应当完整、端正，声音和影像清晰可辨，保持完整、连续，不得选择性录制，不得篡改、删改。检察技术部门在收到办案部门提出的全程同步录音录像通知后，应当指派技术人员，制作人民检察院讯问全程同步录音录像受理登记表。结合案件实际，录制人员应当及时填写人民检察院讯问全程同步录音录像工作说明，其中有关录制工作的内容，客观记录讯问过程的录制、系统运行、技术人员交接，以及对使用光盘编号等情况。被讯问人签名后，交讯问人员按要求填写。录制结束后，录制资料正本由讯问人员、被讯问人共同确认后，当场装入人民检察院讯问全程同步录音录像资料密封袋，并由录制人员、讯问人员、被讯问人三方封签，被讯问人在封口处骑缝捺指印。录制资料副本应当在收到人民检察院讯问全程同步录音录像工作说明时，移交委托录制的办案部门。

相关法条

2019 年，《人民检察院刑事诉讼规则》第一百九十条规定："人民检察院办理直接受理侦查的案件，应当在每次讯问犯罪嫌疑人时，对讯问过程实行全程录音、录像，并在讯问笔录中注明。"2022 年，《人民检察院办理认罪认罚案件听取意见同步录音录像规定》第二条第一款规定："人民检察院办理认罪认罚案件，对于检察官围绕量刑建议、程序适用等事项听取犯罪嫌疑人、被告人、辩护人或者值班律师意见、签署具结书活动，应当同步录音录像。"第九条规定："同步录音录像的起始和结束由检察官宣布。开始录像前，应当告知犯罪嫌疑人、被告人、辩护人或者值班律师。"

同步录音录像办理节点的相关文书如表 7-1-6 所示。

表 7-1-6　同步录音录像办理节点的相关文书

文书名称	用印方式	是否入卷	二维码
同步录音录像工作记录单	不用印	是	

特别提醒

收集归档文件材料规范要求如下。

1）收集齐全、完整，符合归档要求。需要归档的文件材料应当真实、准确、系统，文件材料组件齐全、内容完整。

2）依据《人民检察院检察技术文书材料立卷归档细则》第六条、第七条具体规定，甄别应当立卷归档的文书材料。属于依法办理案件以外所形成的材料，不纳入检察技术档案。收集的纸质技术文书材料中，有文件发文稿纸、文件处理单的，应当与文件副本、定稿一并归档。

3）已入卷文书的撤回。卷宗区的文书都是严格按照审批权限进行入卷，属于已经生效的文书，原则上是不允许修改和删除的。若确有必要对入卷文书进行修改的话，可以通过系统选择"撤回文书"，重新显示在在办文书或者文书列表中。

4）系统中电子案件材料，应当打印纸质版本归档。纸质与电子两个版本在内容和描述上应当保持一致。

步骤二　整理立卷

根据人民检察院检察技术档案制作的有关法律规定，检察技术办案完毕后，承办人要指导书记员尽快整理立卷。

1. 甄别立卷归档范围

《人民检察院检察技术文书材料立卷归档细则》第六条规定，人民检察院检察技术部门在办案过程中形成的下列文书材料应当立卷归档：

1）技术文书的正式件、签发稿（包括统一业务应用系统中技术文书的审批表）及技术审核人、授权签字人的修改稿；

2）受理案件的相关文书，接收检材、审查对象的清单、照片或者复制件等；

3）表明案件来源的交办函、领导交办材料等；

4）关于案件的请示、批复（包括电报、电话记录、口头指示记录等）和讨论案件记录、阅卷笔录等材料；

5）组织专家会检的材料；

6）案件办理中形成的实验记录、数据、图谱、照片、音视频资料等；

7）回执单；

8）其他具有保存价值的材料。

《人民检察院检察技术文书材料立卷归档细则》第七条规定，下列文书材料不应当立卷归档：

1）与本案无关的材料；

2）重份材料；

3）未定稿的法律文书（特殊、重大案件除外）；

4）检验对象、审查对象、技术协助获取的实物（应当拍照存档，技术工作完成后归还委托单位或者按约定处理）；

5）其他没有保存价值的材料。

《人民检察院检察技术文书材料立卷归档细则》第八条规定，摘录、复制的材料应当注明来源、名称、日期、经办人姓名等以备查考。

2. 技术案卷卷内主要材料的排列

《人民检察院检察技术文书材料立卷归档细则》第十条规定："卷内材料应当按照实际办案程序，保持文书材料之间有机联系的原则依次排列。"

1）检验鉴定类案卷卷内主要材料排列顺序：

① 委托检验鉴定书；

② 受理检验鉴定登记表（鉴定委托合同）；

③ 检验对象照片、复制件或者复制件清单（包括财务会计资料、笔迹、印章、指纹、病理切片、X光片、病例等）；

④ 特殊载体检验对象复制件或者复制件清单（包括电子证据、声像资料）；

⑤ 检验鉴定工作记录（包括数据、图谱、照片、音视频资料等）；

⑥ 专家会检记录；

⑦ 专家意见；

⑧ 鉴定书、检验报告，分析意见书等（副本）及签发稿、修改稿；

⑨ 回执单；

⑩ 其他需要入卷材料。

2）技术性证据审查类案卷卷内主要材料排列顺序：

① 委托技术性证据审查书；

② 受理技术性证据审查登记表；

③ 审查对象复制件或者复制件清单（包括鉴定书、检验报告、技术资料等技术性证据材料）；

④ 特殊载体、审查对象复制件或者复制件清单（包括电子数据、声像资料）；

⑤ 技术性证据审查工作记录；

⑥ 专家会检记录；

⑦ 专家意见；

⑧ 技术性证据审查意见书（副本）及签发稿、修改稿；

⑨ 回执单；

⑩ 其他需要入卷材料。

3）技术协助类案卷卷内主要材料排列顺序：

① 委托技术协助书；

② 受理技术协助登记表；

③ 照片、音视频资料、绘图、图谱等材料或者材料清单；

④ 技术协助获取的物证、书证、电子数据、声像资料等特殊材料或者材料清单；

⑤ 技术协助工作记录；

⑥ 勘查取证笔录、侦查实验笔录、心理测试报告、技术协助工作说明等（副本或者复制件）；

⑦ 回执单；

⑧ 其他需要入卷材料。

4）其他技术办案类案卷卷内主要材料排列顺序。

上级人民检察院办理下级人民检察院请示案卷材料排列顺序：

① 下级人民检察院的案件请示报告及附件；

② 审查报告（审查意见书）；

③ 讨论案件记录；

④ 对下级人民检察院请示案件的批复；

⑤ 其他需要入卷材料。

下级人民检察院归档向上级人民检察院的请示案卷，参照以上材料内容，根据实际办案程序排列。

下级人民检察院办理上级人民检察院交办、转办、督办案卷材料排列顺序：

① 上级领导机关交（转）办函、督办函；

② 受理案件登记审查表；

③ 审查报告（审查意见书）；

④ 讨论案件记录；

⑤ 案件处理结果情况的报告；

⑥ 其他需要入卷材料。

上级人民检察院归档向下级人民检察院交办、转办、督办的案卷，参照以上材料内容，根据实际办案程序排列。

3. 检察技术立卷规范

1）归档的案件材料应当以卷为单位进行整理，规范有序。按照办案程序排列案卷材料原则，遵循材料形成规律，保持材料之间的有机联系，对于纸质、电子、音像等不同载体，要区分不同价值，分别整理，便于保管和利用。

2）卷内材料除卷内目录、备考表外，均应使用铅笔从"1"开始逐页编写页码，编写位置在有文字和图表材料正面右上角、反面左上角，如果统一业务应用系统自动生成的二维码单独成页的话，可视为图表材料对该页进行编码。

3）一般都需要再拟制一份通用的检察文书审批表，经领导同意签署后，随鉴定文书一起发送，入卷备查。签发稿、审批表应放在正式件后面，填写目录时作为一份文件。

4）如果遇到一案多卷的，应当按照一卷一个流水号编下来，不能把整个案件所有卷宗一个大流水号编下来。

5）根据案卷材料齐全原则要求，结案后要及时整理，检查诉讼文书是否齐全、完整，有遗漏或者不符合归档要求的应当补齐补正，确实无法补正的，必须在备考表中注明情况，由承办人签字并经审核后归档。

6）如果发现已经出具的鉴定文书需要修改的，应填写鉴定文书修改审批表，经审批后修改鉴定文书。如果仅出现文字错误的，可以进行修改，并在修改处加盖"校对专用章"。

7）卷皮、卷内目录填写应当与卷内材料相符，即按照实际办案程序，保持文书材料之间有机联系的原则依次排列，并详细填写卷内每份材料的名称或事由。备考表应当如实记录需要补充说明的情况。

4. 检察技术装订规范

1）归档技术文书材料，一般以 A4 办公纸尺寸为标准。纸张残缺破损、过小或者过大及字迹偏左、装订后影响阅卷的，应当进行修补、粘贴衬纸或者折叠等。附有金属物的应当剔除。需要归档的信封，根据其大小粘贴衬纸或者折叠，邮票应当保留。

2）卷内材料应当右齐下齐，一般使用蜡线"三孔双线"装订，确保整齐、美观、牢固。每本案卷一般不超过 200 页，或者厚度不超过 20mm，超过时可以分卷装订。

3）为了防止检察技术案卷材料在装订时损坏，应在卷内目录前加装牛皮纸质压条，长度略短于卷皮长度，宽度为15mm，压条与卷内材料、卷皮一同装订。

5. 人民检察院技术档案案卷格式标准

（1）案卷卷盒

案卷卷盒采用无酸牛皮卡纸材质，尺寸为315mm×230mm×50mm（长×宽×高）。

（2）案卷卷皮

案卷卷皮采用牛皮纸质，尺寸为305mm×220mm（长×宽），卷脊厚度设置为2mm、14mm两种。卷皮式样包括全宗名称（填写单位全称或者通用简称）、立卷单位、统一受案号、技术文书号、委托单位、委托要求、案由、意见或结果、受理日期、完成日期、页数、总册数、分册号、承办人、审核人、保管期限、全宗号、目录号、年度、卷号、密级项目（案件承办人依据案卷材料中标注的最高密级来确定案卷的密级，并在卷皮右上角"密级专用章"处加盖密级印章，或者打印相应的密级，没有密级的，不用标识）。其中，全宗号、目录号、年度、卷号由档案部门根据档案管理的要求填写。

（3）卷内目录印制式样及填写要求

卷内目录印制式样及填写要求参见《关于印发〈人民检察院诉讼档案案卷格式标准〉的通知》（高检院办字〔2016〕379号），由系统生成或者使用电子表格进行编制，客观记录卷内每份材料名称或者事由。

卷内目录填写内容包括如下几个方面。

① 顺序号。填写归档文件的顺序号。

② 文号。填写发文字号，包括发文机关代字、年度和文件顺序号等。

③ 责任者。填写制发文件材料的机关、部门名称。

④ 文件（材料名称）。填写文件材料的标题或事由等。无标题或标题过于简单、不能反映材料基本内容的，应当根据材料正文的内容简明扼要地拟写标题或事由。

⑤ 日期。填写文件材料的形成日期。采用8位阿拉伯数字表示，如"20160110"。

⑥ 页号。除最后一份文件材料填写起止页码外，其余只填写起始页码。

⑦ 备注。填写需要说明的情况（如多份送达回证，只编一个顺序号，登记一次的，就必须在"备注"中注明份数）。

（4）备考表填写要求

《人民检察院诉讼档案案卷格式标准》明确了备考表的填写要求，如实记录需要补充说明的情况，技术案件承办人应当作为整理人或者检查人手写签名，不能空缺或者打印，并且整理人和检查人不能是同一人。

步骤三 移交归档

1）承办人负责归档工作。归档目录应当制作一式两份，一份留检察技术部门备查，一份交档案部门留存。移交时，档案部门应当清点案卷，符合归档质量要求的，予以接收，归档部门和档案部门同时在移交凭证上签字，办理交接手续。不符合归档质量要求的，应当退回检察技术部门重新整理。

2）结案归档时间。《人民检察院检察技术文书材料立卷归档细则》第四条规定："技术文书材料，由检察技术人员在案件办结的年度归档。归档时间最迟不超过下一年第二季度。"

3）检察技术档案保管期限。案件承办人应当依据《人民检察院技术档案保管期限表》，结合案件性质、情节、刑期、社会影响和史料价值等因素，填写案卷保管期限意见。档案部门审核同意后，应当加盖保管期限专用章予以确认。《人民检察院检察技术档案管理办法》第二十四条规定："技术档案保管期限分为永久和定期，定期分为 60 年和 30 年两种，保管期限应当从结案后下一年起算。"

4）已归档的检察技术档案不得擅自增减材料。若确需增减的，检察技术办案人员应当经过部门负责人审批，并征得档案部门同意后，在备考表中写明材料增减情况，经双方共同签字后予以确认。

5）依据《人民检察院检察技术档案案卷格式标准》，逐卷编制档号。档号应当指代单一，体现档案来源、档案门类、整理分类体系和排列顺序等档案基本属性。档号结构应当符合《档号编制规则》（DA/13）、《归档文件整理规则》（DA/T22）。机关档案一级门类代码，如文书（WS）、专业（ZY）等，专业档案按照相关规定设置二级门类代码。检察技术档案按照"一卷一号"原则进行编制档号。档号结构为：技术档案代码（JS）-结案年度-保管期限代码（1 为永久、2 为 60 年、3 为 30 年）-顺序号（一般为 5 位数）。例如，2021 年永久保管的第 33 号案卷档号表述为：JS-2021-1-00033。

6）检察技术同一案件分别形成纸质、电子、音像等不同载体档案的，按照不同载体性质归入对应的档案门类，分别进行整理、编目、上架，并在案卷目录上相互注明参见号。

拓展训练

甲县公安机关办理的王大控告张三实施诈骗案（案号：A41000000000000000）侦查终结，依法移送至甲县人民检察院审查起诉，被害人王大委托的诉讼代理人向检察院提出，侦查阶段公安机关制作的对证人李四的询问笔录上的指印并非李四本人捺印，被告方有伪造证据之嫌，诉讼双方意见不统一。根据《中华人民共和国刑事诉讼法》第一百四十六条规定，甲县人民检察院第一检察部负责该案件的承办人履行有关手续，委托本院检察技术部门向上一级乙市人民检察院技术部门开展痕迹鉴定。

请按照人民检察院痕迹鉴定工作规范和检察技术档案整卷要求，将下列案卷材料制作一份检察技术档案卷内目录（表7-1-7）。

1）甲县人民检察院委托鉴定书（正本一份）。

2）乙市人民检察院检验鉴定受理登记表一份。

3）十指指印样本复印件 4 页。

4）检材复印件。

5）乙市人民检察院检察文书流转/签发单。

6）乙市人民检察院司法鉴定中心出具的《指印鉴定书》（正本、副本各一份）。

7）回执单。

8）鉴定机构和鉴定人资质证明。

9）检验鉴定工作记录一份。

表 7-1-7　卷内目录

顺序号	文号	责任者	题名	日期	页号	备注
1						
2						
⋮						

任务评价

请学生自己和教师根据检察技术档案的制作任务完成情况，参照评价项目和评价要点进行自评与师评，如表 7-1-8 所示。

表 7-1-8　检察技术档案的制作任务评价表

评价项目	评价要点	权重	自评	师评
检察技术档案的定义	是否掌握检察技术档案的法律依据、制作主体、表现形式、意义	30 分		
明确检察技术档案案卷格式	是否掌握检察技术档案案卷格式标准	40 分		
四类检察技术案卷材料的排列	是否掌握《人民检察院检察技术文书材料立卷归档细则》中关于四类检察技术案卷材料排列顺序的规定	30 分		
	总分	100 分		

任务 2　电子卷宗的制作与查询统计

学习目标

1. 掌握电子卷宗软件的使用。

2. 了解制作电子卷宗的工作规定。

3．掌握电子卷宗的制作流程。

4．熟练使用高速扫描仪扫描各类纸质卷宗。

5．掌握电子卷宗制作情况的数据查询和统计。

工作任务

书记员吴乐乐经手了一件一审公诉案件，现在已经审查终结，需要制作电子卷宗。她需要使用高速扫描仪扫描相关纸质卷宗，使用电子卷宗软件制作电子卷宗，并进行电子卷宗制作情况的数据查询和统计。

工作任务分析

电子卷宗是指在案件受理前或者案件受理过程中，将装订成卷的纸质案卷材料，依托数字影像技术、文字识别技术、数据库技术等媒介技术制作而成的具有特定格式的电子文档和相关电子数据。检察机关可以有效利用电子卷宗提高办案效率，加强办案监督管理，保障律师依法执业。

书记员在检察院工作过程中，会经手制作各类案件的电子卷宗。制作电子卷宗，应当坚持以下原则。

1）客观真实。制作、提供使用的电子卷宗，应当与纸质卷宗的内容、形式、顺序等保持一致。

2）规范高效。相关人员应当依照规定及时制作、规范使用电子卷宗，确保各环节顺畅衔接、高效运行。

3）安全保密。相关人员应当严格遵守保密规定，做好电子卷宗的安全保密工作，严防失密、泄密事件发生。

工作步骤

下面以检察机关使用的电子卷宗系统软件为基础，介绍电子卷宗的制作、数据查询和统计过程。

步骤一　用户登录

电子卷宗客户端成功安装后，单击电子卷宗管理系统桌面快捷方式打开登录界面，选择单位，输入账号、密码进行登录，电子卷宗管理系统登录界面如图 7-2-1 所示。

图 7-2-1　电子卷宗管理系统登录界面

　　图 7-2-2 是登录主界面。该界面分两个区域，左边区域是功能区，右边区域是功能展示区。功能区分为卷宗制作、统计查询、统计报表和系统配置 4 个功能模块。

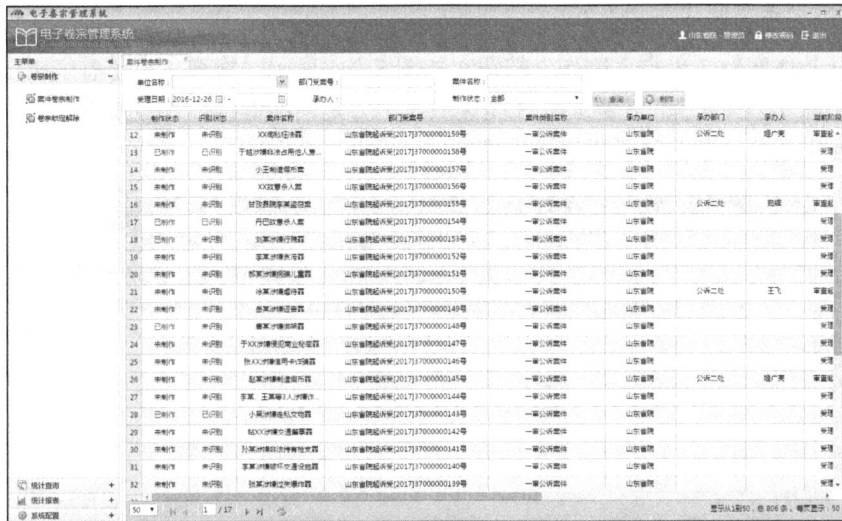

图 7-2-2　登录主界面

步骤二　电子卷宗制作

单击"主菜单"→"卷宗制作"→"案件卷宗制作"，打开如图 7-2-3 所示的界面。

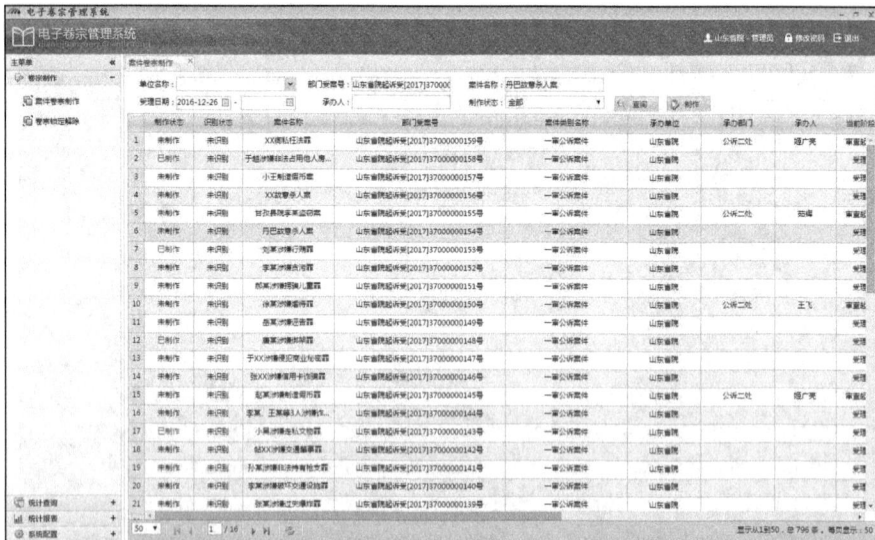

图 7-2-3　案件卷宗制作界面

该界面有案件的单位名称、部门受案号、案件名称、受理日期、承办人、制作状态等筛选条件，用于快速查询需要制作电子卷宗的案件。

1. 启动卷宗制作

选择具体案件，单击"制作"按钮，如图 7-2-4 所示，将弹出电子卷宗制作工具主界面，如图 7-2-5 所示。该界面分 3 个区域，上方是功能键区，左边是卷宗目录结构，右边是卷宗上传、预览区及卷宗文件编辑区。

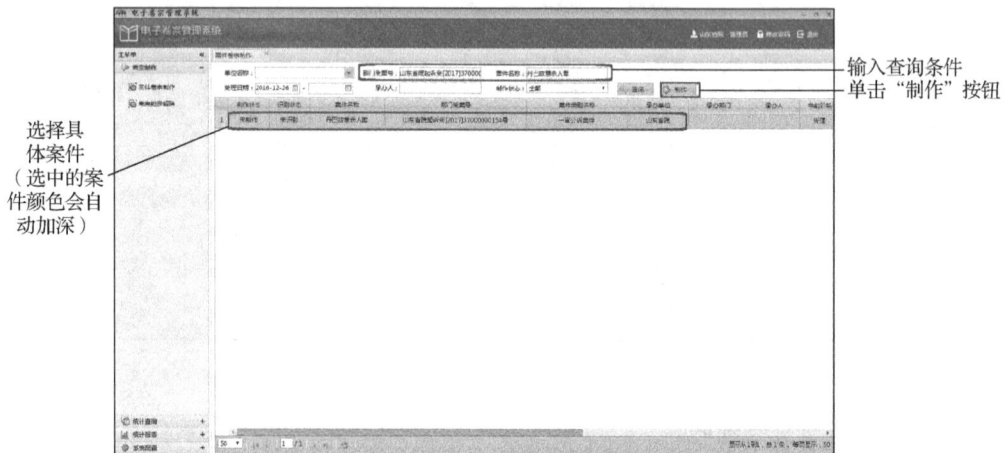

图 7-2-4　选择具体案件

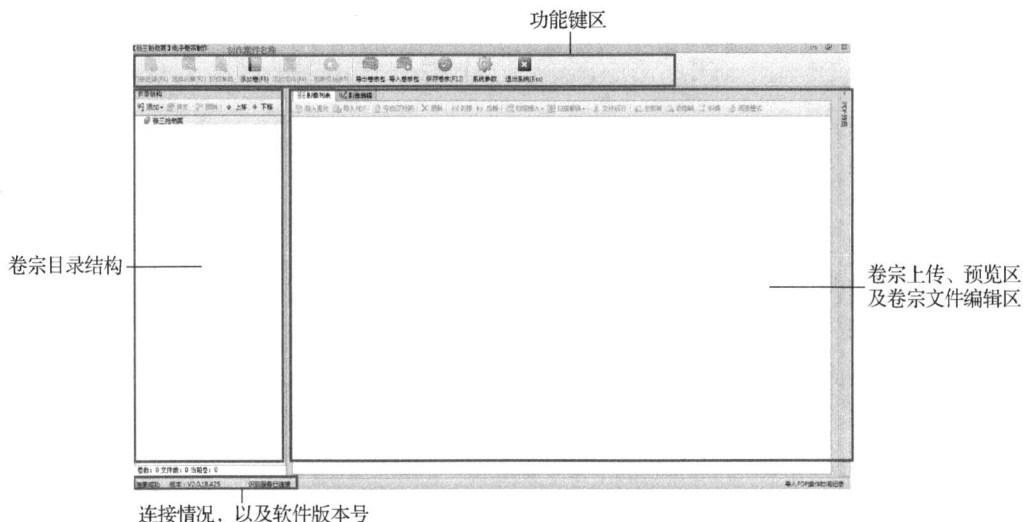

功能键区

卷宗目录结构

卷宗上传、预览区及卷宗文件编辑区

连接情况，以及软件版本号

图 7-2-5 电子卷宗制作工具主界面

2. 选择扫描设备并设置参数

在卷宗目录结构区域，选中案件名称，右击，从弹出的快捷菜单中选择"添加卷"命令，选中卷，然后选择扫描设备并设置参数。

根据各院的高速扫描仪配备情况，参数设置略有区别。首先，需要正常安装扫描仪驱动程序，安装成功后，在电子卷宗制作软件中单击"选择设备"按钮，在弹出的"选择来源"对话框中会自动搜寻到扫描设备，然后单击"选定"按钮，如图 7-2-6 所示。

图 7-2-6 选择扫描设备

选择好扫描设备后，单击"扫描参数"按钮，进行参数设置，图 7-2-7 为推荐设置。

单击"扫描参数"按钮

建议选择双面扫描，A4纸

分辨率建议设置"300"

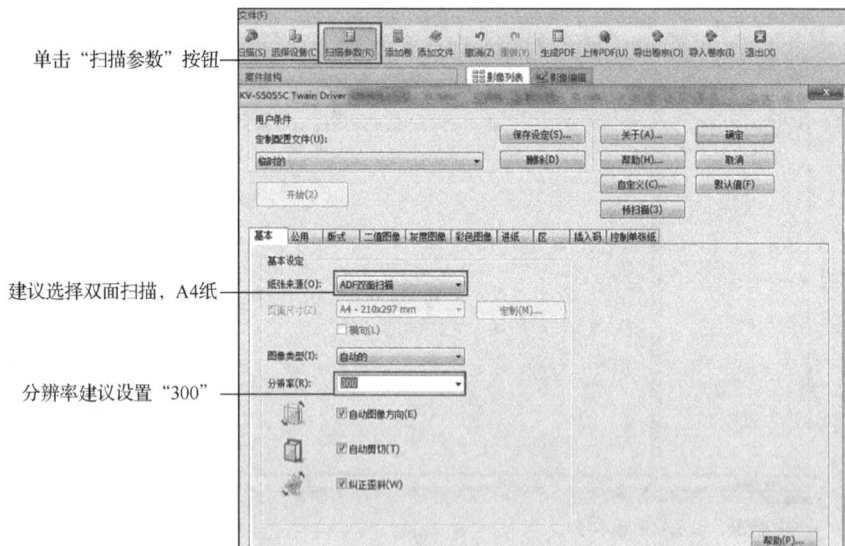

图 7-2-7　设置扫描参数

特别提醒

分辨率参数说明：参数越低，则扫描的文件占用的内存越小，但文件的清晰度也越低；参数越高，则扫描的文件占用的内存越大，但文件的清晰度也越高。例如，图片类的文件，分辨率建议设置在 600 以上。

3. 上传参数设置

在制作界面单击"文件"→"参数设置"菜单项，打开"系统参数设置"对话框，在该对话框中可设置文件编辑区域显示的文件数量和上传速度等参数，上传速度需要根据实际网络带宽设定，如图 7-2-8 所示。

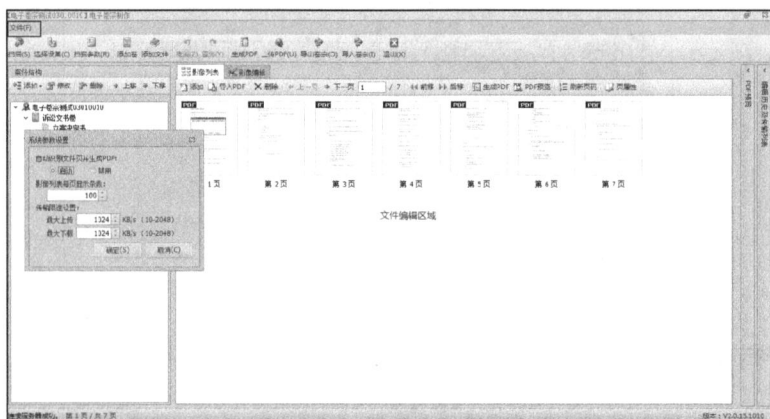

图 7-2-8　上传参数设置

4. 电子卷宗制作流程

下面以一审公诉案件为例，介绍电子卷宗制作一般流程，这对所有案件类型都是适用的。

（1）卷宗目录制作

打开案件的电子卷宗制作界面，单击"添加"按钮添加卷，在弹出的"添加卷信息"对话框中的"类别"下拉列表中选择卷类别，选择好类别后，卷名称会自动生成（名称也可以自行做修改），卷名称须和纸质卷宗名称保持一致，如图 7-2-9 所示。

图 7-2-9　添加卷

（2）卷宗文件添加

根据操作习惯，可以先把所有卷宗目录编辑好，再添加文件页；也可以先扫描或导入全部卷宗文件，再选择其中一页或多页，通过右键功能自定义添加目录。

选择先添加目录再添加文件页方式的，选中已添加的卷宗目录，单击"添加"按钮并选择"添加文件"，在弹出的对话框中的"类别"下拉列表中选择类别，文件名称会自动生成，也可以根据实际案卷材料更改名称（如：×××嫌疑人供述）。

（3）PDF 文件页添加

对于具体 PDF 文件页的添加有两种方式：一种是在制作电子卷宗时，通过系统提供的扫描功能进行实时扫描；另一种是通过扫描仪自带软件，先把所有纸质卷宗扫描为 PDF 文件（注：需以 OCR 识别的方式扫描），然后使用电子卷宗制作系统的"导入 PDF"功能将文件添加进来。

1）以系统扫描功能实时扫描的方式添加文件，如图 7-2-10 所示。

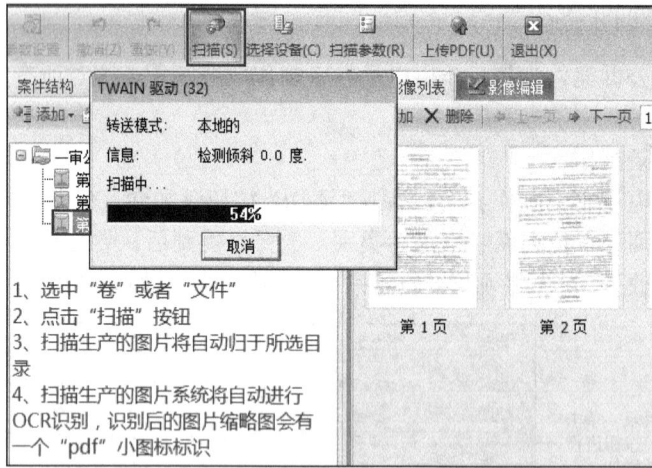

图 7-2-10　以系统扫描功能实时扫描的方式添加文件

2）以添加外部文件的方式添加文件。这里的"外部"是指非使用制作软件扫描的文件，可以是通过扫描仪自带软件扫描的 PDF 文件/图片，也可以是从其他案件导出来的加密文件包。

导入 PDF 文件的操作示意如图 7-2-11 所示。

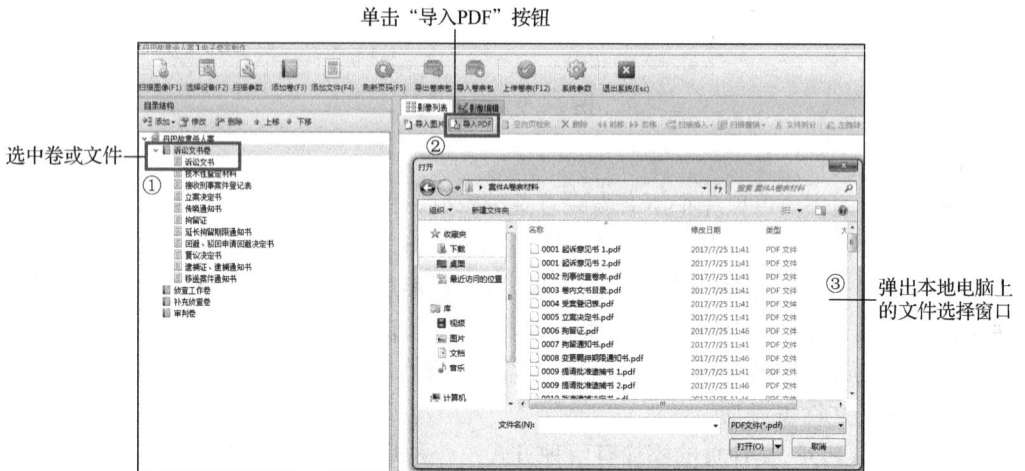

图 7-2-11　导入 PDF 文件的操作示意

添加图片文件的操作示意如图 7-2-12 所示。

单击"导入图片"按钮

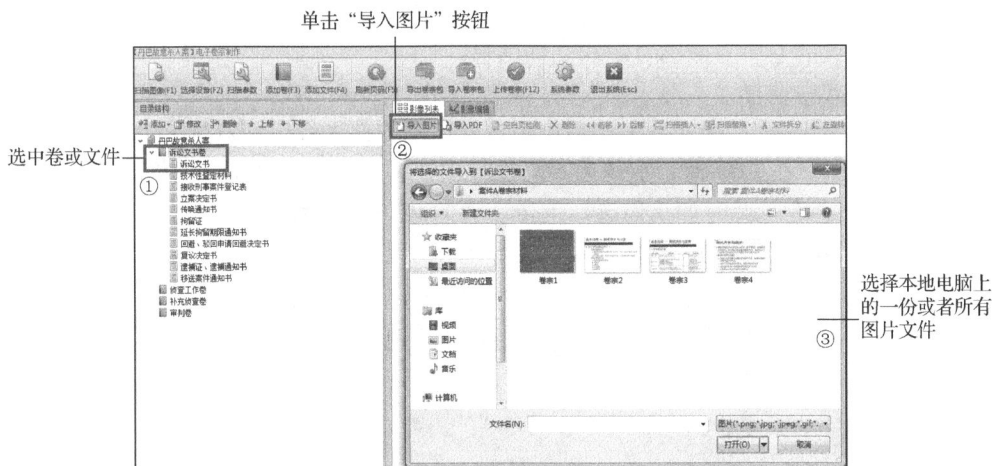

选中卷或文件

选择本地电脑上的一份或者所有图片文件

图 7-2-12　添加图片文件的操作示意

添加由其他案件导出的加密文件，如图 7-2-13 所示。

单击"导入卷宗包"按钮

选中卷或文件

加密PDF卷宗文件

图 7-2-13　导入加密文件的操作示意

需要说明的是：文件页左上角未打"√"，表示还未上传到服务器；文件页左上角已打"√"，表示已经上传到服务器。

在实际制作过程中，建议采用后一种方式，原因有 3 点：①本系统未指定/绑定硬件（扫描仪）厂商，系统内部提供公共扫描参数，各种品牌型号的扫描仪只要支持参数即可使用。因此，使用扫描仪自带软件以 OCR 识别的方式扫描文件时可能比在电子卷宗系统上扫描速度更快更稳定；②如果纸质案卷材料达到几千页以上，计算机可能会因耗尽内存而导致程序卡住现象；③缩短纸质卷宗在卷宗制作部门的存放时间。

（4）保存卷宗

单击"保存卷宗"按钮，系统会弹出提示，让选择保存的模式。若选择"全部上传"，则上传所有卷宗文件页并保存所有卷宗数据；若选择"部分上传"，则只保存未上传的文件页和操作过的卷所对应的目录和文件信息。

在识别方式中选择"本地识别"，会对上传的文件进行本地识别双层 PDF 后进行上传；选择"云端识别"，把文件上传后由服务器识别软件进行识别双层 PDF。

勾选"本地存在 PDF 时，上传后不会进行识别"复选框，图片左下角显示 PDF 时，代表本地 PDF 存在。此时如果勾选，上传后会把 PDF 上传到服务器，这个图像不会识别，减少在 OCR 程序识别的耗时时间。上传卷宗示意如图 7-2-14 所示。

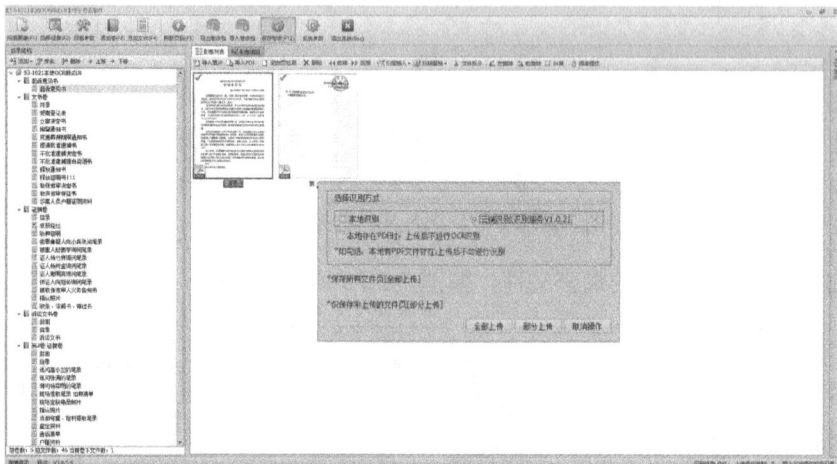

图 7-2-14   上传卷宗示意

如果存在未上传的文件，在退出卷宗制作系统时，系统会给出如图 7-2-15 所示的提示信息。

图 7-2-15   未上传的文件提示

（5）上传卷宗

保存卷宗后，上传进程会将本地卷宗上传到服务器。

特别提醒

（1）卷宗目录区功能按钮

卷宗目录区功能按钮，如图 7-2-16 所示。

图 7-2-16 卷宗目录区功能按钮

"添加"按钮：根据纸质卷宗目录结构，可以添加卷或添加卷中文件，与右键快捷菜单中的"添加卷/添加文件"命令功能相同，用户可以根据操作习惯自行选择。

"修改"按钮：可以修改卷或文件的名称，与右键快捷菜单中的"修改"命令功能相同。

"删除"按钮：可以删除选中的卷或卷中文件，直接删除卷后，卷下面的文件也会一并删除；如果仅删除卷中文件，则该文件下挂的全部 PDF 页会自动保存到卷目录下面，双击卷目录可以查看删除的 PDF 页，再次删除 PDF 页，才完全删除。

"上移/下移"按钮：支持卷或卷中文件目录位置上移、下移操作。

"全部展开/折叠"按钮：全部展开/折叠卷宗目录结构。

（2）案件卷宗处理区功能按钮

案件卷宗处理区功能按钮如图 7-2-17 所示。

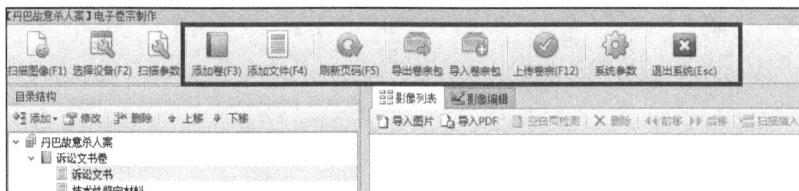

图 7-2-17 案件卷宗处理区功能按钮

"添加卷"和"添加文件"按钮：与上面提到过的功能相同，不再赘述。

"刷新页码"按钮：在对文件页进行调整后（如前移、后移、设置漏码重码等），单击该按钮刷新页码。

"导出卷宗包"按钮：单击该按钮，则将当前案件的所有案卷材料导出成一份加密格式的文件，用于诉讼程序内电子卷宗流转，区别于律师阅卷导出功能。

"导入卷宗包"按钮：与导出卷宗功能相对应。

"上传卷宗"按钮：单击该按钮，则将该案件的卷宗上传到服务器。

导出/导入卷宗包功能适用场景：如一审公诉案件的卷宗已经制作完成，在该案件进入二审程序时，可直接将一审的卷宗导出并导入到二审案件中，案件的目录结构及PDF文件自动生成，无须重复制作，上传到服务器即可；电子卷宗制作端迁移至公安机关的，可直接将公安机关制作好的卷宗导入上传到服务器即可。

"系统参数"按钮：设置"本地存在PDF时，上传后不进行OCR识别"、选择"导入PDF"的方式、卷宗存储路径，以及清除本地缓存文件。卷宗存储路径，即设置卷宗的本地缓存路径。清除缓存操作，可以清除本地一个月前的缓存文件，如果案件未识别，则不会删除本地缓存。"系统参数设置"对话框如图7-2-18所示。

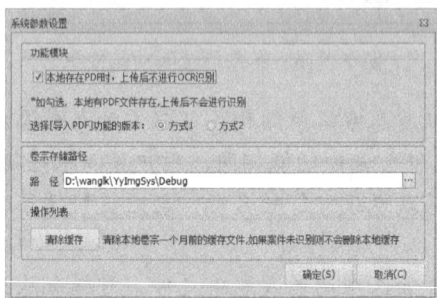

图 7-2-18　"系统参数设置"对话框

"退出系统"按钮：退出卷宗制作系统。

（3）PDF文件页功能按钮

PDF文件页功能按钮，如图7-2-19所示。

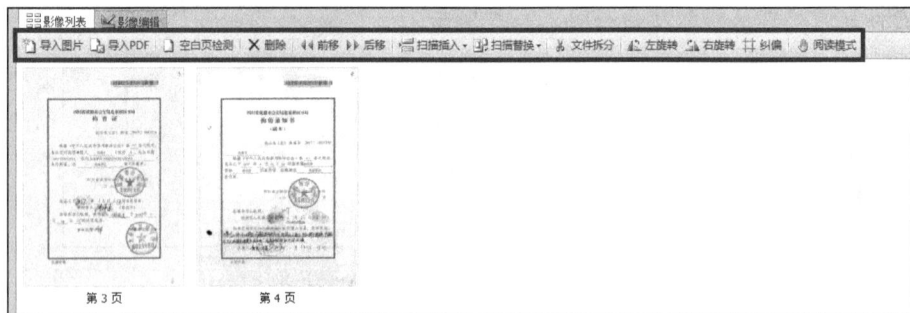

图 7-2-19　PDF文件页功能按钮

"导入图片"按钮：单击该按钮，则添加图片格式的文件，支持批量添加。

"导入 PDF"按钮：将已经通过扫描仪自动程序扫描好的 PDF 文件导入系统中，也可以是侦查机关移送的电子版本 PDF 文件，支持单页或整份文件导入。

"空白页检测"按钮：单击此按钮，软件会对当前卷的全部文件页进行空白页检测，检测到的空白页会在右侧列表中显示，可以单击"删除空白页"按钮删除选中的空白页，也可单击"取消"按钮，如图 7-2-20 所示。

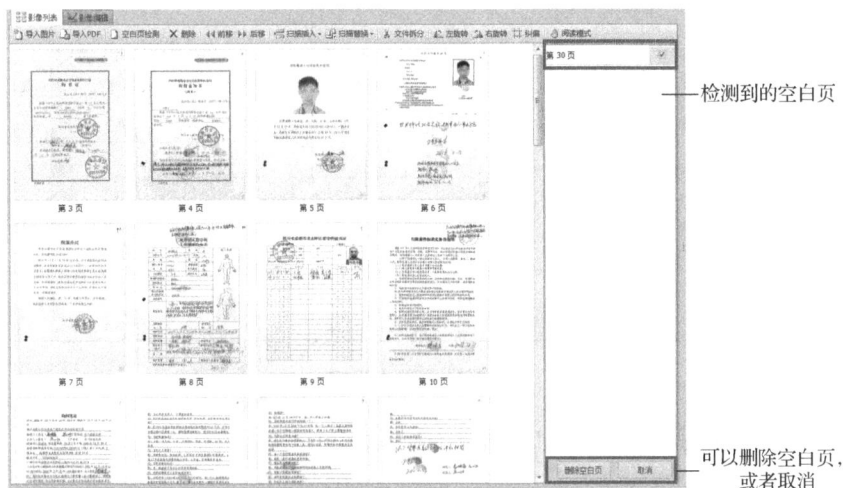

图 7-2-20　空白页检测

"删除"按钮：与前面提到的删除功能略有差别，这里是彻底删除选中的 PDF 文件页。

"前移/后移"按钮：将选中的 PDF 文件页的位置进行调整时用。

"扫描插入"按钮：在选中的位置插入图片或实时扫描的 PDF 文件。

"扫描替换"按钮：将选中的文件页替换成图片或实时扫描的 PDF 文件。

"文件拆分"按钮：将选中的文件页拆分成多个文件页。

"左旋转"按钮：将选中的文件页向左（逆时针）旋转 90 度。可选中多个文件页批量旋转。

"右旋转"按钮：将选中的文件页向右（顺时针）旋转 90 度。可选中多个文件页批量旋转。

"纠偏"按钮：把原本倾斜的图像，智能地进行"纠正"。可选中多个文件页批量纠偏。

"阅读模式"按钮：进入卷宗阅读模式，可以按页码进行切换阅读，也可以单击"上页""下页"翻页阅读，还可单击"放大""缩小""适应"进行页面缩放阅读。单击"编辑模式"可以回到编辑界面，如图 7-2-21 所示。

图 7-2-21　阅读模式

步骤三　电子卷宗制作情况的数据查询和统计

书记员可以对电子卷宗制作情况进行数据查询和统计，包括卷宗制作情况查询、卷宗制作量统计、卷宗制作工作量统计、卷宗月度统计表、卷宗制作率统计和卷宗存储统计等。下面逐一加以介绍。

1）卷宗制作情况查询。该功能是指根据单位名称等条件查询电子卷宗库中已制作的案件卷宗数量等，如图 7-2-22 所示。

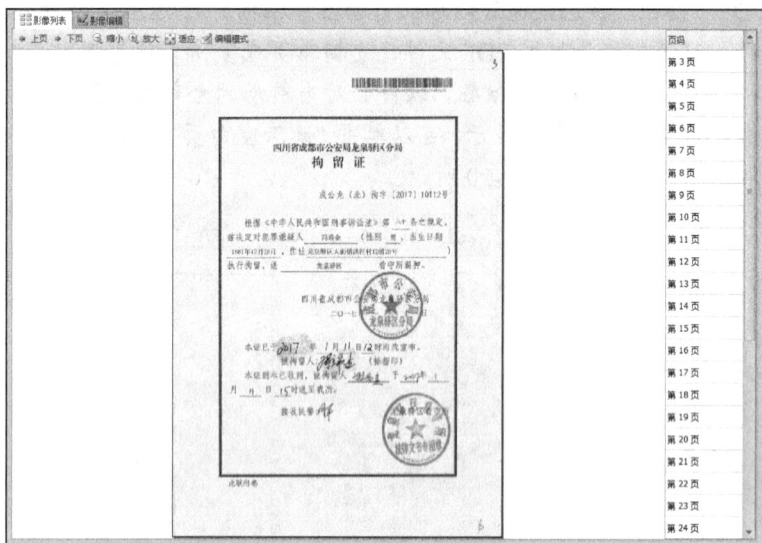

图 7-2-22　卷宗制作情况查询示意

2）卷宗制作量统计。根据单位、受理日期统计本单位及下属单位制作量，支持分业务和案件类别进行统计，如图 7-2-23 所示。

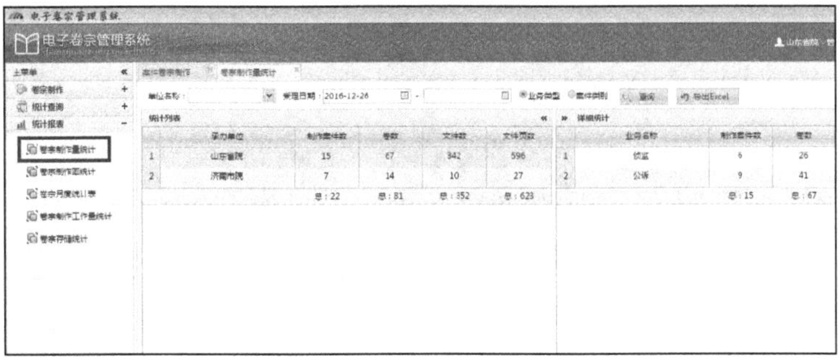

图 7-2-23　卷宗制作量统计示意

3）卷宗制作率统计。根据单位、受理日期，统计本单位及下属单位制作率（已制作案件/受理案件×100%），如图 7-2-24 所示。

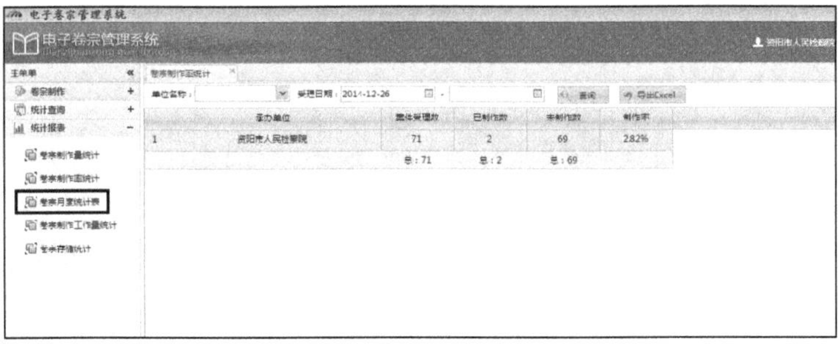

图 7-2-24　卷宗制作率统计示意

4）卷宗月度统计表。以列表或图表的方式展示各月制作卷宗的数量，如图 7-2-25 和图 7-2-26 所示。

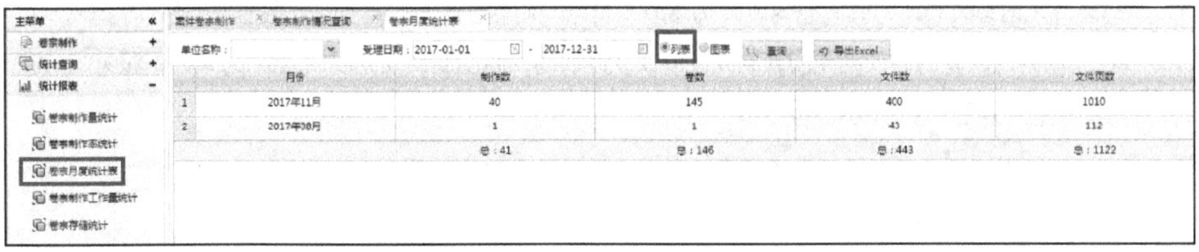

图 7-2-25　卷宗月度统计列表

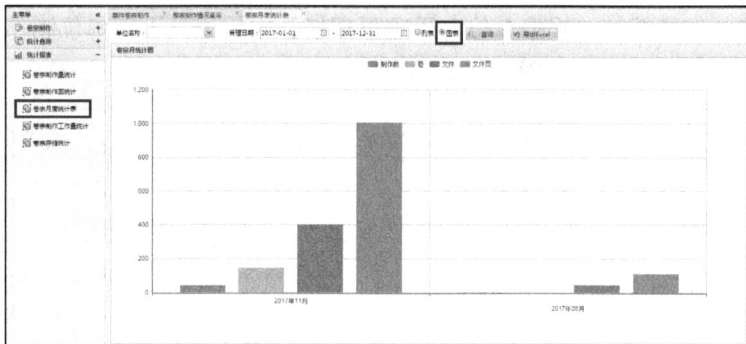

图 7-2-26　卷宗月度统计-图表

5）卷宗制作工作量统计。统计每个卷宗制作人员在一段时间内所制作的案件数、卷数、文件数、页数，且可统计具体业务和案件类别制作数，如图 7-2-27 所示。

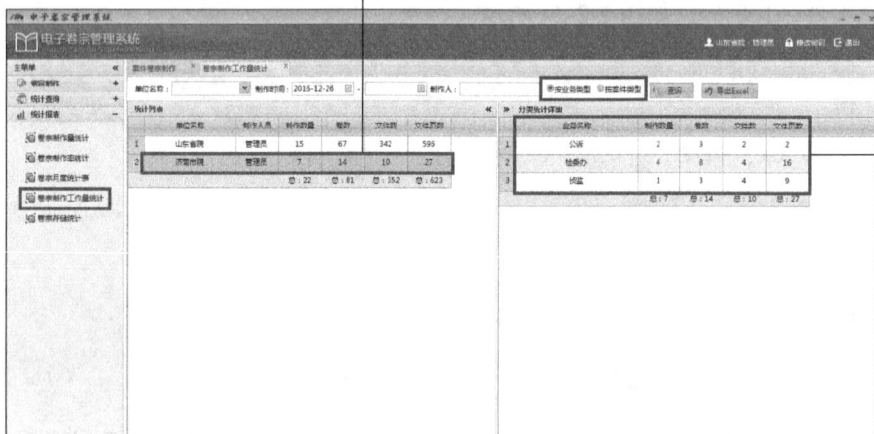

图 7-2-27　卷宗制作工作量统计示意

6）卷宗存储统计。统计卷宗服务器存储空间使用/剩余量。当使用存储量小于 1GB 时，以 MB 为单位显示；当使用存储量大于等于 1GB 时，以 GB 为单位显示。卷宗存储统计示意如图 7-2-28 所示。

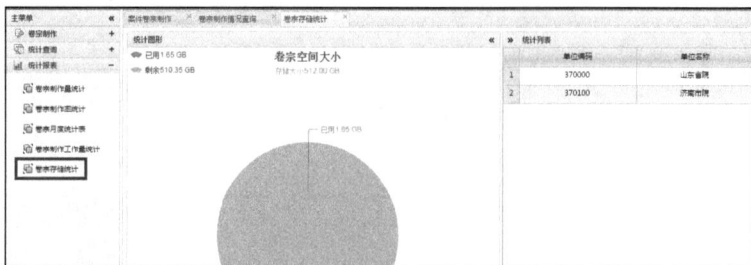

图 7-2-28　卷宗存储统计示意

📎〜 **相关链接**

（1）案件卷宗检查的要求

案件管理部门制作电子卷宗前，应当仔细查看纸质卷宗是否存在以下异常情况。

1）案卷目录与案卷页码、案卷材料不一致。

2）案卷页码的编制不连号，存在页码重复、缺失或未编写页码等情况。

3）案卷材料有缺损。

4）其他异常情况。

发现有上述情况的，应当立即与移送案件的侦查机关（部门）联系，由其补正后，再制作电子卷宗。

（2）应当制作电子卷宗的案件

1）侦查机关移送的审查起诉、申请强制医疗、申请没收违法所得案件。

2）检察院侦查部门移送审查起诉、不起诉的案件。

3）报请上级检察院决定逮捕的案件。

4）提请上级检察院批准延长羁押期限的案件。

5）提请上级检察院提出抗诉的案件。

6）报请最高人民检察院核准追诉的案件。

审查起诉案件退查后补充形成的案卷材料，应当扫描、摄制并上传到相应案件电子卷宗区。检察院收到法院送达的判决书、裁定书及侦查机关送达的执行回执等材料后，应当参照电子卷宗的制作要求，扫描、摄制并上传到相应案件文书卷宗区。

（3）电子卷宗的生成方式

电子卷宗的生成方式如下。

1）对纸质原始卷宗进行扫描、摄制。

2）上传侦查机关、人民法院移送的符合要求的电子文档。

3）其他可以生成符合要求的电子卷宗的方式。

（4）电子卷宗工作的管理分工

以检察机关为例，案件管理部门负责将统一受理的案件材料制作成电子卷宗并上传到统一业务应用系统，接收、上传随案同步移送的电子卷宗，并对电子卷宗应用情况进行监督、管理；检察院办案部门负责监督、管理、指导本部门工作人员和下级检察院对口部门依照规定开展电子卷宗相关工作；技术信息部门负责技术保障；保密部门负责保密检查管理。相关部门应当分工负责，相互配合。

📎〜 **相关链接**

相关法律和规章制度如下。

1）《人民检察院制作使用电子卷宗工作规定（试行）》。

2）《人民检察院电子卷宗制作规程》。

3）《纸质档案数字化技术规范》。

4）《关于全面推进人民法院电子卷宗随案同步生成和深度应用的指导意见》（法〔2016〕264号）。

5）《最高人民法院关于进一步加快推进电子卷宗同步生成和深度应用工作的通知》（法发〔2018〕21号）。

6）《人民法院电子诉讼档案管理暂行办法》（法〔2013〕283号）。

7）《电子卷宗随案同步生成和深度应用技术要求》。

8）《电子卷宗随案同步生成和深度应用管理要求》。

拓展训练

假如你是一名检察院书记员，到检察院案件管理部门轮岗，该部门收到一份一审公诉案件的纸质卷宗，请将该纸质卷宗用高速扫描仪扫描成电子版，并使用电子卷宗软件完成该公诉案件的电子卷宗制作，再进行电子卷宗制作情况的数据查询和统计。

任务评价

请学生自己和教师根据电子卷宗的制作与查询统计任务完成情况，参照评价项目和评价要点进行自评与师评，如表7-2-1所示。

表7-2-1　电子卷宗的制作与查询统计任务评价表

评价项目	评价要点	权重	自评	师评
使用高速扫描仪扫描纸质卷宗	能否使用高速扫描仪扫描纸质卷宗	20分		
使用电子卷宗软件制作电子卷宗	能否使用电子卷宗软件制作电子卷宗	50分		
使用软件进行电子卷宗制作情况的数据查询和统计	能否使用软件进行电子卷宗制作情况的数据查询和统计	30分		
总分		100分		

参 考 文 献

陈卫东，2019. 刑事诉讼法学[M]. 3版. 北京：高等教育出版社.

高憬宏，2017. 人民法院司法标准化：理论与实践[M]. 北京：法律出版社.

纪如曼，王广宇，2015. 文书处理与档案管理 [M]. 上海：上海财经大学出版社.

寇昉，2018. 书记员工作流程 [M]. 北京：人民法院出版社.

罗勇，2016. 办公文案与文档管理 [M]. 北京：高等教育出版社.

马永飞，孙大江，2017. 文书拟写与档案管理[M]. 北京：高等教育出版社.

彭君，2016. 法院书记员工作实务[M]. 北京：清华大学出版社.

童建明，张雪樵，2021. 检察业务应用系统 2.0 使用指引手册：综合业务[M]. 北京：中国检察出版社.

项明，2014. 检察机关书记员实务培训简明教程[M]. 2版. 北京：中国检察出版社.

徐飚，2015. 办公文案与文档管理[M]. 北京：人民教育出版社.

许文海，2015. 法院书记员工作实务[M]. 北京：中国政法大学出版社.

杨凯，2016. 法官助理和书记员职业技能教育培训指南 [M]. 北京：北京大学出版社.

张明丽，2019. 书记员工作实务[M]. 2版. 北京：法律出版社.